本书为中国工程院2014年决策咨询课题后续研究成果

临空经济研究丛书　　主编　刘炯天

航空港经济区（郑州）产业选择与人才战略研究

周　柯等著

Hangkonggang Jingjiqu(Zhengzhou)
Chanye Xuanze Yu Rencai Zhanlüe Yanjiu

中国社会科学出版社

图书在版编目（CIP）数据

航空港经济区（郑州）产业选择与人才战略研究/周柯等著.—北京：中国社会科学出版社，2018.12
ISBN 978-7-5203-3931-5

Ⅰ.①航… Ⅱ.①周… Ⅲ.①机场—经济区—区域经济发展—关系—人才管理—发展战略—研究—郑州 Ⅳ.①F127.611 ②C964.2

中国版本图书馆 CIP 数据核字(2018)第 288126 号

出 版 人	赵剑英	
责任编辑	卢小生	
责任校对	周晓东	
责任印制	王　超	

出　版	中国社会科学出版社	
社　址	北京鼓楼西大街甲 158 号	
邮　编	100720	
网　址	http://www.csspw.cn	
发行部	010-84083685	
门市部	010-84029450	
经　销	新华书店及其他书店	
印　刷	北京明恒达印务有限公司	
装　订	廊坊市广阳区广增装订厂	
版　次	2018 年 12 月第 1 版	
印　次	2018 年 12 月第 1 次印刷	
开　本	710×1000　1/16	
印　张	19.25	
插　页	2	
字　数	316 千字	
定　价	90.00 元	

凡购买中国社会科学出版社图书，如有质量问题请与本社营销中心联系调换
电话：010-84083683
版权所有　侵权必究

目 录

绪 论 ·· 1
    一 研究背景和意义 ·· 1
    二 相关研究综述 ··· 4
    三 研究思路、内容、方法与创新 ······························· 11

第一章 航空港经济区产业发展与人才匹配的基础理论 ······· 17
    第一节 基本概念 ··· 17
        一 临空产业 ··· 17
        二 临空产业体系 ·· 18
        三 临空经济 ··· 20
        四 临空经济区 ·· 20
        五 航空港 ·· 20
        六 航空大都市 ·· 20
    第二节 临空产业配置 ··· 21
        一 航空核心产业 ·· 21
        二 航空关联产业 ·· 23
        三 航空引致产业 ·· 25
    第三节 临空产业发展模式 ······································· 26
        一 临空产业发展模式概述 ·································· 26
        二 重要临空产业发展模式介绍 ·························· 26
    第四节 产业发展与人才匹配理论 ···························· 29
        一 基本理论 ··· 29
        二 人才棘轮理论 ·· 31

第二章 国外航空港经济区产业发展的经验与启示 …… 33

第一节 国外航空港经济区产业发展的经验 …… 33
一 美国孟菲斯：航空物流主导型产业发展模式 …… 33
二 荷兰史基浦：综合枢纽导向型产业发展模式 …… 34
三 法兰克福：物流商务并重发展模式 …… 35
四 韩国仁川：休闲产业主导发展模式 …… 36

第二节 国外航空港经济区产业发展的启示 …… 38
一 夯实临空基础产业 …… 38
二 优先发展临空核心产业 …… 39
三 重点发展临空关联产业 …… 39
四 统筹发展临空引致产业 …… 40
五 积极促进产城融合 …… 41

第三章 航空港经济区（郑州）产业发展的外部环境与产业基础 …… 43

第一节 面临的机遇与挑战 …… 43
一 面临的机遇 …… 43
二 面临的挑战 …… 51

第二节 区域经济资源环境 …… 58
一 重要的经济资源 …… 58
二 重要的基础设施 …… 59
三 重要的经济社会状况 …… 63

第三节 区域产业发展基础 …… 66
一 河南省产业发展情况 …… 66
二 郑州市产业发展情况 …… 71
三 郑州大都市区产业发展展望 …… 75

第四章 航空港经济区（郑州）产业发展与人才配置的实践探索 …… 80

第一节 产业发展与人才匹配基本情况 …… 80
一 航空物流业发展情况 …… 80
二 高端制造业发展情况 …… 82
三 现代服务业发展情况 …… 87

四　产业发展与人才配置 …………………………………… 92
第二节　产业发展存在的问题及原因分析 ………………………… 95
　　一　落后的产业基础无法满足临空产业发展需求
　　　　（根基） ……………………………………………………… 96
　　二　航空核心产业发展尚处于快速发展阶段（梗干） ……… 96
　　三　高成长优势航空关联产业发展势头较弱（顶盖） ……… 97
　　四　产业发展的内部动力机制尚未完全形成 ………………… 97
　　五　现有人才供给难以满足临空产业对高端人才需求 ……… 98
　　六　临空产业发展尚未实现从嵌入式向根植式转变 ………… 98

第五章　构建航空港经济区产业选择的"蘑菇云"模型 ………… 101
第一节　搭建"蘑菇云"产业体系分析框架 …………………… 101
　　一　"蘑菇云"模式的经济内涵 …………………………… 101
　　二　"蘑菇云"模式分析模型 ……………………………… 104
第二节　构建"蘑菇云"产业选择的指标体系 ………………… 106
　　一　指标设置 ………………………………………………… 106
　　二　五大性能指标细分 ……………………………………… 108
　　三　构建五维度指标体系模型 ……………………………… 115

第六章　航空港经济区（郑州）"蘑菇云"产业选择 …………… 117
第一节　五维度指标体系的产业选择 …………………………… 117
　　一　所选产业来源 …………………………………………… 117
　　二　初步选取五维度指标体系的产业 ……………………… 118
　　三　五维度指标体系下各产业量化分析 …………………… 118
第二节　产业选择雷达模型及产业说明 ………………………… 126
　　一　产业选择雷达图 ………………………………………… 126
　　二　产业选择雷达图中的产业说明 ………………………… 130
　　三　选择后的"蘑菇云"产业归类 ………………………… 142

第七章　航空港经济区（郑州）重点"蘑菇云"产业
　　　　比较优势量化分析 …………………………………… 143
第一节　产业比较优势量化分析的指标设置、度量与测算 …… 143

一	指标设置	143
二	指标度量	146
三	重点"蘑菇云"产业比较优势测算	151

第二节 重点"蘑菇云"产业比较优势量化分析 153

一	航空（航天）制造业	153
二	电子及通信设备制造业	166
三	医药制造业	175
四	电子计算机及办公设备制造业	183
五	医疗仪器及仪器仪表制造业	192

第三节 重点"蘑菇云"产业选择小结 198

一	重点产业在郑发展优势分析	198
二	具有产业比较优势的周边地区	199

第八章 航空港经济区（郑州）"蘑菇云"产业培育对策 201

第一节 重点"蘑菇云"制造业培育对策 201

一	航空（航天）制造业培育对策	201
二	电子及通信设备类产业培育对策	204
三	医药制造业培育对策	207
四	高新材料制造业培育对策	210
五	医疗仪器及仪器仪表制造业培育对策	213

第二节 重点"蘑菇云"现代服务业培育对策 214

一	高端物流业培育对策	214
二	大数据产业培育对策	216
三	其他现代服务业培育对策	217

第三节 强化制度支撑：以通关为例 219

一	企业关注入驻港区通关要素的制度分析	219
二	产品检验检疫模式	225
三	货物通关流程	229
四	进出口货物关税水平	232
五	航空港经济区（郑州）各主导产业的负面条款	243

第九章　航空港经济区（郑州）"蘑菇云"产业人才配置 ……… 245

第一节　重点"蘑菇云"产业发展与人才匹配情况总体分析 ……… 245
　　一　"蘑菇云"产业人才需求性质分类 ……… 246
　　二　重点"蘑菇云"产业相关专业在河南省设置情况 ……… 248
　　三　重点"蘑菇云"产业相关专业竞争力分析 ……… 253
　　四　全国航空港经济相关产业人才现状 ……… 253

第二节　重点"蘑菇云"产业人才配置量化分析 ……… 255
　　一　航空（航天）制造业（含航空物流业）人才匹配 ……… 255
　　二　高新技术（高新材料、新能源）产业人才匹配 ……… 262
　　三　计算机、通信和其他电子设备制造业人才匹配 ……… 269
　　四　医药制造业人才匹配 ……… 275

第三节　重点"蘑菇云"产业人才配置的宏观措施 ……… 281
　　一　人才配置的重点任务 ……… 281
　　二　人才棘轮战略的产业导向 ……… 282
　　三　人才配置策略 ……… 283

第十章　主要结论和政策建议 ……… 286

第一节　主要结论 ……… 286
　　一　重要航空港经济区（郑州）"蘑菇云"产业发展方向 ……… 286
　　二　其他重要结论 ……… 288

第二节　政策建议 ……… 292
　　一　国家要积极为航空港经济区（郑州）发挥其国家战略作用提供政策支持 ……… 292
　　二　促进航空港经济区（郑州）通关便利化 ……… 293
　　三　完善航空港经济区（郑州）航空物流信息平台 ……… 295

参考文献 ……… 297

后　记 ……… 301

绪　　论

航空港经济区（郑州）作为欠发达国家内陆地区，整体经济起点较低，难以站在价值链高端建立起融入全球生产网络的产业体系。为此，欠发达地区航空港经济区，能否科学选择、培育临空产业，集聚优势产业资源，快速发展航空港经济区，从而赢得新的发展空间，是一个全新的发展路径，也是一个全新的研究课题。本书所关注的航空港经济区产业选择与人才匹配，就是针对这一难题所做出的研究探索，以期探索欠发达地区建立融入全球的开放型经济体系。绪论就本书研究的背景、相关研究沿革、研究方法及创新之处等进行论述。

一　研究背景和意义

交通方式的变化会对产业发展产生重要影响。当前航空运输已经成为继海运、河运、铁路、公路之后推动经济发展的"第五冲击波"。[①] 实际上，在航空运输的引领下，铁路和公路也进入了高速、快速时代。在现代交通和现代信息技术推动下，全球经济运行的速度逐步加快，基于时间竞争（Time-Based Competition, TBC）[②] 的"速度经济"应运而生。在当前快速交通时代，以"速度经济"为特色的航空港经济区在全球获得长足发展。航空港经济区起步较早的发达国家，依托国内大型航空枢纽已经探索出一条从航空港、航空港经济区到航空城，再到航空大都市的发展道路，如荷兰史基浦（Schiphol）、美国孟菲斯（Memphis）、韩国仁川（Incheon，인천）、德国法兰克福（Frankfurt）等，开辟了一条国际分工深入条件下的区域经济发展新路径。显然，航运引领的快速运输时代，航空港经济区作为"第五冲击波"下的一种新型经济形态，成为区

[①] 曹允春：《临空经济，承载"中国梦"》，《中国民营航空》2013年第6期（刊首语）。

[②] 1988年，斯塔尔克（G. J. Stalk）发表了具有里程碑意义的文章《时间：下一个竞争优势资源》，提出企业选址的"新的区位因素—时间成本"概念。

域产业转型升级和开放发展的新引擎。

改革开放以来，建设航空港经济区也成为我国参与国际分工、嵌入全球价值链的重要通道。我国航空港经济区发展起步较晚，发展较为缓慢，可以分为三个阶段：

第一阶段：起步期（1993—2004年）。1993年是中国临空经济发展的元年，当时首都国际机场吞吐量首次突破1000万。首都国际机场所在地顺义区政府极其敏锐地感知到了首都机场对顺义经济发展的带动作用，提出了"依托机场、服务机场，大力发展空港口岸经济"的发展思路，开始规划临空经济。由于受整体经济发展水平制约，整个起步期航空港经济区发展十分缓慢。

第二阶段：快速发展期（2004—2012年）。2004年5月26日，我国第一次临空经济论坛——"北京顺义·2004临空经济发展论坛"开幕。2004年7月，全国机场属地化改革也全面完成。以论坛的开幕和机场属地化改革的完成为标志，我国临空经济发展进入快车道，发展速度令人惊叹。2012年，全国有27个省（直辖市、自治区）的51个城市，先后提出54个临空经济区的规划与设想。[①] 这一阶段，随着我国经济快速发展和交通体系改善，航空客货运输快速增长，极大地推动了航空港经济区的发展，这一时期是地方政府（航空港所在省市）主导下发展期。

第三阶段：理性发展期（2012年至今）。2008年国际金融危机之后，我国经济增速放缓，并进入新常态，航空港经济区也由快速发展进入由国家顶层设计统筹引导的理性发展阶段。2012年7月，国务院出台《关于促进民航业发展的若干意见》，标志着国家从战略高度，提出了依托机场规划发展临空经济，通过民航业科学发展，促进产业结构调整升级，带动区域经济发展。2013年3月，国务院正式批复了《郑州航空港经济综合实验区发展规划（2013—2025年）》。这是全国首个上升为国家战略的航空港经济发展先行区，批复要求"努力把实验区建设成为全国航空港经济发展先行区，为中原经济区乃至中西部地区开放发展提供强有力支撑"。自国务院批复设立郑州航空港经济综合实验区后，2017年6月，国家发展改革委和国家民航局又联合先后批复了青岛、重庆、北京新机场、广州、上海虹桥、成都、长沙、杭州、贵州（双龙航空港经济区）9

---

① 曹允春：《临空经济，承载"中国梦"》，《中国民营航空》2013年第6期（刊首语）。

个国家级临空经济示范区,并从国家航空港经济区战略层面为这些临空经济示范区发展做出了顶层规划设计。

总体上看,我国临空经济发展尚处于发展初级阶段,远没有发达国家航空港经济区发展成熟。但也有部分城市抓住了改革开放的先机,做了很多有益的探索。北京首都国际机场发展航空港经济区起步于1993年,2017年,旅客和货邮吞吐量分别超过9500万人次和200万吨,位居全国客运第1位、货运第2位。从1993年起,北京顺义临空港经济区依托6个重点镇,陆续规划了天竺综合保税区、空港区、林河开发区、空港物流基地、汽车制造基地、中航工业产业园、商务区等9个经济功能区。经过20多年的发展,其城市空间形态、临空产业形态初步形成,临空型现代服务业发展日益完备,逐步形成了以航空产业、高新技术产业、会展业、现代物流业为代表的临空产业集群。集聚航空类企业及相关企业超过380多家、世界500强企业30多家,以及中国民航六大集团等大型企业。上海浦东国际机场临空港经济区起步于2005年,2017年,浦东机场旅客和货邮吞吐量分别超过7000万人次和380万吨,位居全国客运第2位、货运第1位。顺义首都临空港经济区和上海浦东临空经济区所处腹地,分别为全国政治中心和经济中心,都处于沿海地区临近国际市场,是相对落后的中西部内陆地区发展航空港经济区无法比拟的。

航空港经济区(郑州)地处中原腹地,航空港经济区(郑州)发展尚处于起步阶段。2017年,郑州新郑国际机场旅客和货邮吞吐量分别超过2400万人次和50万吨,位居全国客运第13位和货运第7位,与沿海发达地区航空港经济区差距较大。但是,在国家开放发展和"一带一路"倡议引领下,发展航空港经济区是内陆地区进一步扩大开放、深度参与国际分工的历史新机遇,是推进中原经济区经济发展质量变革、效益变革和动力变革的重要手段。郑州能否通过建设航空港经济综合实验区实现向开放型经济顺利转型,是郑州乃至整个中原经济区顺利融入全球经济体系、分享经济全球化红利,从而赢得新发展空间的关键。选择、培育科学合理的临空产业体系是航空港经济区持续健康发展的核心。而对于内陆欠发达地区,由于腹地经济、资源、经济区位、历史等原因,难以站在产业链高端建立起融入全球价值链的产业体系。本书聚焦这一难题,在前人研究的基础上,构建航空港经济区临空产业选择、培育和发展的普适性分析模型和方法,以期为欠发达地区选择培育临空产业,推动航空港经济区持续健康发展做出应有的理论贡献。

就区域经济发展现实意义而言，郑州航空港经济综合实验区是我国首个临空经济发展先行区，也是我国第一个上升为国家战略的航空港经济区。它是中原经济区建设的战略突破口，是河南对外开放、打造内陆开放高地的综合性抓手，是国家中心城市郑州市朝着国际化陆港城市、国际性的综合物流区、高端制造业基地和服务业基地方向发展的主要载体。郑州航空港经济综合实验区肩负着"内陆开放高地"先行先试的重大责任，肩负着探索中西部地区全方位扩大开放新途径的重大任务。它的建设有利于优化全国航空货运布局，提升我国民航业国际竞争力；有利于推动我国临空经济发展，促进产业结构升级和发展方式转变；有利于建设内陆开放高地，探索中西部地区全方位扩大开放新途径；有利于构建中原经济区战略突破口，带动新型城镇化、工业化和农业现代化协调发展；有利于支撑郑州建设国家中心城市，并在更高层次上参与全球竞争。因此，航空港经济区经济综合实验区建设具有十分重要的现实意义。

二 相关研究综述

（一）临空产业产生与来源

临空产业研究最早起源于航空港经济区的研究。1959 年，在爱尔兰香农国际航空港成立的自由贸易区，引起人们极大的研究热情。1965 年，美国航空专家麦金利·康威（Mckinley Conway）发表"The Fly – in Concept"的论文，最早提出航空港经济区概念。他指出，以机场为核心，综合发展航空运输、物流、休闲、购物、产业开发等多项功能为一体就是机场综合体。[①] 显然，麦金利·康威认为，航空港经济区主要聚集航空运输、物流、休闲、购物、产业开发等产业。后来，国际航空城会议主席约翰·卡萨达（John Kasarda, 1991）教授阐述了交通运输对于工商业企业区位选择的重要影响，提出著名的"第五波理论"。他认为，交通运输对于企业区位选择影响可分为五次浪潮，第五次浪潮由航空运输驱动产业发展，众多工商企业基于时间竞争考虑，选择航空枢纽周边聚集，最

---

① 龚峰、冯智贵：《国内外临空经济研究综述》，《物流工程与管理》2012 年第 3 期。

终导致航空港大都市出现。① 英国剑桥系统研究所格伦·E. 威斯布罗德（Glen E. Weisbrod，1993）等对欧洲、北美和日本的空港进行了研究，并根据产业在机场相邻地区集中的程度，将产业分为四类：一是非常高度集中的产业，主要包括航空运输服务业、货运代理业、航空设备制造业、通信设备制造业、光学仪器制造业、电器配送设备制造业；二是高度集中的产业，包括公共仓储业、量具与控制仪器制造业、特殊化工产品制造业、电气与电子设备制造、邮政与送货服务业、药物制品批发业等；三是中等集中的产业，主要包括建筑业、电子附件产品制造业、汽车租赁业、印刷出版业、公共汽车和出租车行业、医疗器械制造与供应业、特殊塑料部件制造业等；四是越来越集中的产业，主要包括计算机数据处理服务业、邮政及其相关服务业、特殊器械制造业、公共仓储业、旅行社行业等。② 实际上，这是根据依托机场的临空重要程度，结合机场空间布局，对航空港经济区产业所做的划分。卡萨达（2010）研究了零售折扣店、酒店、综合娱乐场所、会议中心和航空指向的商业聚集于机场附近，演变为航空城的现象③，这主要是航空核心产业发展引致的配套产业发展。

2004 年，随着顺义首届临空经济论坛的召开，国内也开始了临空产业产生与来源的深入研究。金忠民指出（2004）④，空港城主要发展为航空运输配套的产业、航空保税产业、高新技术产业、出口加工业、现代园艺农业、旅游展览和生活服务业六个方面的产业。汤宇卿等（2009）也从同样的角度论述了临空经济区的产业规划问题。临空产业的规划特点，紧紧把握机场航空业的最核心特征，快速、便捷、高端的物流服务。田野（2007）⑤ 研究了成都双流机场西南航空港经济开发区的航空物流、科研教育、商务休闲、工业集中四大板块同步发展格局，指出该航空港经济区涵盖了都市会展业和现代物流业、机械制造业、新材料产业、生

---

① John D. Kasarda, "The Fifth Wave: The Air Cargo – Industrial Complex". In Portfolio: A Quarterly Review of Trade and Transportation, Vol. 4, 1991 (1), pp. 2 – 10.

② Glen E. Weisbrod, John S. Reed, Roanne M. Neuwirth, "Airportarea Economic Development Model", England: PTRC International Transport Conference, Manchester, 1993.

③ Kassarad, J. D., "The Rise of the Aerotropolis", Business Facilities, 2010 (9), pp. 188 – 189.

④ 金忠民：《空港城研究》，《规划师》2004 年第 2 期。

⑤ 田野：《成都双流国际机场发展战略分析》，硕士学位论文，电子科技大学，2007 年。

物制药产业、电子信息产业、绿色食品产业、休闲旅游业等产业。尹建华等（2009）研究了北京市依托首都国际机场在发展临空经济方面取得的宝贵经验，指出首都国际机场临空经济初步形成了五大产业群落。[①] 曹允春（2013）按照对航空运输和机场资源的需求及利用程度，提出临空产业可分为三类：一是航空核心产业，包括航空制造业、航空运输业、通用航空业；二是航空关联产业，包括临空高科技产业、轻型产品制造业、总部经济、旅游业、会展业；三是航空引致产业，包括教育培训、科研、休闲娱乐、住宿餐饮、金融[②]、中介、广告等。王巧义（2014）[③]指出，从临空产业到航空城先是在机场周边逐步形成航空物流产业集群、航空制造产业集群以及各类与航空运输相关的产业集群。随着这些产业集群的发展壮大，带动机场周边区域经济不断发展，进而形成临空经济走廊、临空经济带、临空经济区，最后形成临空经济的最高级形态——"航空城"。

显然，国内外专家因机场周边出现的航空港经济区，才开始关注和研究临空产业的产生和来源，研究回答了临空产业产生发展的路径、存在业态、分类和相互关系。这些研究为欠发达地区选择培育临空产业提供了借鉴和参考。

（二）临空产业选择与培育

在机场、航空港和腹地经济三者之间不断相互演进中，临空产业一般都是依托航空枢纽而出现并逐步成长壮大起来，是市场自发行为，不需要政府的主导介入。但是，在临空经济的实际发展历程中，为加速临空经济发展进程，政府都会参与到临空产业选择与培育之中，甚至发挥主导作用，即使发达国家和地区也不例外。爱尔兰香农机场2005年完成货邮和旅客吞吐量分别为5万吨和330万人次，尚不具备国际大型枢纽机场的形态，然而，香农自由区早已成为全球临空经济发展的典范。临空经济区内的产业主要是依托香农地区优惠的税收条件、高效的服务效率、优惠的产业配套政策，以及从全球范围内吸引来的高科技制造产业、航

[①] 尹建华、王兆华：《北京市临空经济发展战略研究》，《生产力研究》2009年第11期。
[②] 曹允春：《临空产业的集聚模式研究》，《区域经济评论》2013年第3期。
[③] 王巧义：《临空产业集群实施路径研究》，《河北经贸大学学报》2014年第2期。

空维修业、全球服务中心、区域总部等。① 这些优惠政策主要有免征关税和各种捐税、由政府提供建厂补助资金、厂房仓库租金低廉、提供便利的生活条件等。② 美国孟菲斯航空物流城成功发展,主要归功于早期孟菲斯政府的准确定位与产业引导支持。当联邦快递为总部选址而四处碰壁时,孟菲斯国际机场主动向其敞开大门,在服务上和价格上均给予最大的支持,使联邦快递在孟菲斯国际机场落户,最终成为世界最大的快递服务商。孟菲斯国际机场借助于机场的口岸、运输条件集聚了一批世界知名的航空物流企业和相关企业,奠定了其国际航空物流城的地位。③ 1988年,荷兰政府制定并实施"Mainport"战略(枢纽港战略),强化荷兰的物流优势,使史基浦机场成为荷兰的分拨中心,建成一座世界级空港城。荷兰阿姆斯特丹机场区域是由政府机构、政府所有地产开发机构、私有地产机构、机场和航空公司结合而成的战略合作组织共同开发且主导该区域开发建设的机构均为政府下属机构,即"国有企业",采用商业运营。④

由于国内航空港经济区尚处于起步成长阶段,关于政府主导临空产业选择与培育研究较多。根据掌握的现有研究资料进行梳理,主要有以下三个方面:

(1)临空产业选择研究。赵冰、曹允春(2013)⑤ 从国内外产业转移角度,研究了临空产业转移趋势和我国临空产业现状,给出了适合临空产业链条构建的产业选择建议。白杨敏、曹允春等⑥(2013)从临空整体产业结构角度,按照临空经济演进规律,分形成、成长和成熟三个阶段,给出了临空经济产业调整、培育的方向和模式。卢千妮(2017)⑦ 基

---

① 曹允春、席艳荣:《临空经济发展的国际经验及对我国的借鉴》,《商场现代化》2009年1月(下旬刊)。
② "临空经济发展战略研究"课题组:《临空经济理论与实践探索》,中国经济出版社2006年版,第20页。
③ 谭恒、陈诗杰:《航空港经济区(郑州)建设根植性临空产业集群的借鉴与思考》,《河南科技学院学报》2016年第11期。
④ 曹允春:《机场发展临空产业的思考》,《中国民用航空》2013年第6期。
⑤ 赵冰、曹允春:《基于产业转移的临空产业选择研究》,《商业研究》2013年第2期。
⑥ 白杨敏、曹允春、王婷婷:《我国临空经济产业结构调整模式研究》,《学术交流》2013年第11期。
⑦ 卢千妮:《厦门新机场临空产业发展方向及体系构建》,《中国科技信息》2017年第5期。

于厦门产业发展环境、产业发展基础分析，构建了临空产业选择的生态模型，并尝试给出了关于厦门新机场临空产业发展方向和体系构建的建议。这是从构建临空产业体系的角度开展航空港经济区整体选择并构建临空产业体系的研究尝试。

（2）临空产业培育研究。目前，临空产业培育研究比较深入系统。周柯、曹东坡（2015）① 综合运用临空经济理论、产业分工和集聚理论、产业链和价值链理论，深入研究了航空港经济区（郑州）航空制造、电子信息、新材料、生物医药、高端物流和现代服务六大类重点产业，分别从培育模式和培育措施等方面系统提出了培育方案，给出了欠发达地区航空港经济区重点临空产业培育的一般路径。郑秀峰、仝新顺、鞠红（2016）② 从生态管理仿生学的视角，通过对郑州航空港经济综合实验区临空产业的发展环境、企业生态选择和演进、企业成长逻辑等生态培育与健康管理问题进行深入的研究，为临空产业可持续发展提供理论指导和决策参考，进而为郑州航空港经济综合实验区临空产业发展确立了生态健康的理念。

（3）临空产业集群的根植性培育研究。临空产业集群根植性培育就是欠发地区为加快临空产业发展，采取优惠政策从外地引进临空产业集群进行长期培育，进而推动临空产业集群由嵌入性向根植于本土经济转变。李微微、曹允春（2009）③ 以天津航空城为例，从临空产业根植性培育的角度，深入研究了由嵌入性向根植性转变的必要性和航空产业集群嵌入性问题，并给出了航空城航空产业集群由嵌入性向根植性转变的时序及路径。谭恒、陈诗杰（2016）④ 通过聚焦孟菲斯国际机场当局积极选择和培育物流产业集群、天津空港选择引进航空制造业集群的案例分析，给出了国内外航空港经济区（郑州）根植性临空产业集群培育的一般路径。

---

① 周柯、曹东坡：《航空港经济区（郑州）重点产业培育研究》，社会科学文献出版社2015年版。

② 郑秀峰、仝新顺、鞠红：《临空产业生态建设与健康管理研究——以郑州航空港经济综合实验区为例》，社会科学文献出版社2016年版。

③ 李微微、曹允春：《由嵌入性向根植性转变的航空产业集群研究——以天津航空城为例》，《工业技术经济》2009年第2期。

④ 谭恒、陈诗杰：《航空港经济区（郑州）建设根植性临空产业集群的借鉴与思考》，《河南科技学院学报》2016年第11期。

(三) 航空港经济区（郑州）临空产业发展相关研究

自2013年郑州航空港经济综合实验区上升为国家战略，并成为航空港经济发展先行区以后，备受政界、学界、业界的广泛关注，出现了航空港经济区（郑州）的研究高潮。这些研究主要聚焦在航空港经济区（郑州）临空产业选择、培育方面。

1. 临空产业选择研究

关于临空产业选择的研究，主要围绕选择的原则、选择的策略、重点选择的产业和选择机制等展开。仝新顺、郑秀峰（2013）[①] 在深入研究郑州航空港经济综合实验区优势并借鉴国际经验的基础上，按照区位优势、产业关联、发展潜力、投资环境、技术进步、社会效益、动态发展等原则，提出了优先发展航空货运业、重视航空偏好型相关产业、开拓航空相关配套产业等重点临空产业选择建议。王淑湘、叶长兵（2014）[②] 在研究国际临空经济区产业类型的基础上，提出了郑州航空港经济综合实验区临空产业选择"六大原则"，主要包括与郑州市发展战略相一致、发挥区位与资源优势、坚持产业关联强和市场潜力大、创新发展传统优势产业、坚持临空产业技术先进性、顺应国际产业转移趋势等原则。董志尚（2014）[③] 提出，建设竞争力强的国际航空货运枢纽，着力发展现代物流产业，建设航空偏好型高端制造业和现代服务业等临空产业选择建议。黄丽君（2015）[④] 在对郑州航空港经济综合实验区临空产业开展SWOT研究基础上，提出合理利用外部机遇来弥补内部劣势，在发展中解决问题，在解决问题中实现自身发展的策略选择。兰荣娟（2016）[⑤] 通过对郑州临空经济发展的制约因素的分析，提出"合理规划临空产业发展，设立企业准入机制"的观点，即立足自身发展环境和发展阶段，设立企业遴选指标，科学选择带动性强、辐射能力强的国内外相关产业龙头企

[①] 仝新顺、郑秀峰：《郑州航空港经济综合实验区临空经济发展研究》，《区域经济评论》2013年第1期。

[②] 王淑湘、叶长兵：《郑州航空港经济综合实验区临空产业发展研究》，《决策探索》2014年5月下旬刊。

[③] 董志尚：《航空港经济区（郑州）航空港经济区产业选择研究》，《中国市场》2014年第10期。

[④] 黄丽君：《郑州航空港经济综合实验区临空产业发展研究——基于SWOT分析》，《现代商贸工业》2015年第2期。

[⑤] 兰荣娟：《郑州临空产业发展中存在的问题及对策分析》，《北方经贸》2016年第4期。

业以及关联性配套企业，改善区内产业结构，实现临空经济区的健康持续发展。

2. 临空产业培育

关于郑州航空港经济综合实验区临空产业培育方面的研究比较深入，主要体现在产业根植性培育、产业集群发展路径、"大产业"思路下的产业培育三个方面。

谭恒、陈诗杰（2015）[①] 在分析航空港经济区（郑州）现状的基础上，将郑州临空产业集群的生命周期分为准备期、发展期、成熟期和升级期四个阶段，并在不同时期从社会、制度和地域三个层次对产业集群的根植培育进行规划。谭恒、陈诗杰（2016）[②] 在对国内外根植性临空产业集群培育进行案例分析的基础上，给出了航空港经济区（郑州）培育根植性临空产业集群的建议：一是发挥河南区位优势，建设航空物流等根植性核心临空产业集群。二是发展特色产业链，建设电子信息、生物医药、新能源、新材料等根植性关联临空产业集群。航空港经济区（郑州）要结合河南经济的发展特色，依托河南省产业集群发展格局，发展特色产业链，建设根植性关联临空产业集群。三是加强制度保障，促进临空产业集群的根植建设。

郭利平（2015）[③] 结合郑州航空港经济综合实验区实际发展历程，提出郑州临空产业集群发展路径选择的"郑州模式"。就是利用突出的区位交通优势，以建设大枢纽、培育大产业、塑造大都市为主线，以航空枢纽为依托，以航空货运为重要突破口，着力推进航空物流业、高端制造业和现代先进服务业发展，实现城市和产业的融合发展。这种模式不同于以现代服务业为主导、以航空产业为主导、以高附加值消费产品制造业为主导的国内其他模式，它包含典型航空港经济主要产业系列，临空

[①] 谭恒、陈诗杰：《郑州临空产业集群的根植性研究》，《中原工学院学报》2015年第5期。

[②] 谭恒、陈诗杰：《航空港经济区（郑州）建设根植性临空产业集群的借鉴与思考》，《河南科技学院学报》2016年第11期。

[③] 郭利平：《郑州临空产业集群发展现状与对策研究》，《中原工学院学报》2015年第2期。

产业谱系广泛,而且走"产城融合"的发展道路。周柯等(2016)[①]从"大产业"理念出发,提出郑州航空港经济综合实验区临空"大产业"发展思路。就是从构建临空产业全产业链和产业生态环境角度出发,提出强化规划引领、优化发展环境、加强平台建设、鼓励业态创新、强化要素保障等发展思路建议。

三 研究思路、内容、方法与创新

(一)研究目标和思路

本书选取我国首个国家航空港经济区先行区——郑州航空港经济综合实验区为研究蓝本,结合其临空经济发展的实际探索,开展临空产业选择、培育和人才培养系统性研究,建立临空产业选择和培育的指标体系,构建欠发达地区临空产业选择和培育的"蘑菇云"分析模型和"蘑菇云"产业体系,尝试为欠发达地区特别是中西部内陆地区政府和业界发展临空产业提供方法参考和决策依据,为学界开展临空产业研究提供一种新的普适性的理论和方法。

围绕上述研究目标,本书研究思路如图 1 所示。在介绍航空港经济区产业选择与人才战略理论基础上,围绕航空港经济区(郑州),从国外航空港经济区发展经验启示出发,到航空港经济区(郑州)面临的发展环境和腹地产业发展基础,再到自身临空产业发展的实践探索,逐步展开深入研究,以找出制约和约束郑州航空港经济综合实验区临空产业发展的关键问题。为有效解决这些难题,本书着力构建航空港经济区临空产业发展的"蘑菇云"分析模型,基于该模型选择出若干重要的临空产业,围绕这些临空产业展开比较优势量化分析,进一步确定适合郑州航空港经济综合实验区发展的重点临空产业,并依据分析给出了每个重点临空产业培育和人才匹配的对策。最后,依据"蘑菇云"分析模型对航空港经济区(郑州)产业选择与人才匹配进行综合分析评价,并形成基本结论和政策建议。

(二)内容安排

按照上述思路,本书的主要研究内容包括 10 章,具体阐述如下:

[①] 周柯、张斌、刘磊等:《航空港经济区(郑州)实验区"大产业"发展现状与对策》,载张占仓、高友才主编《郑州航空港经济综合实验区年度发展报告(2016)》,社会科学文献出版社 2016 年版,第 168—199 页。

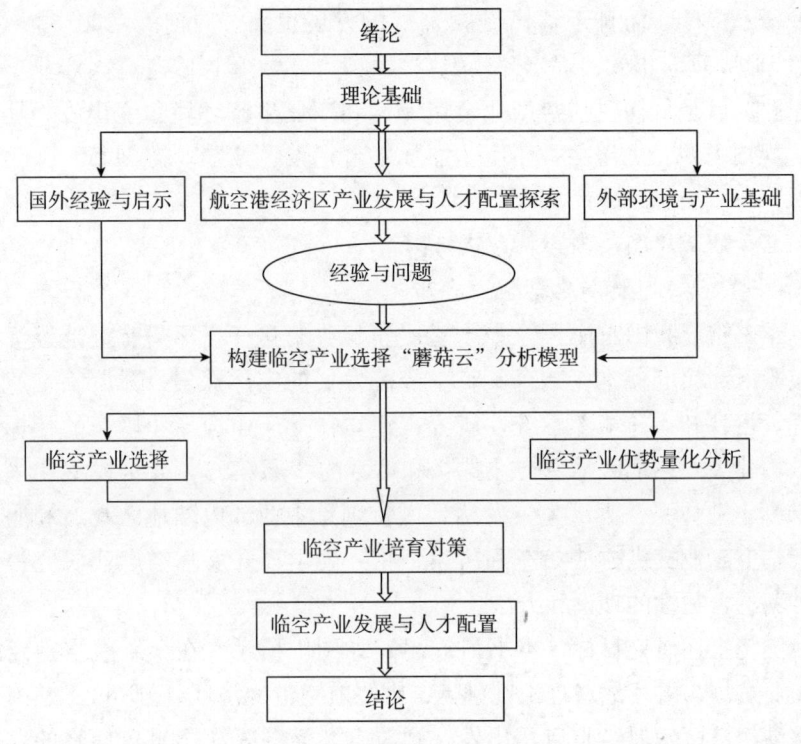

图 1　本书研究思路

第一章航空港经济区产业发展与人才匹配的基础理论。首先给出临空产业、临空产业体系、临空经济、航空港、航空大都市等基本概念；然后按照临空产业"核心产业、关联产业和引致产业"的一般配置，介绍主要的临空产业；最后介绍临空产业发展模式和人才配置理论。本章为本书开展进一步研究提供理论基础。

第二章国外航空港经济区产业发展的经验与启示。主要介绍美国孟菲斯、荷兰史基浦、德国法兰克福、韩国仁川四大国际航空大都市临空产业发展的重要经验，并总结出夯实临空基础产业、优先发展临空核心产业、重点发展临空关联产业、统筹发展临空引致产业、积极推进产城融合等重要启示，从而为欠发达地区临空产业发展提供国外探索的经验。

第三章航空港经济区（郑州）产业发展的外部环境与产业基础。主要分析郑州航空港经济综合实验区面临的政策环境、经济资源环境和区域发展基础。政策环境包括发展机遇和发展挑战，这是外部环境，既要抢抓机遇更要迎接挑战。经济资源环境主要分析航空港经济腹地——河南省的经济发展、重要经济设施和资源状况。区域产业发展基础主要分析了郑州市、郑州大都市区以及河南省产业结构和产业现状，这构成了航空港经济区（郑州）产业发展的根基。

第四章航空港经济区（郑州）产业发展与人才配置的实践探索。主要分析介绍近年来航空港经济区（郑州）航空物流业、高端制造业、现代服务业发展、人才引进和培养的基本情况，然后分析得出"落后的产业基础无法满足临空产业发展需求、高成长优势航空关联产业发展势头较弱、产业发展的内部动力机制尚未完全形成、现有人才供给难以满足临空产业对高端人才的需求、临空产业发展尚未实现从嵌入式向根植式转变"五大问题。这些问题的存在，严重制约了航空港经济区（郑州）临空产业健康持续发展，必须构建适合欠发达地区发展的临空经济新的理论和方法。

第五章构建航空港经济区产业选择的"蘑菇云"模型。本章是本书研究的核心和承上启下的关键，也是最大的创新之处。在解释"蘑菇云"模式经济内涵的基础上，首先构建了由航空港经济区"根基"产业、"梗干"产业和"顶盖"产业、双重动力机制构成的"蘑菇云"产业体系，其中，"根基""梗干""顶盖"产业分别对应航空港经济区的腹地产业体系、临空核心产业、临空关联产业。然后研究设置了临空产业选择的密集性、增值性、易载性、时效性和创新性五大量化分析指标，充分体现了临空产业的高临空、高技术、高价值的特性。

第六章航空港经济区（郑州）"蘑菇云"产业选择。本章首先选择国内多家航空港经济区发展的临空产业作为航空港经济区（郑州）临空产业来源，然后采用临空产业五大量化指标体系，对这些临空产业进行量化分析，选择出高临空、高技术、高价值的临空产业，最后将这些产业进行"蘑菇云"产业归类。

第七章航空港经济区（郑州）重点"蘑菇云"产业比较优势量化分析。首先选取适当的量化指标，从产业在郑州或河南优势、产业周边优势、企业集中优势度（CES）、产业转移优势度（ITS）等方面，重点对航空（航天）、电子及通信设备、医药、电子计算机及办公设备、医疗仪器及仪器仪表等制造业进行量化分析，从而给出这些重点临空产业在郑州或河南的优势以及其他地区产业转移优势。

第八章航空港经济区（郑州）"蘑菇云"产业培育对策。本章在前章重点临空产业比较优势量化分析的基础上，给出了航空（航天）、电子及通信设备、医药、电子计算机及办公设备、医疗仪器及仪器仪表等"蘑菇云"制造业具体培育对策，同时根据前述"蘑菇云"产业体系分析，也给出了高端物流产业、大数据产业等现代服务业培育对策。

第九章航空港经济区（郑州）"蘑菇云"产业人才配置。首先，对重点"蘑菇云"产业发展与人才匹配情况进行总体分析。其次，对航空（航天）制造业（含航空物流业）、高新技术（高新材料、新能源）产业、计算机、通信其他电子设备制造业的人才匹配进行量化分析，给出人才匹配具体对策措施。最后，从"蘑菇云"产业人才配置宏观层面给出人才配置的导向和策略。

第十章结论。本章对各章研究所形成的主要理论观点和政策主张进行归纳总结，最终形成航空港经济区（郑州）产业选择与人才战略研究的重要结论和政策建议。

（三）研究方法

航空港经济区（郑州）产业选择与人才战略研究涉及区位交通、腹地经济、临空经济发展、国际产业分工、国家战略、政策环境等诸多方面，属于复杂经济问题的研究。关于复杂经济问题的研究，武汉大学曾国安教授主张研究方法多元化。他指出，"基于经济学研究对象的复杂性和经济学的性质，在经济学研究中，研究方法的一元化只会危害经济学的发展，经济学研究方法应该秉持多元化的基本原则"。[①] 因此，航空港经济区（郑州）产业选择与人才战略研究应该采取系统分析法、比较分析法、定性分析与定量分析相结合方法等多元化的研究方法。

1. 系统分析法

所谓系统分析，就是从系统论的观点出发，始终从整体与部分之间、整体与外部环境的相互联系、相互作用、相互制约的关系中综合地、精确地考察研究对象，揭示系统性质和运动规律，从而达到最佳处理问题的一种方法。[②]

[①] 曾国安：《不能从一个极端走向另一个极端——关于经济学研究方法多元化问题的思考》，《经济评论》2005年第2期。

[②] 盛见：《中部地区产业竞争力研究》，中国地质大学出版社2009年版，第12页。

航空港经济区（郑州）产业选择与人才战略问题研究涉及方方面面，要体现研究系统性，要从航空港经济区的各种产业构成和重要影响因素出发，深入研究临空产业体系的来源和构成、选择和培育、运行与演进。临空产业来源和构成十分丰富，涉及几十个产业门类，主要分为航空核心产业、航空关联产业和航空引致产业三大类别。主导临空产业选择与培育以及临空经济体系运行与演进的主体也是多方面的。产业选择和培育的主体主要是各级政府和各类企业。临空经济体系运行与演进的影响和制约因素主要包含区位交通、腹地资源和经济状况、优势产业、政策和营商环境、人才支撑等方面。在构建系统研究模型之后，要把各产业和影响要素放进这个分析模型去研究分析，最终得出航空港经济区（郑州）产业选择与人才战略的总体思路和政策建议。

2. 比较分析法

对研究对象进行深入的比较分析，是深刻认识和把握研究对象特性和本质的重要方法。航空港经济区（郑州）产业选择与人才战略研究，实质上是回答欠发达地区如何科学选择和培育临空产业的研究，更需要采用比较分析的研究方法，去研究每个临空产业在郑州、河南以及国内的发展优势和发展地位，从而明确产业的选择方向、选择路径和培育对策。本书从临空产业在郑州或河南的优势、产业周边的优势、企业集中优势度（CES）、产业转移优势度（ITS）等方面进行全面比较分析，为临空产业选择和培育提供决策依据。

3. 定性分析与定量分析相结合的方法

事物都是质和量的统一。为了科学地研究问题，就需要把研究对象的定性分析与定量分析紧密地结合起来。在航空港经济区（郑州）产业选择与人才战略研究中，给出欠发达地区航空港经济区临空产业体系分析框架，找出"根基""顶盖""梗干"产业相互作用以及整个"蘑菇云"产业体系运行演进的机理等属于定性分析；而临空产业选择和比较优势的指标选取、数据处理和分析等属于定量分析。通过对航空港经济区临空产业选择、培育所涉及问题的定性分析和定量分析，从而更为全面、深刻地了解这些要素间的内在关系和相互作用。

（四）创新之处

本书研究的创新之处主要体现在两个方面：

1. 构建了欠发达地区航空港经济区临空产业选择、培育的分析模型

长期以来,产业的国际分工一直是发达国家和地区处于产业链条高端环节,而产业链低端环节则流向欠发达或落后国家和地区,呈现垂直的"瀑布"分工模式。但是,随着全球经济形势发展变化,一些落后的国家和地区,通过自身变革和努力,积极参与国际分工,有效地利用国内国际资源和市场,逐步走向产业链的中高端,逐步改变产业的国际地位,成为追赶型的新兴经济体。这些追赶型新兴经济体国家航空港经济区,在选择和培育参与国际分工的临空产业体系决策过程中,必须构建一个全新的分析模型和框架,既要考虑自身与发达国家和地区的产业差距,也要积极发挥自身的产业比较优势参与分工,更要通过供给侧结构性变革不断走向"微笑曲线"的两端,逐步摆脱固有的"瀑布"模式。本书构建的"蘑菇云"分析模型就是回应这种"关切"的一种研究尝试。"蘑菇云"分析模型不仅适用于欠发达国家和地区,更适用于追赶阶段发展中国家内部地区。

2. 开展了航空港经济区临空产业选择和比较优势的量化研究

为了科学选择航空港经济区的临空产业,首先,深入研究临空型产业的密集性、增值性、易载性、时效性和创新性五大特性。根据这些特性研究构建了五大指标体系。其次,按照这五大指标体系对产业选择对象进行赋值量化,并对量化指标值进行比较分析,为航空港经济区政府产业选择提供科学决策依据。比较优势研究中,定性研究比较多,定量研究比较少。本书为科学地选择和培育临空产业,结合临空产业发展实际,从产业在郑州或河南的优势、产业周边的优势、企业集中优势度(CES)、产业转移优势度(ITS)等方面设置指标,开展量化分析,为航空港经济区政府决策提供科学依据。

第一章　航空港经济区产业发展与人才匹配的基础理论

航空港经济区产业选择、发展以及相关人才培养与其他区域的产业选择和人才培养不同，具有自身独特的秉性。伴随着国际产业分工的迅速深化、产品生产销售对"速度经济"要求不断提高，依托机场空地对接的综合交通枢纽优势，航空港经济区临空型、高科技、高附加值型的产业逐步兴起，不断集聚发展，也需要匹配相关的专业人才。因此，本章就临空经济、临空产业、临空产业发展模式，以及临空产业人才匹配的概念和相关理论进行分析，为航空港经济区产业选择及人才配置提供理论支撑。

第一节　基本概念

一　临空产业

临空产业泛指依托机场空地交通枢纽，布局于机场周边区域，与空港或航空运输有直接或间接联系的各种产业，是一个相对概括性的范畴。2009年，曹允春教授在《临空经济：速度经济时代的增长空间》一书中，按照与航空运输业务联系的紧密程度，将临空产业划分为四大类：一类是服务于航空枢纽的产业，包括直接为机场设施、航空公司及其他驻机场机构（海关、检疫检验等）提供服务的配套和后勤产业等。二类是航空运输和物流服务产业。航空运输的货物一般具有重量轻、体积小、技术精、价值高、鲜活和事急等特点（如航空快件、黄金宝石、鲜活产品、高级冷冻食品、花卉、贵重药品、精密机械和高档电子产品及零部件，以及救援性航空运输服务等），也包括为航空客运服务的航空旅馆业。三类是具有明显航空运输指向性的加工制造业和有关服务业。包括航空物流辅助加工业、航空工具与用品的制造业、航空运输指向性较强的高新技术产业，以及国际商务服务业、会展业和航空竞技业等。四类是以研发和管理为主的公司地区总部经济。伴随着临空经济的成熟，在临空经济区集聚了大量的人力、物流和信息，为公司总部管理人员捕捉市场需求信息提供了便利，同时由于高档办公设施的完善，增强了临空经济区对公司总部的吸引力，公司地区总部不断地向临空经济区集中，从而在临空经济区形成总部经济。[①]

二 临空产业体系

随着机场枢纽的建设发展以及临空经济区产业结构高度化，使临空产业不断积聚，分工越来越细化，产业链不断延伸，产业合作不断拓展，逐步形成临空产业体系。这些产业都与空港或航空运输有着直接或间接的联系，机场的建设为产业的发展提供了很大的便利和支持。不可否认的是，临空产业体系的发展受机场功能和腹地经济的多重影响，不同区域的临空产业体系存在一定的差异。

临空产业集群是临空经济的产物，是指航空运输相关产业或依赖于航空运输的产业在以机场为核心的临空经济辐射区域内形成的产业集群[②]，是产业集群分类中的一个新形态，是临空产业体系的高级形态。具体而言，是指集中于一定临空经济区内，各临空产业的众多具有分工合作关系的不同规模等级的企业，通过纵横交错的网络关系，紧密地联系在一起的空间集聚体。临空产业集群是临空经济发展到较高阶段的表现，其形成和发展过程与一般产业集群中的企业集聚有不同的特征。企业之间竞争的加剧使产品生命周期不断缩短，为了尽可能地减少产品运输的时间，很多企业需要选择航空运输。因而在企业选址时有很强的航空枢纽指向性或者临空指向性，一般都选在机场周边交通便捷的区域。由此形成以大型机场为核心，具有极大集聚力和辐射力的产业体系，不断地吸引相同或相关产业的集中以及生产和生活服务业的入驻，进而形成整个临空产业集群。

2013年，曹允春教授按照产业对航空物流和机场资源的需求和利用程度，进一步将临空产业体系划分为航空核心产业、航空关联产业和航

[①] 曹允春：《临空经济：速度经济时代的增长空间》，经济科学出版社2009年版。
[②] 王巧义：《临空产业集群实施路径研究》，《河北经贸大学学报》2014年第2期。

空引致产业。① 航空核心产业就是直接利用机场提供设施和服务等资源开展生产、制造活动的产业，是机场或航空港本身具有的功能型产业，也是支撑临空产业体系的基础产业和支柱产业，主要包括机场服务业、航空物流业、航空客流业、航空制造业等。航空关联产业就是依托航空核心产业在机场周边区域集聚发展起来的各类产业，对航空运输有较强敏感性，具有临空指向性、高价值性和高技术性的产业，主要包括临空型高技术产业（电子信息、生物医药、精密仪器等）、临空型农业等，以及知识、信息、技术和资金密集型的现代服务业，如人员交往频繁的总部经济、会展业等现代服务业。航空引致产业是指依托航空核心产业和关联产业带来的巨大的人流、物流和信息流集散，从而带动各类生产性服务业和生活性服务业集聚。如金融业、中介业、会展业、总部经济、大数据业、餐饮住宿业、休闲娱乐业等。临空产业体系如图1-1所示。

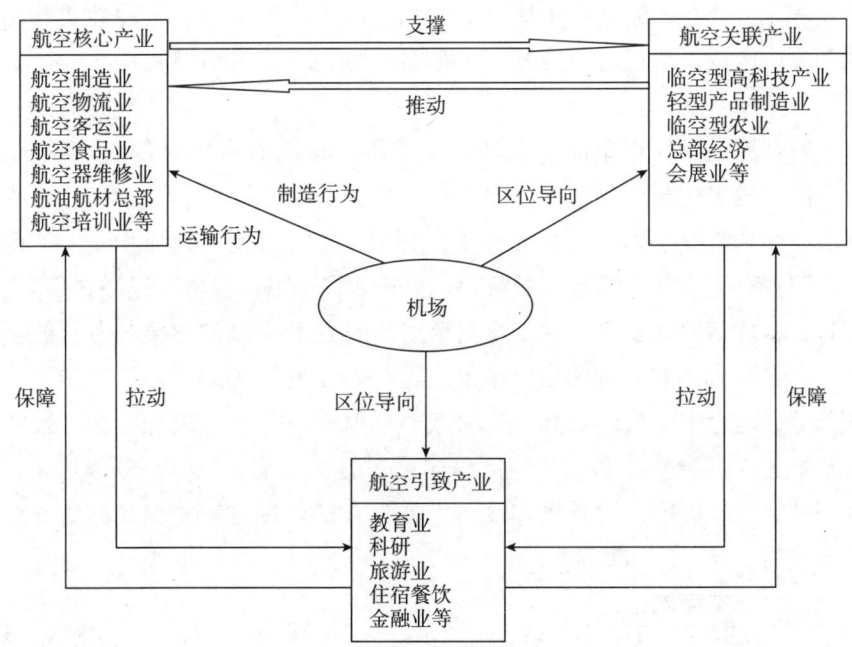

图1-1 临空产业体系内在关系

资料来源：参照郑秀峰《临空经济区产业关联特征分析》一文，在此基础上进一步修改完善。

---

① 曹允春：《临空产业的集聚模式研究》，《区域经济评论》2013年第3期。

三 临空经济

临空经济是一种新的经济发展模式。以机场为核心，依托机场各种基础设施与资源，利用机场的产业集聚效应，促进航空制造业、航空配套服务业，以及现代服务业等产业集群，推进资金、技术、劳动力等要素向其周边地区聚集，从而引致周边地区产业的不断调整与趋同，带动经济的快速发展。这种新兴的区域经济形态即为临空经济。[①] 它作为一种新兴经济形态，具有其独有的特征，主要表现为：一是临空经济的产业集聚性；二是产业具有高度的临空指向性；三是临空经济的技术先导性；四是高速的市场可达性；五是全球易达性；六是临空经济的空间圈层性。

四 临空经济区

临空经济区，以机场为发展引擎，通过中心机场的辐射作用，引致资金、人力、技术等要素的集聚，并推动临空产业聚集，发展临空先导产业和相关产业，通过产生集聚效应和扩散效应形成具有多种性质与功能的经济区域。位置通常集中在以机场为中心15千米半径范围内。

五 航空港

航空港是由民用型航空机场和相关服务设施有机结合的一个整体，是保障飞机安全起降的基地，是旅客及货运集中地。它由飞行区、客货运服务区和机务维修区三部分构成。其中，飞行区是占地面积最大的区域，配备有指挥台、跑道、滑行道、停机坪等设施。做好飞机的保养与修理、客货运输以及飞机的安全起落等服务是航空港的主要任务。航空港经济区（郑州）是郑州航空港经济区综合实验区和郑州新区的重要组成部分，是全中国首个上升为国家战略的航空港经济发展先行区。航空港经济区（郑州）作为郑州新区总体规划的一个重要组成部分，是全省经济社会发展的核心增长极和改革发展综合试验区之一，也是河南省对外开放的重要窗口和基地。

六 航空大都市

近几十年来，在国外，航空港经济迅速发展壮大，以至于多个机场地区成为全球著名的航空港经济区，并且逐步发展成为著名的航空城和航空大都市，比如荷兰史基浦、美国孟菲斯、德国法兰克福等。这是由

[①] 白杨敏、曹允春、王婷婷：《我国临空经济产业结构调整模式研究》，《学术交流》2013年第11期。

于航空港除发挥国际运输和商务联系的功能外，同时也吸引并集聚着一大批航空关联产业，如航空物流业、高端制造业、会展业、金融业等，加上配套完备的城市基础和公共服务设施，进一步形成了新的城市类型——航空大都市。①

航空大都市（Aerotropolis），由美国北卡罗来纳大学教授约翰·卡萨达于2000年首次提出。他认为，在速度经济时代，世界高效快速以及网络化的发展正在改变着行业竞争的规则，以及商业企业选址的规则。这些规则随着数字化、全球化、航空和以时间为基础竞争的发展而不断发生着变化。今天，机场已经成为全球生产和商业活动的重要结点，也是带动地区经济发展的引擎，它不断地吸引着众多的与航空业相关的行业聚集到其周围。随着越来越多的商业企业在机场以及交通走廊周围集聚，一种新型的城市出现了：航空大都市。约翰·卡萨达建立了航空大都市模型，模型提出：机场位于同心圆的圆心，随着机场辐射范围的扩大，同心圆辐射的范围也随之扩大。

第二节 临空产业配置

一 航空核心产业

（一）航空运输业

1. 机场业

机场业主要包括机场产业链和航空公司产业链两部分。尽管各国机场收入结构不尽相同，但都可以归为两大类：一是航空直接收入，也就是与飞机起降和客货过港等与基本位移需求直接相关的收入，如飞机起降费、旅客服务费和安全费等；二是航空间接收入，是机场为满足飞机、旅客和货物在基本位移需求以外的衍生需求而产生的收入。从现在全球机场的发展态势来看，航空间接收入已成为机场最主要的盈利来源。②

---

① 周柯、曹东坡：《航空港经济区（郑州）重点产业培育研究》，中国社会科学出版社2015年版，第2—3页。

② 郑秀峰、仝新顺、鞠红：《临空产业生态建设与健康管理研究：以郑州航空港经济区综合实验区为例》，社会科学文献出版社2016年版，第30页。

2. 航空客运业

航空客运（Air Passenger Transport）是使用飞机、直升机及其他航空器运送人员的一种运输方式，具有快速、机动的特点，是现代旅客运输，尤其是远程旅客运输的重要方式。按照飞行区间，可以将航空客运业务分为国际航线客运、国内航线客运和港澳航线客运。我国航空客运行业是垄断性行业，市场准入门槛很高。其中，航线经营权采用的就是"祖父条款"，区别于美国的机会均等原则。[①]

3. 航空物流业

航空物流业是指在国民经济中从事航空物流经济活动的社会生产部门，是从事航空物流活动的所有企业或单位的集合。它是依托机场航空运输的物流业，为第一产业、第二产业的实物生产和第三产业的服务生产提供航空运输服务，是典型的生产性服务业。航空物流业又分为两类：

（1）航空货运业。航空货运是现代航空物流中的重要组成部分，主要包括国际国内航空货运、快运、包机运输等业务，是国际贸易中贵重物品、鲜活货物和精密仪器运输所不可或缺的方式。空运以其迅捷、安全、准时赢得了相当大的市场，大大缩短了交货时间。

（2）航空快递业。又称航空急件传送，是目前国际航空运输中最快捷的运输方式，是以飞机为工具，快速收寄、运输、投递急需的药品、医疗器械、贵重物品、图纸资料、货样及单证等的传送，按承诺时限送达收件人或指定地点，并获得签收的寄递服务业。

（二）航空维修业

航空维修是维持航空运营安全，保障航空公司获得发展的关键因素。航空维修是指对飞机及其上的技术装备进行的维护和修理，确保飞行安全，航空维修是飞机使用的前提和必要条件，也是航空业的重要组成部分。一般来说，航空维修分为以下几种：（1）航线维修，主要以日常检测为主，由航空公司的机务人员完成，通常耗费的是人力成本。（2）系统维修，一般由制造商或航空公司自行提出，维修方案和频率不能低于航空管理局对飞机提出的最低要求。由于飞机的价值高、结构复杂、属于技术密集型产业，一般而言，航空公司（特别是国内的航空公司）均

[①] 前瞻产业研究院：《航空客运》，前瞻产业研究院官网产业百科，2015年8月24日，http://baike.qianzhan.com/detail/bk_f466d10b.html，2016年2月16日。

不选择自行系统维修，而是采用合资公司或独资公司的形式，成立专门的维修公司。① 航空发动机是飞机的心脏，航空发动机维修既是飞机维修的一部分，也是航空机务工作的重要组成部分。

目前，国内航空维修行业的航空器部件维修能力与国际先进水平比较尚有较大差距。在工程设计能力要求高、产品附加值较高的维修项目中，国内维修企业的市场占有率较低，国内全行业承担的维修产值不足市场总产值的25%。中国民航70%以上的发动机需要送到国外维修厂家进行翻修工作，其核心部件的深度维修仍需送修国外。

除此之外，航空核心产业还包括航空食品加工业、航空材料和零配配套中心、航空产业研发中心等。这些产业均是伴随着航空业的存在而发展的，许多产业已经取得了不错的发展成果。

二 航空关联产业

（一）临空型高端制造业

1. 临空型高新技术产业

高新技术产业是现代经济发展的主导产业之一，是以高新技术为基础，从事一种或多种高新技术及其产品的研发、生产和技术服务的企业集合。高新技术产业主要包括信息技术、生物技术、新材料三大领域。临空型高新技术产业，是指其产品具有短小轻薄、科技含量高、附加值大且生产所需资源少、能耗低等优点的高科技产业，具有很强的临空指向性。在临空型高新技术产品的生产过程中，即时生产、速度经济成为主导产业发展的主要生产模式。就是要求生产中所需原料和零部件必须准时到达，尽可能地降低库存和生产成本，生产出来的产品更要及时出关送达到全球的客户手中。为此，临空型高新技术企业都集聚在机场周边，材料采购和产品运输都采用航空物流这种快捷、安全、易达性强的物流方式。临空型高新技术产业不仅带动航空港经济区内产业生态结构的快速优化升级，而且促进了当地产业结构的迅速调整。

2. 临空现代农业

临空经济区及其周边的临空型农业有别于其他地区的农业发展，着重发展现代花卉园艺农业、生态农业、休闲农业、都市有机农业等高附

---

① 郑秀峰、仝新顺、鞠红：《临空产业生态建设与健康管理研究：以郑州航空港经济区综合实验区为例》，社会科学文献出版社2016年版，第33—34页。

加值现代农业，走集生产、开发、运输、经销、观光为一体的农业产业化道路。在临空型农业发展中，要摒弃传统农业发展的思路，依托机场的交通优势，坚持"生态高效、精品特色、绿色安全"的导向，合理安排种养殖业比例，大力发展特色农业，建立特色鲜明的农副食品基地，走国际化、专业化、市场化、现代化道路，要建立创汇型、生态型、观光型、科技型新型农业。

（二）技术和资金密集型现代服务业

1. 会展业

会展业是集商品展示交易、经济技术合作、科学文化交流于一体，兼具信息咨询、招商引资、交通运输、商务旅游等多种功能的新兴产业，是现代服务业的重要组成部分。近年来，随着临空经济的蓬勃发展，航空港的独特优势，促使国际会议展览中心、推销零售或工业品的贸易与展销中心正逐渐向航空港集聚。国外临空经济发展较早，也为会展业的发展提供了平台和契机，无论是美国的孟菲斯、德国的法兰克福还是韩国的仁川，这些伴随着较为成熟的临空经济发展的会展城市，临空经济与会展经济产生协同发展态势。为提升机场酒店在 MICE 行业中的竞争优势，不少国际机场酒店也开始进行改造，美国一些会展城市已经设有或正在规划中，如西雅图塔科马国际机场、兰伯特圣路易国际机场等开设了机场会议室。[①]

许多国内外商品博览会、经济贸易会议以及一些重大的国际经济文化交流会议陆续在临空经济区召开。以航空运输业为核心的航空港经济区将成为未来全球经济发展的主流形态和主导模式，临空会展业顺势而为，成为会展业今后发展的方向。临空会展业是以临空会展活动为核心，为专业展会活动提供策划、场地、组织和协调、服务的企业集合。2016 年 12 月，郑州机场 1 号航站楼首次"跨界"做展馆，承办了首届河南进口商品博览会，标志着"临空会展"这种全新的会展模式在中原大地初露端倪。郑州新国际会展中心（又称绿地会展中心）项目一期目前建设正在推进，中国（郑州）国际商品交易中心落户于航空港经济区（郑州）。

2. 总部经济

总部经济，是伴随着商务园区、中心商务区（CBD）的出现才被发

---

① 寿怡君：《临空经济背景下城市会展业发展路径优化研究》，《企业技术开发》2015 年第 3 期。

现的一种经济形态。总部经济往往因为某种核心价值的吸引而出现众多企业核心资源规模化集聚,形成有特定职能的经济区域,形成总部经济形态。临空经济区由于具有天然的货物、人员、信息交流的航空便捷优势,吸引众多企业总部在此区域高度集合,成为一种特殊的总部经济基地。国外临空经济的实践中,企业总部布局在机场周边地区已经成为一种发展趋势。如荷兰阿姆斯特丹的史基浦机场商务区是一个重要的物流和商业枢纽,吸引了300多家国际公司入驻,其中有荷兰航空、优利系统、日本三菱、摩托罗拉软件等知名公司,这些公司利用邻近机场的便捷优势,在临空经济区内聚集,掌握最新的资讯并能够快速应对,同时配合会展中心的建立,加强和国际国内的合作与交流,保持持续竞争力。近年来,国内各地规划临空经济过程中涌现了发展总部经济的热潮。

三 航空引致产业

(一) 生产性服务业

机场的迅速发展,推动着临空服务业的加快发展,金融、广告、中介、财务、培训、通信和法律等生产性服务业快速集聚。如法兰克福临空经济区内的44000多家企业中比例最大的是各类生产性服务企业,都从事着航空业或与其相关的行业。除金融、广告、中介、培训等传统服务业外,临空经济区也开始重视发展电子商务、航空租赁、大数据等高层次的现代服务业,电子商务的出现更推动了航空物流业的发展。机场作为人流集散地和城市的窗口,机场广告业的发展前景也十分广阔,是宣传城市和企业的理想场所。同时,广告业还可以成为机场建设的一大亮点,为区域经济发展提高知名度、实施区域品牌化战略创造条件。

(二) 生活性服务业

随着航空核心产业和关联产业的发展,航空港经济区(郑州)需要满足各类人员生活需求,既要满足机场各类员工及各产业从业人员的居住、教育、消费、购物、娱乐等生活需求,更要满足机场区域内聚集的大量旅客等高端消费人群的便捷消费,公司宿营地、高档购物中心、健康护理服务中心、大型休闲娱乐中心等高端生活性服务业越来越多。临空经济区的生活服务业,已不限于单纯满足购物、餐饮、商务和休闲等生活和出行需求,特别是机场具有的免税待遇,使旅客消费一般以奢侈品和其他免税商品为主,极大地促进了高附加值产品的消费。

第三节 临空产业发展模式

一 临空产业发展模式概述

航空枢纽的引领带动临空产业的集聚发展，形成不同的航空港经济区产业生态体系，孕育不同的产业发展模式。依托于不同基础的航空枢纽，航空港经济区也呈现出独特的产业发展模式。世界主要空港经济区的产业发展模式有：以航空物流业为主的孟菲斯模式、物流与商务并重的法兰克福模式、以休闲旅游为主的仁川模式、产业多元化综合的史基浦模式以及以工业园区为主的北京模式等。

国内学者根据不同标准提出了不同的临空经济区产业发展模式。曹允春（2013）[①]按照临空产业来源和成长状态，提出三种临空产业集聚模式：航空产业链的机场空间延伸模式、承接国内外产业转移模式和区域产业升级模式。郑秀峰等（2016）[②]通过对临空经济区产业发展模式驱动力的分析，提出了针对临空经济区不同阶段的产业发展模式。（1）临空经济区形成阶段产业发展模式，主要包括航空物流产业链空间对接模式、航空制造业空间拓展模式、全球产业价值链的临空嵌入模式和区域产业链与航空物流业耦合模式；（2）临空经济区成长期产业发展模式包括航空物流供应链功能对接模式、航空枢纽服务业空间拓展模式、生产性服务业配套协作模式、临空高新技术产业链的纵向整合模式和航空制造业产业链衍生拓展模式；（3）临空经济区成熟期产业发展模式包括航空物流服务供应链一体化模式、现代服务业综合推进模式和创新型临空产业集群强化模式。

二 重要临空产业发展模式介绍

结合相关研究，本书提出，航空港经济区产业发展模式包括航空物流产业链模式、高端制造业驱动发展模式、现代服务业综合发展模式、创新型临空产业链模式和产业多元化综合发展模式。

[①] 曹允春：《临空产业的集聚模式研究》，《区域经济评论》2013年第3期。
[②] 郑秀峰、仝新顺、鞠红：《临空产业生态建设与健康管理研究：以郑州航空港经济区综合实验区为例》，社会科学文献出版社2016年版，第91—103页。

(一) 航空物流产业链模式

航空物流产业链模式是指以培育航空物流产业链为核心，整合航空物流产业链上的所有资源和能力，通过利用信息技术实现企业之间信息和知识资源的整合，将各节点企业有机地组织起来，就像一个独立的实体一样协同运作。其价值在于：(1) 充分发挥航空物流的高时效性，增强其对客户需求的快速响应；(2) 降低航空物流服务的交易费用，减少服务成本；(3) 实现航空物流服务链整体协调运作，提高运作效率和效益；(4) 促进航空物流服务规模的扩大，产生规模经济效益；(5) 实现航空物流服务链增值与资源共享，提升其在物流市场的竞争能力。

以航空物流业为主的航空港经济区，其机场应具有区位交通优势，拥有完善的交通体系以及货运专用跑道和较多的货机坪、货机位，货运航线密集广泛，在航空港经济区内还汇聚大量的知名物流企业。航空物流产业链模式主要包括三个要素：(1) 航空物流外部环境的整合。任何一个企业和组织都不能独立于环境而存在，良好的外部环境是航空物流发展的有力支持，为航空物流服务链实现整合提供外部保障。而良好的外部环境主要包括规范的航空物流市场和统一的航空物流技术标准，这是航空物流产业链实现整合的关键。(2) 航空物流信息整合。航空物流数据中心的良好运转能够实现航空物流信息整合，其主要将陆上物流信息与空运物流信息整合起来，为航空物流产业链链上资源整合提供信息。(3) 节点企业之间的合作。以航空物流产业链模式为主的航空港经济区重点在于供应链节点企业之间的合作，主要有中心依附型、强强联合型和共生网络型三种运行模式。其中，中心依附型是最有效的模式，以一个企业为核心，其他企业都是围绕这个核心的独立单元进行运作，节点企业之间的合作效果很大程度上取决于核心企业的影响力。

(二) 现代服务业综合发展模式

现代服务业综合发展模式是指利用航空港经济区已形成的现代制造业和航空物流业，积极引进现代服务业的生产服务环节，实现临空经济区内产业生态结构的升级，实现临空经济区可持续发展。这种发展模式的价值在于：(1) 充分利用机场带来的人流，加强对旅客需求的回应；(2) 航空运输与陆地服务相结合，实现无缝衔接，更加便捷；(3) 实现航空客流服务规模的扩大，汇聚更多的旅客。

其中，大力发展的现代服务业主要包括金融服务业、文化创意及研发设计、信息服务业、高端商贸休闲、会展业等生产性服务业。此外，航空运输产业中的配餐、租赁和总部等服务性环节也是大力发展的重要对象。现代服务业综合发展模式是临空经济区发展成熟的一种产业发展模式，往往是建立在现代制造业和航空物流业较为发达的基础之上，形成以生产性服务业为主的现代服务业综合发展模式。

（三）航空制造业驱动发展模式

航空制造业驱动发展模式是指在国际航空制造业全球转移的发展趋势，利用航空制造业具有高临空指向性的产业特征，通过产业链的上下游相关环节，实现航空港经济区以航空制造业为主的产业驱动发展模式。航空制造业通过全球化分工，实现资源的有效利用。此外，航空制造业还可通过与高技术企业以及研发机构的合作，产业链的纵向整合，实现上下游企业之间的双赢。

航空制造业在其制造过程中，必须依托机场资源完成试飞环节，是一个技术密集、资金密集和知识密集的行业，其产业链很长且环节众多。正是由于航空制造业的这些特点，实现航空制造业的全球化分工，加强与企业、研发机构之间的合作，形成一个完整的产业发展模式，更好地实现航空港经济区的快速发展。

（四）创新型临空产业链模式

创新型临空产业链模式是指以临空产业链为主，大力发展科技、研发和设计等环节，积极鼓励知识创新和制度创新，培育和扶植临空经济区内的科技园区、科研机构，完善航空港经济区的智力支持，提高港区产业附加值，是临空经济区可持续发展的动力。创新型临空产业链模式是建立在制造业比较发达的航空港经济区基础之上的。

随着产业的快速发展和产业链的不断延伸，临空产业集群逐步形成。产业集群中以知识密集、信息密集为特征的高附加值、高技术含量产业环节，将成为航空港经济区产业发展的重要趋势和主要增长点，这些产业的变化都将对企业交通运输偏好以及距离研发机构等智力支持机构的远近偏好产生重要影响。随着产业由资源开发、资源加工向资源配置和资源优化功能的转变，在这一过程中，以机场为核心的综合交通枢纽以及有智力支持的航空港经济区，将成为临空偏好企业的主要聚集地，进而形成以航空港经济区"智力"为主的临空产业发展模式。

(五) 产业多元化综合发展模式

产业多元化综合发展模式是指在整个航空港经济区内发展航空物流、商贸会展、电子商务等现代服务业，航空制造、生物医药、电子信息等高端制造业，养殖、蔬菜、水果、花卉等都市有机农业为一体的多元化发展模式。航空港经济区产业发展方向多元化、综合化，产业发展并不以一种产业为主，而是多个产业并进发展，这种模式主要适用于经济欠发达地区，缺乏地区特色产业优势的航空港经济区。

第四节 产业发展与人才匹配理论

一 基本理论

(一) 产业发展基本理论

在产业选择方面，比较优势理论是区域产业规划中常用理论之一。它以区域自身的优劣势为根据进行自我定位，选择适合发展的产业，比较优势理论包括绝对优势理论和相对比较优势理论。1776年，亚当·斯密在《国民财富的性质和原因的研究》一书中提出了绝对优势理论，指出，不同的国家（或地区）在不同产业上具有不同的优势，对同一种产业来说，各国之间存在着绝对的成本差异性，则一国（或地区）可选择其具有绝对优势的产业进行培育与发展。1817年，大卫·李嘉图在《政治经济学及赋税原理》一书中提出了相对比较优势理论，这一理论是对绝对优势理论的进一步发展。他认为，任何国家（或地区）都存在着劳动生产率的差异，处于生产优势的国家（或地区）只需生产其具有相对最大优势的产品，处于生产劣势的国家（或地区）可选择生产其劣势相对较小的产品。比较优势理论为各国（或地区）产业的选择与发展奠定了理论基础。

近年来，产业逐渐向集群化发展，产业集群又受到各地政府的高度关注，而与产业集群形成直接相关的理论有区位论、增长极理论以及技术创新理论。德国经济学家韦伯在《工业区位论》一书中提出了产业集群形成的原因。他认为，诸多相关性企业聚集在一起会带来搜寻成本的降低与经营利润的提高，正是由于成本的下降和收益的增加，引致产业集群现象的出现。法国经济学家佩鲁在1950年首次提出增长极理论，他指出，增长极是以推进性主导工业部门为核心而形成的一群高度关联性产业组合，这种组合不仅可以实现自身的快速发展，还能通过乘数效应推动周边及相关部门的增长。技术创新理论由熊彼特首次提出，他认为，技术上的创新与扩散是推进相关性产业集群的成因。

（二）人力资本理论

在学术界当中，普遍认为，经济学家威廉·配第是首次运用人力资本概念的。他在解释劳动创造价值的过程时，将人的"技艺"作为除土地资源、物质资本等之外影响价值创造的又一个重要因子，强调了人力的重要性，为后期人力资本理论的发展奠定了一定的基础。在古典经济时期，亚当·斯密指出，科技进步的主要原因是人力，并将人力资本分为两类：一类是技术培训，另一类是文化培训，对人力资本理论的推进产生了极大的影响。而后马歇尔又将人力资本的重要程度再次拔高，提出"知识是推动生产力发展的最强大的火车头"，提倡教育应被用于提升人的一般性与专业性技能，从而作用于劳动生产率的提高。20世纪60年代，舒尔茨明确定义了人力资本的基本概念，并论述了人力资本在经济增长过程中的重要作用，建立了人力资本理论的基本框架。随后，人力资本理论被诸多学者深化与应用。美国经济学家罗默在其《收益递增与经济增长》一文中，将人力资本又划分为物质性劳动和专业性知识的人力资本两种类别。1988年，卢卡斯又在其《经济增长的机制》一文中，论述了人力资本对产出的主要贡献，并提出了后来广为流传的人力资本模型。

（三）需求理论

在微观层面上，营销学中的"4P"与"4C"理论都强调了消费者需求的重要地位，指出，只有将消费者需求作为营销策略的主要导向，才能掌握竞争利器，在诸多竞争者中脱颖而出。在宏观层面，竞争优势理论和本地市场效应理论都将需求分析纳入其中。迈克尔·波特提出了竞争优势理论，将"需求"这一要素引入钻石模型当中，指出，一国或地区获得竞争优势的决定性因素包括生产要素、需求因素、相关联及支持产业、企业的组织策略、结构与竞争程度。本地市场效应理论〔又称本地市场效应（Home Market Effect）〕指出，在一个存在规模收益递增和贸易成本的世界当中，拥有相对较大国内市场需求的国家更可能拥有高效率、大规模的产出，将更可能成为净出口国，从而影响一国或地区之间的产业发展状况。另外，在定量分析需求对产业发展的影响时，学者提出了需求弹性理论。该理论认为，需求弹性较小的产业主要是满足人们日常生活基本需要的产业，需求弹性较大的产业主要是满足人们高端层面的需要，而介于两者之间的需求弹性则主要是满足人们的安全、社交等方面的需要。①

与需求方面相关的理论认为，在产业布局与发展过程中存在着对人才方面的需求。根据产业的基本特性和发展阶段有目的地进行产业与人才的匹配，既可以最大限度地发挥人才战略的效用，又可以推动产业的优化与转型升级，保持产业的蓬勃发展。

二 人才棘轮理论

棘轮原为机械构件，是指当主动件连续回转时，从动件作周期性停歇的单向运动机构，驱动杆只能向一个方向摆动时驱动棘轮，而棘轮只能单向运动。人才棘轮战略的内涵，借鉴了棘轮的工作原理和机制，是指以产业引进发展为动力，以人才—产业匹配为方向，通过制度、体制、环境的优化，实现产业发展需要、人才的价值实现需要、人才发展和人才宜居的多维需求，为航空港经济区发展提供最佳的人才保障。这种棘轮战略的核心是人才与产业的匹配，其动力和方向来自产业的发展，其要求在于契合，其趋势在于演进性，其内容在于多维性，具体而言，这种棘轮战略的特征有以下三个方面：

1. 契合性

产业发展是人才工作的动力和立足点，人才的引进和开发必须与产业发展相契合，随着产业的发展演进，对更多高端人才的需求具有不可逆性，人才战略的立足点在于以匹配的人才队伍以有力地支撑产业发展。根据区域产业发展和人才培养的实际状况，人才可分为前置性人才、同步性人才和后置性人才，前置性人才为产业新引进落地之前的前提条件，同步性人才为产业配套的管理、技术或操作型专业人才，后置性为产业落地后续发展过程中必备的人才资源。人才工作的目标要立足和着眼于产业发展的实际需要，避免人才队伍建设的虚高导向，追求产业发展和人才的同步同向，实现人才成功创业与产业繁荣发展的共赢。

---

① 霍国庆、王少永、李捷：《基于需求导向的产业生命周期及其演化机理研究——以美国典型产业为案例》，《中国软科学》2015年第3期。

2. 演进性

随着产业的演进，对人才的需求呈现动态变化。从区域间产业分工与发展的规律来看，产业发展呈横向和纵向两个维度发展，从横向看，产业发展体现为引进新产业；从纵向看，产业发展表现为价值链地位的提升，从一般的加工制造环节向设计、营销和服务环节转化，从资源消耗型的重化工类产品向轻、薄、小的高科技含量产品演进，从产业承接和引进向本地创新创造的转化。相应地，人才需求必须与产业转型升级相衔接，不断适应产业演进的需求，及时调整人才引进和培养的方向，以动态性的人才结构优化适应动态性的产业演进。

3. 多维性

即体制、制度和生活环境要满足人才的成长、价值实现和生活便利的多重需要。棘轮人才战略的目标，是要通过体制机制创新和环境优化，以良好的工作待遇吸引人才来郑州创业，以宽松和自由的通道促进各类人才自由流动，以公平的环境激励人才脱颖而出，以激励性的薪酬体系促进人才价值的实现，以宜居的优美环境沉淀人才，满足人才成长、价值实现和安居等多维需求。同时，人才都会具有强烈的追求更高价值实现和社会地位提高的内在动机，顺应人才向上流动的需求，构建促进人才向上流动的渠道，是棘轮人才战略方向性的重要特征。也就是要通过人才体制机制和环境优化，促进人才获得更多的经济收入、社会地位和社会声誉，满足人才向上流动的内在需要。

第二章 国外航空港经济区产业发展的经验与启示

一般认为，国外临空经济发展始于1959年爱尔兰的香农国际航空港自由贸易区。多年来，发达国家各航空港依托机场发展，不断完善陆海交通网络，逐步提升综合交通枢纽地位，持续吸引高科技产业、现代服务业等临空型产业集聚，最终形成发达临空经济体系。经过近60年的发展探索，发达国家的临空经济区已经趋于成熟，成为这些国家重要的经济增长引擎和重要的经济现象之一，而且造就了各具特色的临空产业发展模式，其发展的成功经验对航空港经济区（郑州）产业选择和发展而言也有很重要的借鉴意义。

第一节 国外航空港经济区产业发展的经验

一 美国孟菲斯：航空物流主导型产业发展模式

孟菲斯发展模式是一种典型的航空物流主导型发展模式，其最大特色是机场航空运输与航空物流的和谐共生发展。

孟菲斯的总人口为68万多人，是田纳西州最大的城市，在美国东南部排名第二。

孟菲斯地理位置十分优越，交通运输条件便利。在水路运输方面，孟菲斯是美国的母亲河——密西西比河——下游最大的港口城市，处于密西西比航运的枢纽位置，南面不远处即为墨西哥湾。在公路运输方面，孟菲斯位于美国第40号和第55号州际公路的交叉口，另外还有连接孟菲斯和伯明翰的 I-22 高速公路使孟菲斯拥有另外一条能够直达美国东部市场的通道。在铁路运输方面，由于孟菲斯位于美国中南部，处于美国全国较为腹地的位置，加之孟菲斯对交通系统的大力度投入，目前每天从孟菲斯经过的列车多达 200 余趟，大批量低成本运输能力十分强劲。在航空运输方面，整个美国都在孟菲斯机场的辐射范围内，在很短时间内，可以从孟菲斯飞往美国任何地区。优越的交通位置和便利的交通条件使孟菲斯机场有基础发展多式联运，几种交通方式无缝对接，相辅相成。

1973 年 4 月，世界排名前列的美国联邦快递（FDX）总部正式迁移至孟菲斯，其所创新的经营模式使孟菲斯成为美国最重要的货运中转站，而孟菲斯机场也因此成为全球货运周转量最大的机场。[1] 2017 年，联邦快递的营业收入已达 503.7 亿美元，现居世界 500 强第 180 位。除联邦快递之外，孟菲斯机场周围还聚集了一批知名航空物流企业，如联合包裹（UPS）、敦豪（DHL）、荷航（KLM）等。[2]

当前，联邦快递、联合包裹等知名企业拥有一定规模且完善的全货机运输和快递配送服务网络，实现了在美国任何两个城市之间 24 小时内送货上门。孟菲斯现已成为全球名副其实的航空物流基地，其航空物流规模最大、货运效率最高、服务设施也最为齐全。过去 40 多年来，孟菲斯走出了一条航空业的发展奇迹，也造就了一条"机场带动物流，物流带动产业，产业带动城市"的独特城镇发展路径。

二 荷兰史基浦：综合枢纽导向型产业发展模式

荷兰阿姆斯特丹史基浦机场位于阿姆斯特丹城西南 17.5 千米，拥有 100 多条航线和 200 多个目的地，是北欧空中门户和航空网络中心。经过多年发展，史基浦机场客货吞吐量不断增大，2016 年，货运量为 166 万吨，客流量为 6360 万人次，而荷兰本土仅有 1700 万人口，成为欧洲重要的航空枢纽之一。航空城史基浦模式是一种典型的多元化综合性发展模式，其最大的特色是兼顾第一产业、第二产业、第三产业的联动发展。史基浦机场与整个欧洲大陆之间实现了空运、海运、公路、铁路的无缝对接，从单一依托航空运输转向发展多式联运，同时利用信息技术最大限度地简化了物流手续。除航空物流基础设施外，机场航站楼设有"See Buy Fly"购物中心，每逢周末，阿姆斯特丹不少本地居民也会开车来此

---

[1] 张永胜：《世界主要航空大都市发展经验及对郑州航空大都市建设的启示》，《河南商业高等专科学校学报》2014 年第 6 期。

[2] 高传华：《国外临空经济发展的做法与启示》，《经济纵横》2013 年第 12 期。

购物。史基浦还是全球唯一一个拥有博物馆的机场,供旅客免费参观。而航站楼餐饮、酒店和休闲娱乐场所应有尽有。机场附近的综合大楼则设有世界贸易中心,其间有航空公司、公司总部、金融服务、旅行社等企业500余家,雇用员工总数超过5.4万人。在机场周边还分布有高新科技产业园区,重点发展航空航天、电子设备以及信息技术等高端制造业,并实现了与机场航空物流产业之间的无缝衔接。此外,在空港附近还特意预留一块专门的农业用地,主要种植一些花卉以便利用航空运输进行出口。可见,史基浦机场以航空运输为中心,有规划地将第一产业、第二产业、第三产业中临空指向性明确的部分向机场附近集聚,并综合、协调发展,将史基浦机场打造成为一个集人流、物流、展览、商贸、观光以及休闲娱乐为一体的"航空城"。

在协调不同产业集聚发展、缓解和避免各方利益冲突方面,史基浦机场也创新了开发模式,荷兰中央政府、阿姆斯特丹地方政府、机场管理集团以及一些协作机构共同出资成立了史基浦机场的专业开发机构——史基浦区域发展公司(Schipoh Area Development Company,SADC),并在此基础上成立了阿姆斯特丹机场地区委员会,实行政府主导、专业机构协作的开发模式,有效地缓解和避免了各方利益冲突。[1]

三 法兰克福:物流商务并重发展模式

法兰克福机场凭借其便捷的客运、货运航线和便捷的陆路交通,以及德国最好的基础设施和商业设施而成为欧洲乃至世界上最发达的临空经济区之一。机场、会展和金融行业已成为法兰克福的标志。

法兰克福模式是一种典型的物流商务并重发展模式。2017年,法兰克福运送旅客6450万人次,同比增长6.1%,超过预期,在欧洲各大机场位居第三;货运量约220万吨,同比增长3.6%,位居欧洲第一。"法兰克福物流城"是世界上最著名的机场物流园区之一,这里汇聚了数百家物流和运输公司,将来自世界各地的产品运往德国,同时也迅速、便捷地将德国产品运送到世界各地。[2] 法兰克福机场还设有4万平方米的动物候机楼,每年约有1亿只动物从机场出发运送到全球各地。此外,金

---

[1] 庞卫东:《国外临空经济发展经验与航空港经济区(郑州)建设》,《河南商业高等专科学校学报》2014年第6期。

[2] 王红:《国外临空经济发展的现状与启示》,《空运商务》2013年第5期。

融业、博览业和旅游业也是法兰克福引以为傲的产业。在机场周边,有 149 公顷的物流城,数百家公司建有自己的基地和仓库,其中不乏敦豪(DHL)、联邦快递、TNT 快递等跨国物流企业。

此外,法兰克福空港区还建设有贸易中心、会展中心、金融中心,在机场周边形成了一个以现代商务为主的黄金区域,可以依托机场和机场产业来推动会展业和金融业的长期快速发展。首先,机场为前来参观会展的顾客提供了便利的交通服务,反过来会展的蓬勃发展也促进了机场的发展。法兰克福会展中心每年举办 30 多场展览,其中汽车展和书展是世界上规模最大的展览,每年吸引参观者超过 220 万人次。据测算,在法兰克福会展上,每位与会者的交通和住宿费用平均为 450 欧元(580 美元),而参与公司的花费总额为 14.6 亿欧元(18.9 亿美元),因此,展会大大带动了当地服务业的发展。除直接的经济影响外,法兰克福展览还刺激了酒店、餐馆、技术工人和服务提供者等公司的就业。[①] 另外,法兰克福是世界知名的"银行之都",根据第二次世界大战后的重建,法兰克福被规划为德国的金融中心,据 2012 年统计的数据,法兰克福的银行数量为 260 多家,其中外资银行约 200 家。德意志银行和德国商业银行总部均设在法兰克福,特别是欧洲中央银行等欧盟机构总部的入驻,更是大大提升了法兰克福的国际影响力。法兰克福现有人口 65 万,而企业总数则高达 44258 家,提供就业岗位 59.6 万个,其中服务业就业人口占总就业人口的比例已接近 90%。因此,法兰克福是典型的物流和商务并重的航空港经济区发展模式。

四 韩国仁川:休闲产业主导发展模式

仁川模式是一种典型的以休闲产业为主的发展模式。仁川国际机场是韩国具有代表性的机场,启用于 2001 年 3 月。通航不久,客流量即呈爆炸式增长,二期扩建工程从 2002 年 2 月开始动工并于 2008 年投入运营,几乎在二期工程交付的同时,机场再次陷入吞吐量接近饱和的窘境。2011 年 6 月,仁川国际机场再次发布第三期工程设计方案,预计未来将投入资金 41 亿美元。为了保持可持续发展,最大限度地发挥仁川国际机场的各项功能,为旅客提供更周到、更便捷的服务,仁川国际机场将分别在不同方向设立两个国际商务中心。围绕经济的各种辅助性产业也在

---

① 和伟:《国外临空经济发展模式研究》,《商业时代》2014 年第 20 期。

慢慢兴起。在航空城的庞大扩建计划中，依靠向东辐射的公路连接，将建设包括机场核心区、自由贸易区、机场城镇广场、居民居住区等基础设施。在机场核心区域的西侧，是一个以特殊旅游休闲项目为主的综合性区域，包括休闲度假区、高尔夫球场、酒店、水上公园、主题公园等。①

仁川机场经济区主要由永宗岛、松岛和青萝岛组成，而航空港经济区（郑州）位于永宗岛。永宗岛大力发展休闲娱乐和旅游产业。同时，在机场周边建设大型休闲旅游项目，如航空城市公园、水上运动公园、梦幻主题公园、时尚主题公园等。填海建造的松岛新城以纽约中央公园为原型重新开发，不仅建造了一个占地100英亩的绿洲公园，而且还吸引了思科（Cisco）、三星（Samsung）和IBM等知名企业。2013年5月，4家联合国机构也正式入驻。松岛在2015年建成，拥有1500万平方英尺的办公和商业设施、9000多套住宅、1个会议中心、1个文化中心、1个中央公园大道、1个18洞的高尔夫球场和1个最先进的医疗机构。② 松岛还从世界各地引进特色建筑，包括纽约的"中央公园"和威尼斯的运河。而青萝岛则建设有公寓区、体育及休闲设施、主题公园、国际金融园区、国际学校和国际医院等。

仁川国际机场非常重视硬件和软件设施配套，在硬件和软件方面，依托人性化的服务，打造仁川机场为国际航空港。在硬件升级方面，仁川国际机场使用了世界上最先进的设计来运行跑道，即使能见度很低，飞机也能安全地起飞和降落。此外，先进的自动行李处理系统将在10分钟内处理过境旅客的行李。在软件服务方面，仁川机场位于韩国美丽的海滨度假城市——永宗岛，环境优美舒适。基于独特的地理条件，机场寻求以绿色机场为基础，营造温馨舒适的服务。特别是在服务质量方面，机场工作人员每天24小时都在为乘客提供服务和协助。韩国仁川国际机场以其综合的服务设施、个性化的服务理念、最短的转乘时间和独特的韩国文化表演，使其成为一个"全世界最令人向往的机场"，拥有巨大的客运转换量，其出入境时间是世界上最短的。根据日内瓦国际机场理事

---

① 和伟：《国外临空经济发展模式研究》，《商业时代》2014年第20期。
② Brian Donahue, "The Rise of the Aerotropolis", *Business Facilities*: *The Location Adisor*, 2010（9）.

会的评估，2006—2012年，仁川国际机场连续7年获得"全球服务最佳机场"第一名。当然，仁川机场优质的服务和人性化的设施带来的是巨大的客运中转换乘量。

韩国国土比较狭小，国内资源匮乏，也亟须大力发展第三产业，特别是休闲服务以弥补资源禀赋的不足。因此，仁川机场着力为旅客提供最便捷、最舒适的硬件和软件服务。总之，在众多休闲、旅游、娱乐设施的衬托下，仁川机场的物流、金融、贸易是在轻松、欢快的环境下发展壮大的，这标志着一种以休闲产业为主的临空经济典型发展模式。

第二节　国外航空港经济区产业发展的启示

一　夯实临空基础产业

国外临空产业的发展，非常注重依托机场空港，并且精心挖掘放大能量，这是临空产业和临空经济良性发展的基本前提条件。如史基浦机场与整个欧洲大陆之间实现了空运、海运、公路、铁路的无缝对接，并从单一依托航空运输转向发展多式联运，是北欧空中门户和航空网络中心。依托空港建设枢纽，打造交通优势也是发展大物流、培育大产业、发展临空经济的前提条件。在航空港经济区（郑州）建立多种交通方式的无缝对接、多式联运的大枢纽，才能最大限度地节约成本和资源，不断向外延伸和扩展港区的经济辐射能力。例如，荷兰阿姆斯特丹史基浦机场周围，路网错综复杂，铁路四通八达，既为机场物流业提供强大的支撑，也为旅客和居民的出行提供了便利的条件。

郑州航空港经济综合实验区以交通为起点，重点突出枢纽建设，从而可以形成无可替代的空地对接综合交通枢纽优势。全面发展临空基础产业，有利于对港区内的公共基础设施进行更为有效的组织协调与资源整合。以港区管委会为主导，对临空基础产业进行总体布局，统一规划，增强临空基础产业的基础保障能力。重点建设与机场对接的现代综合交通运输体系，包括城际铁路网、公路集疏网，尤其是空港主体区内的"三纵两横"高速公路网、"五纵六横"快速通道网以及以郑州为中心的"米"字形高速铁路网，实现陆空对接、多式联运、内捷外畅，客运"零距离换乘"和货运"无缝衔接"。临空基础产业越完善，以空港为中心的放射状陆路交通越便捷，就越有利于优化其他临空产业的发展环境。另外，通过打造双枢纽，即空路枢纽和陆路枢纽、国内枢纽和国外枢纽，不断培育航空客运和货运枢纽地位。

二 优先发展临空核心产业

临空核心产业是航空港临空产业体系中通向全球化的支撑性产业，是临空经济持续发展的条件和保障。临空核心产业主要包括航空运输（货运和客运）、航空制造、航空食品、航空器维修、航空培训等。郑州航空港经济综合实验区要以市场机制为主导，遵循资本运作规律，探索市场化融资方式，坚持特色开发、产业集聚，突出发展临空核心产业。以市场机制引进或培育航空运营企业，注重链式发展，衔接上中下游。如航空产业链上游是通用航空装备制造业、通信导航、租赁保险，中游是航空运营企业，包括航空制造、飞行培训、基础设施、气象服务、航油等，下游则是飞机维修、航材租赁等。

2013年5月3日，河南机场集团成立，郑州新郑国际机场正式进入公司化方式运营阶段。以机场集团为主导，优先发展临空核心产业。随着郑州新郑国际机场货运业的发展，美国联合包裹（UPS）、俄罗斯空桥、辛克、乔达、顺丰、国泰、邮政、国货航、南航等企业纷纷落户。当前，有待大力发展特色产品物流、航空快递物流、国际中转物流以及航空物流配套服务。以机场集团为主导，加大要素保障，以发展航空货运为突破口，拓展优化航线网络，有利于建设竞争力强的国际航空货运枢纽。同时，在机场周边发展航空维修业、航空制造业。财政应补贴中外航空公司开辟的国际新航线航班，以及现在开通会暂时亏损但却具有发展潜力的航线航班。另外，临空核心产业要最大限度地用好中原航空港产业投资基金。

三 重点发展临空关联产业

航空关联产业，是航空港临空经济区通向全球化的优势产业，也是临空经济全方位融入全球价值链网络体系的最终产业形态。航空关联产业一般包括高新技术产业、电子信息技术产业、生物医药产业、高端制造业、会展业、总部经济、临空型农业等临空型、高价值型和高技术型产业，这些产业具有明显的竞争优势，能够参与全球竞争，给航空港带来明显的经济效益。

临空关联产业作为临空经济区拓展产业，应以行业规划为主导，强化分工合作，充分发挥前向关联和后向关联效应，促进产业链延伸。同时，注重各关联产业的统筹规划与相互对接。为生产商、供应商、分销商、需求商之间的协同合作提供平台，打造航空物流业、高端制造业、现代服务业的生产供应链和消费供应链。以航空港经济区（郑州）为主导，在航空航材制造、智能终端、精密机械、生物医药、信息服务等领域，集聚高端人才，设立高端制造业研发中心或研发总部。同时加强产学研合作，集中力量开展重点领域关键共性技术攻关，推动重大科技成果转化。而对航空指向性较弱的产业，严格限制其在航空港经济区（郑州）内发展。对航空指向性较强、技术含量较高的外来企业，按照《国务院关于税收等优惠政策相关事项的通知》（国发〔2015〕25号），探索可以兼顾的具有创新性的政策措施。航空港经济区（郑州）应优先为临空关联产业提供市场信息，定期召开临空关联产业产品推介会或博览会。积极推进跨境贸易电子商务综合改革试点，在进出口通关服务、结售汇等方面先行先试，建设全国重要的电子商务中心，研究探索建设跨境网购物品集散分拨中心。支持跨境电商平台建设，扩大郑州新郑国际机场出境免税店，并以融入国家"一带一路"倡议为切入点，全力申建中国（河南）自由贸易试验区。

四 统筹发展临空引致产业

机场枢纽的迅速发展，带来了巨大的人流、物流和信息流，推动着临空服务业的集聚发展。这些临空服务业就是航空引致产业。主要是为乘客提供餐饮、住宿、购物、商务、银行等一些航空指向突出的产业，具有明显的比较优势，给航空港带来明显的服务经济效益，能够促进航空港经济区商务中心、会展中心聚集发展。

临空经济区要利用航空港经济区发展的内在动力，吸引更优秀的企业，首先要配有完备的商务设施和集聚发展的商业会展中心。许多国际大机场多是国际性会展、国际会议、医疗会议、电影展、宴会服务等会展服务全面发展，机场附近还有永久性的会议中心和展览中心。通过举办国际性的会展，可以大大提高机场及空港区的国际知名度、参与度和品牌知名度。例如法兰克福依托航空港，将物流与商务作为主导产业发展，建设有贸易中心、会展中心、金融中心，机场周边形成一块以现代商务为主的黄金区域。法兰克福会展中心曾经在多年前尝试在德国之外举办展览，经过多年的发展，现在法兰克福能在全球30多个地方举办展会。商业中心与航空港是相互促进、相互依赖的关系。商业中心依托于航空港的通达性,带来大量的客流量,便可以得到迅速的发展;随着商业服务业的发展,旅客便更倾向于选择航空的交通方式,在机场附近商务发达的地区与世界各地的客户会面。例如,仁川机场在不同的方向均建设商务中心;鲁瓦西前庭坐落于戴高乐机场中心,这里的商务中心区正在不断扩大,且占地面积很大,达 23 万平方米,可为大量旅客提供住宿;希斯罗机场周边斯托克利公园是欧洲最大的商业园区,聚集了金融、零售、互联网中心、律师咨询、进出口贸易等服务业。①

通过借鉴国际航空港发展的经验,树立优秀的商贸会展品牌形象,吸引国内外实力强劲的企业将总部项目设立于航空港经济区(郑州),或者在航空港经济区(郑州)高端商贸酒店中设立虚拟总部、研发中心、营销中心等,带动相关产业发展。此外,要利用航空港经济区(郑州)的自身优势,结合战略定位,构建具有空港特色的金融、商贸会展业,积极承办有关航空技术、机场装备、通用航空等方面的论坛;积极承办国际知名的电子信息、精密机械、高档服装等品牌产品发布会、博览会和展销会,打造具有国际影响力的高端航空及关联产业展会品牌。②

五 积极促进产城融合

国外临空产业发展的关键是临空产业与航空都市和谐发展,即统筹发展、产城融合是临空产业发展的关键所在。美国孟菲斯机场的最大特色是机场航空运输与航空物流和其他产业的和谐共生发展。史基浦机场作为"航空城"理念的首倡者,也是该理念的成功实践者,事实上,史基浦机场已由"城市的机场"发展成为"机场的城市"。2012 年,美国孟菲斯国际机场一项对经济影响的研究表示,1/3 的企业其运营主要依赖于联邦快递枢纽③,呈现出典型的产城融合发展路径。同样,经过几十年的快速发展,荷兰史基浦、韩国仁川、德国法兰克福等多个机场地区,

---

① 任玉洁:《顺义空港城现代服务业发展对策研究》,博士学位论文,北京交通大学,2013年。

② [美]约翰·卡萨达、杨欣欣、苏辉、黄菲飞:《现代国际机场提升区域竞争力的新型航空商业模式》,《区域经济评论》2015 年第 3 期。

③ Sparks Bureau of Business and Economic Research/Center for Manpower Studies,2013,An Economic Assessment of the Impact of the Memphis International Airport. Retrieved August 6,2014,from http://memphis.edu/sb-ber/pdfs/impactstudies/mem_economic_impact_2012_executive_summary.pdf.

已经成为全球著名的航空港经济区,并通过多年产城融合,形成"机场带动物流,物流带动产业,产业带动城市"的发展路径,逐步发展成为著名的航空城和航空大都市。

近年来,郑州航空港经济综合实验区以引进发展临空产业为中心,同时,围绕"三年打基础、五年成规模、十年立新城"的既定目标任务,加快推进城市建设管理工作,牢固树立创新、协调、绿色、开放、共享发展理念,突出"大开放、大创新、大建设、大管理",一手抓产业项目建设,一手抓城市建设管理,不断提升群众生活质量、城市环境质量和综合竞争力,努力打造航空港实验区畅通整洁有序的市容环境、天蓝地绿水清的生态环境,推进产城融合发展,为建设现代化航空大都市打下坚实基础。坚持把城市精细化建设管理作为建设国际化航空大都市的重要抓手,以市容环境、生态环境、生活环境建设为重点,以重点项目建设为载体,以产城融合发展为目标,以解决不符合三化协调的问题为导向,加强实验区城市规范化、精细化建设与管理,着力形成产城融合、产城互动、宜居宜业的投资入驻环境,塑造航空港实验区国际化大都市的形态风貌,提升城市的功能性与综合竞争力。[①]

[①] 党政办:《以城市精细化建设管理20项重点工作为抓手加快推进航空港实验区产城融合发展》,郑州航空港经济综合实验区官网党政要闻,2016年2月5日,http://www.zzhkgq.gov.cn/zwyw/137126.jhtml,2016年9月6日。

第三章 航空港经济区（郑州）产业发展的外部环境与产业基础

航空港经济区（郑州）面临的外部环境十分重要，直接影响到航空港经济区产业选择和产业持续发展。一方面，航空港经济区面临的重大战略机遇和挑战，构成其产业选择和发展的宏观政策环境，要抢抓机遇，迎接挑战，抢占先机；另一方面，临空产业的产生、引进和发展是机场枢纽经济、航空港经济区（郑州）临空经济和腹地经济三者相互作用的结果，也是三者相互作用、不断演进的过程，共同构成了航空港经济区产业选择和发展的经济环境。因此，郑州市、郑州大都市区、河南省乃至整个中原地区的资源禀赋、优势产业和产业结构，构成航空港经济区（郑州）重要的腹地经济，成为其产业选择和发展的外部产业基础。

第一节 面临的机遇与挑战

一 面临的机遇

（一）中原经济区发展战略

2011年9月28日，《国务院关于支持河南省加快建设中原经济区的指导意见》（以下简称《意见》）正式出台，支持河南省建设中原经济区，意味着中原经济区建设正式上升为国家战略，《意见》中明确提出，郑州要建设国内大型航空枢纽，同时中国民航局又把新郑国际机场确定为"十二五"期间中国综合交通枢纽建设试点。2012年11月17日，国务院正式批复《中原经济区规划》，正式同意规划建设郑州航空港经济综合实验区，河南省与国家有关部门随即启动实验区规划编制工作。

中原经济区战略的核心内容是"三化"协调，这是转变经济发展方式、全面建成小康社会的最关键最核心的问题，中原经济区建设要以新型城镇化为引领，实现河南经济的转型和持续发展。

（二）郑州航空港经济综合实验区

2012年7月，国务院发布《关于促进民航业发展的若干意见》，第一次明确提出了大力推动航空港经济区发展，依托机场规划发展临空经济，通过民航业科学发展促进产业结构调整升级，带动区域经济发展。该意见把中国临空经济的发展提升到了一个全新的国家高度，推动了我国临空经济发展进入快车道。2013年3月，国务院正式批复了《郑州航空港经济综合实验区发展规划（2013—2025年）》，标志着郑州航空港经济综合实验区建设与发展进入全面推进阶段，国家将在口岸通关、航线航权、财税金融、土地管理、服务外包等方面对实验区的建设给予政策支持。这是全国首个上升为国家战略的航空港经济发展先行区。批复要求"努力把实验区建设成为全国航空港经济发展先行区，为中原经济区乃至中西部地区开放发展提供强有力支撑"。显然，航空港经济区（郑州）综合实验区的建设，有利于优化航空港经济区布局，引领航空港经济区创新发展，更有利于中原经济区建设发展，将成为中原经济区一个战略突破口，一个核心增长极，一个带动区域发展的强大引擎。

《郑州航空港经济综合实验区发展规划（2013—2025年）》《中原经济区规划》和《国家粮食战略工程河南粮食生产核心区规划》一起构筑起了河南省的三大国家战略框架，这三大战略既相辅相成又各具特色；既互相融合又各有侧重，形成了引领河南今后较长时期持续健康跨越发展的战略规划体系，使中原崛起、河南振兴、富民强省的宏伟事业站在了一个新的战略起点上。建设郑州航空港经济综合实验区，与国家粮食生产核心区、建设中原经济区一起，并称为河南三大战略。三大战略为河南发展制定了战略目标，明确了战略布局，提出了战略举措和基本路径。

粮食核心区战略是河南"三化"协调、"四化"同步科学发展的前提，三大战略中的重要支柱，也是建设中原经济区、郑州航空港经济综合实验区战略的基础。农业不仅是功能分工问题，也是政治问题，粮食核心区战略体现了河南敢于担当，勇于牺牲。打造粮食生产核心区，不仅是河南的政治责任和历史使命，也是河南立足自身条件和优势，实施中原经济区、郑州航空港经济综合实验区战略的核心支撑。

郑州航空港经济综合实验区战略是中原经济区建设和"三化"协调

发展的重点,是河南产业转型升级、加快城镇化进程、加快发展服务业重要的抓手。河南的经济转型升级关键是工业要转型升级,而工业转型升级的方向是发展现代服务业、现代电子信息、生物医药、临空经济等高新技术行业,航空港经济综合实验区就是引领工业转型升级的重要抓手,也是加快城镇化进程、加快发展服务业的抓手。三大战略的关系如下:

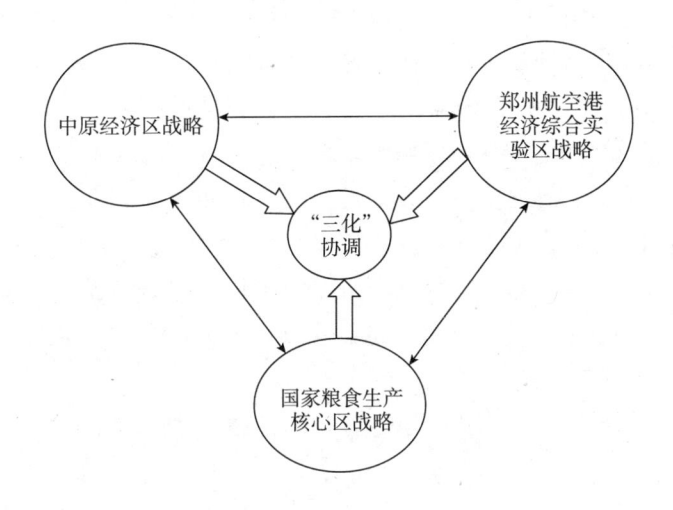

图3-1 三大战略关系

(三)"一带一路"倡议

国家主席习近平2013年9月7日在哈萨克斯坦纳扎尔巴耶夫大学发表演讲时提出共建"丝绸之路经济带";2013年10月3日,习近平主席在印度尼西亚国会发表演讲时表示要共同建设"21世纪海上丝绸之路"。2015年3月28日,中共中央总书记、国家主席习近平出席博鳌亚洲论坛年会开幕式并发表主旨演讲,指出"一带一路"建设秉持的是共商、共建、共享原则,不是封闭的,而是开放包容的,不是中国一家的独奏,而是沿线国家的合唱。同时,国家发展改革委、外交部、商务部联合发布《推动共建"丝绸之路经济带"和"21世纪海上丝绸之路"的愿景与行动》,该文件指出,支持郑州等内陆城市建设航空港、国际陆港,加强内陆口岸与沿海、沿边口岸通关合作,开展跨境贸易电子商务服务试点等。为河南融入"一带一路"发展进行了精准定位,也为人们描绘了这一战略给河南带来的无限机遇和美好前景。

随着参与"一带一路"建设的深入，河南开放发展取得了巨大的成就。国际金融危机之后，在全国外向型经济发展遇到比较大困难的情况下，河南省"十二五"期间进出口总额年均增长32.9%，2017年，河南省外贸进出口总值5233亿元，同比增长10.9%，首次突破5000亿元大关，居全国第10位、中西部地区第1位，而原来一直居于中西部地区第1位的重庆进出口总额完成4500亿元，与河南省拉开了明显的差距。河南省开放型经济创新发展模式的快速发展，使河南省初步成为内陆开放高地。①

2017年6月14日，国家主席习近平在会见卢森堡首相贝泰尔时提出，支持建设郑州—卢森堡"空中丝绸之路"，为河南明确参与"一带一路"建设，重点打造"空中丝绸之路"核心区指明了方向。2017年9月18日，河南出台了《郑州—卢森堡"空中丝绸之路"建设专项规划（2017—2025年）》，标志着得到习近平总书记充分肯定并支持的郑州—卢森堡"空中丝绸之路"正式开通，也标志着河南参与"一带一路"建设进入一个全新的发展阶段。

"一带一路"倡议推动了我国与沿线区域的商贸往来，国际商贸发展离不开物流货运，其中，海运、公路、铁路和航空四种运输方式中，航空货运最为高效便捷。我国与"一带一路"沿线地区的航空网络逐渐完善，为航空货运奠定了基础。早在2014年我国航空公司就新增国际航线131条，国航、东航、南航和海航等航空公司加大了"一带一路"沿线市场运力投放。航空货运的发展，给机场周围区域临空指向型产业带来发展机遇，机场可凭借航空物流的优势，协助临空经济区发展国际商贸产业，打造商贸物流基地、保税区、自由贸易区。

"一带一路"建设沿线枢纽机场依靠其全球易达性的航空优势为航空港经济区吸引高端制造业及高端人才，促进临空经济产业结构转变。"一带一路"建设是我国产业发展与转型升级的新机遇，航空港经济区（郑州）作为地方对外开放的门户，依靠枢纽机场全球易达性的航空优势，将吸引高端产业及高端人才。不同的经济发展阶段需要不同的产业结构。随着"一带一路"建设的推进及我国自身产业发展的需求，产能过剩与

---

① 张占仓：《河南打造内陆开放高地研究》，"中国区域经济50人论坛"论文，武汉，2017年10月，第78页。

低附加值产业将逐渐向外转移，产业结构向附加值高的高端制造业及高端服务业调整。

临空经济的发展，如国际商贸的往来、人员的流动，将促进客运量的增长；跨境电子商务的繁荣，又会增加货物运输的需求，从而进一步促进机场航空业务的增长。以飞机维修业为例，临空经济区成功地引入多家航空制造企业技术支持中心进入，促进飞机维修业的发展，建成区域乃至全球飞机维修基地，其航材需求必然大大增加。而绝大部分的航材都是通过空运方式进行运输的，这就为临空经济区的机场增加了航空货运需求。随着"一带一路"建设的持续推进，沿线机场临空经济产业必将迎来一波客货运需求增长浪潮，尤其在货运方面，甚至可能出现爆发式的增长。面对临空产业发展带来的客货运量的需求，机场应提前准备、积极调整、科学管理，把握"一带一路"建设所带来的机遇。

显然，"一带一路"建设已将航空港经济区（郑州）放在重要的地位。"空中丝绸之路"的开通进一步给航空港（郑州）提供了良好的发展机遇，航空港经济区（郑州）建设能够通过"新丝绸之路"连接欧亚大陆，成为促进快速、高端贸易的临空枢纽。

（四）统筹"三区一群"建设

2016—2017年，在粮食生产核心区、中原经济区、郑州航空港经济综合实验区三大国家战略基础上，河南省委、省政府积极谋划，大力争取，推动中国（河南）自由贸易试验区（2016年8月31日）、郑洛新国家自主创新示范区（2016年3月30日）、中原城市群规划（2016年12月29日）、支持郑州建设国家中心城市（2017年1月22日）、中国（郑州）跨境电子商务综合试验区（2016年1月6日）、河南国家大数据综合试验区（2016年10月8日）等战略平台获得国家密集批准，共同构成了引领带动河南省经济社会发展的战略新组合，其中，前两个为引领性战略，中间两个为整体性战略，后两个为专题性战略。这些战略具有巨大的影响力，是河南最重要、最亮丽的名片，必须建设好、落实好，真正发挥出战略组合的叠加效应。

河南省围绕建设经济强省、打造"三个高地"、实现"三大提升"战略目标，注重改革举措配套组合，强化规划平台统筹联动，放大政策集成效应，聚焦"三区一群"[郑州航空港经济综合实验区、中国（河南）自由贸易试验区、郑洛新国家自主创新示范区和中原城市群]，构建支撑未来发展的改革开放创新支柱,打造带动全国发展的新增长极,尽快形成制度创新优势、战略示范效应、工作推进合力,为决胜全面建成小康社会、让中原更加出彩提供有力支撑(见图3-2)。

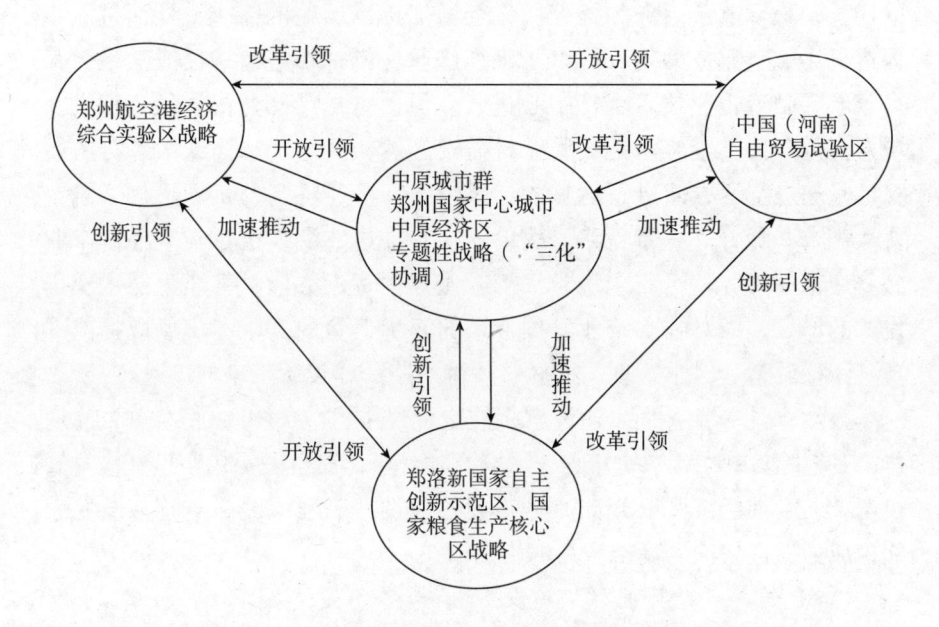

图3-2 统筹河南国家战略以及"三区一群"战略关系

（五）郑州建设国家中心城市

在全国布局建设若干国家中心城市,是引领全国新型城镇化建设的重要抓手,也是完善对外开放格局的重要举措。2016年12月发布的《促进中部地区崛起"十三五"规划》明确提出,支持郑州建设国家中心城市。2017年1月,《国家发展改革委关于支持郑州建设国家中心城市的指导意见》颁布实施。支持郑州加快建设国家中心城市,打造网络化、多中心、紧凑高效的郑州大都市区,有利于提升郑州航空港经济综合实验区开放功能,布局发展高端制造业和现代服务业;有利于着力增强航空枢纽作用,大力发展口岸经济,推动郑州建设多式联运国际物流中心;有利于推动郑州航空港经济综合实验区对内对外开放联动,不断拓展开放发展新空间,积极服务和参与"一带一路"建设。

为了更加具体地说明郑州建设国家中心城市带来的新机遇,分别对郑州的区位优势、经济优势和交通优势进行详细分析。

1. 区位优势

郑州市是河南省内最大的城市，位于河南中部，拥有最为便利的交通和绝佳的地位优势，郑州可以利用本地区丰富的自然资源并且与西部等原料供给地又近，巨大的自身市场潜力及接近东南沿海高收入、高消费的中国发达地区，这种双向优势非常有利于郑州发展成为"丝绸之路经济带"上的物流中心及配送中心，甚至发展成国际物流互通配送的重要枢纽。

2. 经济优势

作为省会城市的郑州，2017年，经济总量再上新台阶，GDP突破9000亿元，达到9130.2亿元，继续保持在全国地级以上城市第17位；占河南省GDP的比重达到20.3%，比上年提高0.3个百分点。郑州在纺织、机械、建材、耐火材料、能源、原辅材料、有色金属、食品、煤炭、卷烟等产业上具有明显优势，重点培育电子信息、汽车及装备制造、生物及医药、新材料、铝及铝精深加工、现代食品制造、品牌服装及家居制造等产业为工业主导产业。郑州纺织业起始于20世纪初，1920年，郑州第一个近代纺织企业"郑州豫丰纱厂"创办投产，中华人民共和国成立后，国家把郑州作为发展纺织工业的重点城市之一。至1992年，郑州的棉纱产量占河南省总量的20%。2009年9月，郑州二七区被中国纺织工业协会和中国服装协会授予了"中国女裤名城"。郑州是中国重要的冶金建材工业基地，氧化铝产量占全国的50%左右。机械工业拥有亚洲最大的磨料磨具企业——中原环保。郑州宇通是亚洲规模最大、工艺技术最先进的客车生产企业。依托于河南省粮食产业的优势地位，郑州速冻食品企业如三全食品和思念食品等占据高端市场，还有中国第四大啤酒生产商金星啤酒，中国三强方便面生产商之一的白象食品集团。2010年8月2日，鸿海科技集团旗下的富士康落户郑州，并且吸引了相关配套企业进驻航空港经济区（郑州），使郑州在电子信息产业的领域有了明显的提升。

3. 交通优势

截至2016年年底，河南省高速公路通车总里程达到6448千米，在建828千米，河南省高速公路已基本形成了以郑州为中心的一个半小时中原城市群经济圈，三小时可达河南省任何一个省辖市，六小时可达周边六省任何一个省会城市。

郑州市被称为"被火车拉来的城市"，可知铁路在郑州市的发展中占据着极其重要的地位,当然,也反衬出郑州市作为整个国家铁路交通枢纽的核心作用。京广、陇海的前身在郑州形成十字交叉一百多年后,2012年年底,京广高铁、郑西高铁在郑州再次交叉,正式形成铁路"双十字"。目前,郑州正在加速推进郑万、郑合、郑济、郑太等高速铁路和郑州南站的建设,加快"米"字形高速铁路网建设,将郑州机场至登封至洛阳等城际铁路、郑州城郊铁路引入郑州南站,实现快速铁路与航空旅客零距离换乘。郑州当仁不让地成为全国重要的铁路"米"字形坐标原点,成为继北京、上海、广州之后,名列第四的全国重要综合交通枢纽。

(六)"三纵两横"战略

"三纵两横"是指以沿海、京哈京广和包昆通道为三条纵轴,以陆桥通道和沿长江通道为两条横轴的全国城市化战略格局。"三纵两横"发展模式最主要的作用是有利于中小城市的发展,"三纵两横"发展格局建成后,伴随交通沿线的城市圈将相应建设完善,东部地区的产业可以往西部转移,郑州恰好处于承东启西的地理位置,这既为郑州航空港经济综合实验区建设承接和配置产业提供了良好的机遇,也为在产业转移和发展过程中吸引东部人才提供了机遇。

(七)复兴黄河文明

2012年11月,中共中央政治局七位常委在北京参观《复兴之路》展览时,习近平总书记发表重要讲话,深情阐释中国梦:"每个人都有理想和追求,都有自己的梦想。现在,大家都在讨论中国梦,我以为,实现中华民族伟大复兴,就是中华民族近代以来最伟大的梦想。这个梦想,凝聚了几代中国人的夙愿,体现了中华民族和中国人民的整体利益,是每一个中华儿女的共同期盼。历史告诉我们,每个人的前途命运都与国家和民族的前途命运紧密相连。国家好,民族好,大家才会好。实现中华民族伟大复兴是一项光荣而艰巨的事业,需要一代又一代中国人共同为之努力。我坚信,到中国共产党成立100年时全面建成小康社会的目标一定能实现,到中华人民共和国成立100年时建成富强民主文明和谐的社会主义现代化国家的目标一定能实现,中华民族伟大复兴的梦想一定能实现。"习近平总书记的讲话,充分体现了新一届中央领导集体求真务实的精神、继往开来的决心、深化改革开放的意志。

在文明初始期的华夏大地上,有星罗棋布般的各具地域特色的多个文化中心。大致可分为北方文化、南方文化、长城沿线文化、西北文化和东北文化五部分。南北文化的过渡带与东西文化过渡带的交汇区，正好如同一个"大"的十字，形成了我国史前文化最发达的地带，这便是今日之西安—洛阳—开封一带的史前文化区，也就是黄河流域的文明发祥地。还有著名的"丝绸之路"，它跨越陇山山脉，穿过河西走廊，通过玉门关和阳关，抵达新疆，沿绿洲和帕米尔高原通过中亚、西亚和北非，最终抵达非洲和欧洲。它也是一条东方与西方之间经济、政治、文化进行交流的主要道路。北方"陆上丝路"就是黄河中下游通达西域的商路，包括"草原森林丝路"和"沙漠绿洲丝路"。过去，黄河生态走廊承载着中华文明，今天，黄河国际大通道就是承载中国梦的关键。

此外，泛亚太地区的太平洋经济合作战略需要航空港经济区（郑州）成长为内陆地区对外开放的重要门户，作为航空中转增长极，辐射带动中国范围内乃至太平洋地区的经济发展。

二 面临的挑战

（一）自身优势不足，发展起点较低

1. 经济优势有待提升

早在《郑州航空港经济综合实验区发展规划（2013—2025年）》获批之前，国家发展改革委曾出具一份名为《国际航空枢纽发展战略研究》的调研报告。报告认为，武汉虽然具备最好的枢纽区位，但武汉到任何城市的距离都太近，航空公司的短线飞行成本较高；加上沪武、京广等多条高铁的开通，航空公司在武汉缺少竞争力，而郑州则不同。报告称，专家对全国166个商业机场的数据进行分析后发现，武汉向北移450千米，有一个城市——郑州，已经具备了国内航空枢纽的雏形。专家认为，郑州与东北机场的平均直线距离是1237千米，与西南是1171千米，与华南是1164千米，与华东是812千米，与京津是623千米，加上各地旅客吞吐量的对比，最适合发展成国内大型航空枢纽。[1]

但《国际航空枢纽发展战略研究》同样认为，如果郑州发展成国内大型枢纽机场，除满足本地航空市场的需求外，至少还要增加50%以上的航空运力，开通40余个航点，增量挖掘50%以上的民航需求。而事实上，由于受腹地经济的制约，现在郑州机场的客运量较小，货运量也有

---

[1] 谢伏瞻：《"首秀"推介河南航空大枢纽》，21世纪网，2013年4月3日，http://www.21cbh.com/HTML/2013-4-3/yMNjUxXzY1NTEyMw.html，2017年12月26日。

待于进一步大幅提升,除区位优势较明显外,航空港经济区(郑州)与北上广深等航空枢纽相比,还存在着较大的差距。2017 年,上海浦东机场、北京首都机场、广州白云机场、深圳宝安机场的航空货运量分别为 384 万吨、197 万吨、175 万吨、118 万吨,而郑州机场航空货运量仅为 50 万吨。与武汉等其他中部城市对比优势也不突出,仅以武汉为例,从经济总量和经济实力来看,在中部地区六个省会城市中,武汉处于领军地位,郑州位居第二方阵。武汉市是中部地区唯一的副省级城市,城市规模大。武汉市工业的主体产品是钢铁、汽车、光电子信息、石油化工、生物医药、环保机械、家电等,科技含量高、附加值高的特征明显;而郑州市工业的主体产品是煤、电、铝、建材、食品、纱、布等,原材料、资源型工业特征凸显。20 世纪 90 年代以来,郑州服务业虽然得到了长足发展,但与武汉相比,差距仍然较大。而且在交通运输业、批零贸易业、旅游业、服务业、教育与公共管理业等众多行业上,郑州都与武汉有一定的差距,需要进一步提升。

同时,省域经济发展水平较低,也制约了郑州航空港经济综合实验区快速发展。受农业大省和重化工业大省的影响,河南适合航空运输的高端制造业所占比重相对较小;中原地区经济发展水平相对较低,人均收入低,其消费进口产品能力不高;郑州航空港经济综合实验区距离我国传统国际航空货源的主要生产基地和消费市场较远,运输成本较高。[①] 航空港经济区(郑州)的建设绝不仅仅只是一个机场的建设,它涉及与航空业相关联的庞大的产业群、涉及一个新型的航空大都市以及庞大的区域经济体系,先天的不足,给航空港经济区(郑州)建设带来了很大的压力。[②]

2. 存在外部地域歧视

毋庸置疑,尽可能多地吸引外资、吸引各类企业入驻、吸引各类型人才,是建设好郑州航空港经济综合实验区的有力保障。但是,摆在河南面前的一大挑战就是许多国内其他地区的企业和人才,对河南的经济、产业和社会发展现状认识不足,甚至存在一定程度的地域歧视。

[①] 酒景丽:《航空港经济区(郑州)发展的瓶颈及对策》,《管理工程师》2013 年第 5 期。
[②] 和伟:《航空港经济区(郑州)临空经济发展的 SWOT 分析与启示》,《郑州师范教育》2013 年第 6 期。

地域歧视是指由地域之间文化差异、经济发展不平衡、人类心理活动等因素引起的刻板的固执的错误观念。改革开放以来，随着地域发展差距加大，以"经济"为标准的地域丑化与歧视成为主导，而且日趋严重。地域歧视已成为不能忽视的社会心理误区。这种地域歧视心理的典型体现就是对河南整体歧视。纷繁复杂的价值观体系中"金钱崇拜""蔑视贫穷""贫穷落后"等观念，正是对河南地域丑化与歧视的理论与思想基础。

尽管近年来通过河南省上下的努力，经济总量已稳居全国前列，但人均排名却比较靠后，平均工资也在全国后列，老百姓的生活水平比较低。河南经济落后有许多派生表象。全国其他地区对河南的印象多停留在如下印象上：教育水平比较低，各类高素质人才缺乏；旅游资源没有充分合理开发，资源优势没有转化为经济发展优势；人们为了生计外出打工，农民工数量众多；虽然历史悠久、交通位置重要，但没有一座现代化意义上的城市。[1] 从而造成许多企业在河南拓展市场兴趣不大，投入意愿不强，这在一定程度上也制约了航空港经济区（郑州）产业发展及其相关产业链的打造。

3. 缺少航空港建设的直接经验

作为中部地区的河南，不沿边、不沿海，要参与国际竞争，航空是最便捷、最高效的桥梁和纽带。特别是在中原经济区的建设中，打造国家对外开放的高地，航空是突破口。[2] 作为中国唯一的国家级航空港经济综合实验区，航空港经济区（郑州）在建设过程中并没有针对性的经验可以直接借鉴。

国务院在《郑州航空港经济综合实验区发展规划（2013—2025年）》中提出，实验区建设要"解放思想、抢抓机遇、大胆探索、先行先试"，要以郑州大型航空枢纽为依托，以发展航空货运为突破口，着力推进高端制造业和现代服务业集聚，着力推进产业与城市融合发展，着力推进对外开放合作和体制机制创新，探索以航空港经济促进发展方式转变新模式，将实验区打造成国际航空物流中心、以航空港经济区为引领的现代产业基地、内陆地区对外开放重要门户、现代航空都市和中原经济区

---

[1] 《为什么丑化与歧视河南人》，网易，2005年4月13日，http://news.163.com/05/0413/14/1H7PV4HI000113DU.html，2018年3月8日。

[2] 仝新顺、郑秀峰：《郑州航空港经济综合实验区发展航空物流的对策研究》，《现代物流报》2013年2月第B03版。

核心增长极,努力把实验区建设成为全国航空港经济发展先行区,为中原经济区乃至中西部地区开放发展提供强有力支撑。① 正因为是"先行区",是"国内第一",所以,在具体建设规划的过程中航空港经济区(郑州)可谓是"摸着石头过河"。在发展方式转变的背景下,如何吸收国际一流航空业巨头的先进经验、提升对外开放的水平、构建开放创新的新高地,是摆在河南面前的又一大难题。

(二)其他临空示范经济区的竞争压力

郑州航空港经济综合实验区自建立以来,就面临来自国内临空经济区的巨大竞争压力。主要来自两个层面:国家级临空经济示范区的定位和发展压力以及西安、武汉等周边临空经济区的直接竞争压力。

郑州建设郑州航空港经济综合实验区之时,也是"航空港"成中国国家战略之时,全国各地都掀起了建设"航空港"的浪潮,短短两年的时间,全国62座城市,依托54个机场,已经规划建设了63个临空经济区。

国家层面自2013年3月至2017年6月,从不同层次批复设立了10个国家级临空经济区,其中国务院批复有1个:郑州航空港经济综合实验区,其余9个都是国家发展改革委和民航局联合批复的国家临空经济示范区。这9个临空经济示范区也都上升为国家发展战略,并且主导产业定位都是集聚航空运输业、高端制造业和现代服务业,与郑州航空港经济综合实验区产业定位基本一致。这样,10个国家级临空经济区,就会对有限的临空经济资源(产业项目以及人才、技术等要素)形成激烈争夺局面,这为郑州航空港经济综合实验区发展带来了巨大竞争的压力。这10个国家级临空经济示范区与郑州航空港经济综合实验区比较见表3-1。

表3-1　国家级临空经济示范区与郑州航空港经济综合实验区比较

单位:客运量为万人次/年、货运量为万吨/年

名称	2016年现状		2020年目标		产业发展定位
	客运量	货运量	客运量	货运量	
郑州航空港经济综合实验区	2076	46	3000	100	建成国际航空物流中心,全球智能终端研发生产基地,精密机械、生物医药、商贸会展、电子商务等多元化产业支撑,2020年GDP达到1000亿元

---

① 《〈郑州航空港经济综合实验区发展规划〉解读之一》,《河南省人民政府公报》2013年第12期。

续表

名称	2016年现状 客运量	2016年现状 货运量	2020年目标 客运量	2020年目标 货运量	产业发展定位
青岛胶东临空经济示范区	2050	23	3500（2025）	50（2025）	以航空物流、通用航空、航空制造与维修等为重点的航空产业链加快发展，集聚一批具有国际竞争力的知名企业
重庆临空经济示范区	3589	36	—	50	打造智能终端、应用电子、智能装备及航空制造和航空维修与培训四大产业集群，发展电子商务、高端商务、临空都市游和创新金融等
北京新机场临空经济区	—	—	7200（2025）	200（2025）	重点发展航空物流、综合保税、电子商务、航空工业产品研发、技术创新等产业，适当发展航空科教、特色金融、商务会展等
广州临空经济示范区	5973	165	8000	250	建设临空高端产业集聚区，加快建设临空总部经济基地。建成国内重要的飞机零部件和空管设备制造基地，吸引国内外航空信息技术产业向示范区集聚
上海虹桥临空经济示范区	4046	43	—	—	除建设成为国际航空枢纽、全球航空企业总部基地外，还将建成高端服务业集聚区、全国公务机运营基地和低碳绿色发展区
成都临空经济示范区	4603	61	6000	80	以航空制造、电子信息、生物医药等为代表的高端制造业和以航空枢纽服务、航空物流、航空维修、口岸贸易等为代表的临空服务业产业体系
长沙临空经济示范区	2130	13	3300	38	构建以临空临铁偏好型产业为特色、现代服务业为主导、高技术产业为支撑的发展体系，打造覆盖航空运输、高新技术、知识经济、高端服务、生态环保的高端临空产业聚集区。2020年地区生产总值达到1000亿元
杭州临空经济示范区	3159	49	4200	60	大力发展航空总部、智慧物流、跨境电商、商务会展、临空商贸、临空制造、航空金融等临空相关产业。2020年地区生产总值达到1200亿元

续表

名称	2016年现状 客运量	2016年现状 货运量	2020年目标 客运量	2020年目标 货运量	产业发展定位
贵阳临空经济示范区	1510	9	—	—	引导和推进现代服务业、高端制造业集聚发展，着力构建以航空运输为基础、航空关联产业为支撑的产业体系，推动产业与城市融合协调发展。把贵阳临空经济示范区建设成为西部内陆地区对外开放重要门户、西南航空客货运枢纽、特色高端临空产业基地、智慧型生态化临空示范区

注：①2016年各机场客货吞吐量参考《2016年民航机场生产统计公报》数据，并且数字已做四舍五入处理。②2020年发展目标和产业发展定位根据相关资料收集整理。③北京新机场属于在建机场，无2016年数据，其临空经济区仅是规划。

（三）周边临空经济区直接竞争压力

除上述9个国家级临空经济示范区外，紧邻郑州周边的西安、武汉、济南等临航空港经济区，直接对郑州航空港经济综合实验区的客货运输等业务的经济辐射范围形成竞争压力。

陕西西安国家航空城实验区是全国首个以发展航空大都市定位的临空经济区，是国家推进西部大开发和"丝绸之路经济带"建设的重大举措。《西安国家航空城实验区发展规划（2013—2025年）》将其定位为"丝绸之路经济带"对外开放的国际门户、临空现代服务业引领区、现代航空高端制造科研聚集区、国际内陆型空港城市示范区。到2025年，航空城将全面建成，形成以航空城为中心，联通国内外160多个城市280条航线网络，航空旅客和货邮吞吐量分别达到6700万人次和70万吨左右，航空制造业实现产值3000亿元，与临空相关联的高端研发制造、文化、旅游等产业年均增长20%以上。① 由此可见，西安航空城实验区将成为航空港经济区（郑州）西边的重大竞争对手。而山东要以临港开发区为核心区，建设国内一流空港，是航空港经济区（郑州）东边的一个巨大竞争对手，特别是也将可能成为"一带一路"建设的关键点。武汉更是大

---

① 陕西省人民政府：《西安国家航空城实验区发展规划（2013—2025）》，百度百科，2014年7月28日，https://baike.baidu.com/item/，2017年11月6日。

手笔,提出打造出围绕天河机场建设占地1100平方千米涵盖两市三地的"临空新城",并提出到2020年,年旅客吞吐量将达到4200万人次、年货邮吞吐量44万吨、年客机起降40.3万架次,使天河机场成为中国的"亚特兰大"机场的中期目标。武汉临空经济区规模远远大于航空港经济区(郑州)的规模,且比航空港经济区(郑州)还有一个重大的优势,那就是水陆空立体交叉同时具备,成为航空港经济区(郑州)南边有力的竞争对手。西安、武汉临空经济示范区与郑州航空港经济综合实验区比较见表3-2。

表3-2 西安、武汉临空经济示范区与郑州航空港经济综合实验区比较

单位:客运量为万人次/年、货运量为万吨/年

名称	2016年现状 客运量	2016年现状 货运量	2020年目标 客运量	2020年目标 货运量	产业发展定位
郑州航空港经济综合实验区	2076	46	3000	100	建成国际航空物流中心,全球智能终端研发生产基地,精密机械、生物医药、商贸会展、电子商务等多元化产业支撑。2020年GDP达到1000亿元
西安国家航空城实验区	3699	23	5300	45	打造"丝绸之路经济带"对外开放的国际门户,构建通达世界的航空综合运输体系,培育形成整机制造、航空材料、航空电子、航空维修、空检、零部件支援等产业链,建设航空高端制造业聚集区,大力发展航空服务、航空物流、科技研发、商贸物流、金融会展、文化旅游等临空服务业,航空制造业实现产值1500亿元
武汉临空经济区	2077	16	3000	50	优先发展航空货运、客运和物流仓储等航空运输及物流业。发展通航、适航等装备制造业以及珠宝、食品加工产业,电子信息、医药、生物技术、新材料、节能环保、新能源等高新技术产业。加快发展航空综合服务、通航运营、总部经济、金融服务、商务会展、电子商务、教育培训和信息服务业等高端服务业

一方面是竞争对手不断涌起，另一方面是发展中的制约和限制等问题不断凸显。虽然航空港经济区（郑州）是率先入选国家战略的航空港经济综合实验区，获得了政策上的优势，但航空港经济区（郑州）目前还缺乏主体产业和真正意义上的航空物流园区，新兴产业的比重并不高，产业圈层不显著，航空产业类的拉动不明显，产业配套与产业链延伸仍然问题严重，缺乏高端人才、特殊人才和实用性技术人才，周边还没有形成相应的商贸环境，这些都对航空港经济区（郑州）建设产生了极大的阻力。

第二节　区域经济资源环境

一　重要的经济资源

（一）经济区位

河南地处中原腹地，是中原经济区主体。河南位于中国陆地中部偏东南的位置，与河南相邻的省份有六个之多，北边相邻钢铁大省河北省和能源大省山西省，西边与同处于"丝绸之路经济带"的陕西省相邻，东边和同为人口大省且经济发达的山东省相接，东南方向是矿物资源丰富的安徽省，南边是同为中部省份的湖北省。河南是我国东部、西部、南方与北方商品流通的中枢地带，河南不仅可以将周边省份的科技、能源、信息通过便利的地缘优势传递到中原地区，而且可以通过河南把东部发达的沿海地区和西部欠发达的地区连接起来，贯通南北省份的货物运输并将河南所生产的物资通过"米"字形的交通网络运输出去。东南沿海地区的工业中心具有靠近消费地的优势，西北开发地区的工业中心具有靠近原料地的优势，而河南接近原料地方面优于东南地区，在接近高收入、高消费地方面优于西北地区。

（二）经济资源

河南是重要的原料产出地和重要的原料与产品的消费地，尤其是省内的农产品产量高且种类丰富，是中国最重要的粮食生产地之一。矿物品种多且储量大，金属矿和非金属矿、发电量、煤产量和旅游资源均位居中部六省首位。目前，河南省已发现矿产资源157种，探明储量的有81种。在已探明储量的矿产资源中，居全国首位的有钼矿、蓝晶石矿等8

种，居前5位的有26种，居前10位的有48种。结合自己的地理位置优势，可为河南的工业和沿海工业中心供给丰富的原料。特别是资源开发重心向西北部转移时，河南获取西北部原料的条件优于东南沿海的发达地区。

河南资源丰富，资源禀赋型和劳动密集型的产业具有很强的发展优势。依托于河南粮食产量大省的优势，粮食的生产与加工和食品加工业比较发达，依靠丰富的原材料及其便捷的供应链，金属材料、耐火材料等制品业具有明显的产业优势。河南省内有较为完整的工业体系，对自我发展和承接东南沿海地区甚至国际上的产业转移都有一定的优势。同时，河南人口众多，人力资源丰富，消费市场潜力巨大。2017年，河南人口9559万（常住人口），经济发展水平在中国各省份处于中等水平，得天独厚的区位资源条件和巨大的消费市场结合，拥有巨大的市场发展潜力。

二 重要的基础设施

（一）东联西进国际陆路通道

1. 中欧班列（郑州）

中欧班列（郑州）2013年7月18日开始运行，由阿拉山口出境，途经哈萨克斯坦、俄罗斯、白俄罗斯、波兰至德国汉堡站，全程10245千米。2016年，已实现每周来回均衡对开，全年开行251班，承运货物12.76万吨，货值12.57亿美元，成为全国23个中欧班列（郑州）中唯一实现双通道（阿拉山口西通道、二连浩特中通道）、双向稳定开行的中欧班列（郑州），总载货量、境内集货辐射地域范围、境外分拨范围均居中欧班列（郑州）首位。

中欧班列（郑州）向东与沿海港口对接，并通过空运与韩国、日本、中国台湾、中国香港等亚太国家和地区实现空铁、海铁联运，形成以郑州为中心的境内核心物流集散枢纽；向西，通过合资合作等方式建设白俄罗斯布列斯特铁路集装箱中心站、波兰马拉舍维奇集散中心、芬兰科沃拉集散中心和德国汉堡、慕尼黑海外仓等项目，形成汉堡西欧枢纽、华沙中欧枢纽、布拉格东欧枢纽和波兰马拉舍维奇、白俄布列斯特等换装车站点，网络遍布欧盟和俄罗斯及中亚地区22个国家112个城市，中途上下货常态开展，东联西进，覆盖辐射范围持续扩大，境内境外双枢纽和沿途多点集疏格局基本形成。

2016年6月，郑欧国际铁路货运班列"一干三支"铁海公多式联运项目入选国家首批多式联运示范工程项目，将进一步探索"多口岸出境、多线路运行、多货源组织、多式联运发展"模式，加快多式联运枢纽节点建设，完善多式联运信息共享标准和机制，打造中欧班列（郑州）和陇海、京广通道"五定"班列、郑日韩海公铁联运三条精品示范线路。

2. "五定"国际出海班列

2016年，河南的陆空通道加快完善。其中，中欧班列（郑州）开行线路和集散范围持续拓展，开通经连云港、青岛等港口，直达日本、韩国、马来西亚、中国台湾等国家和地区的"五定"（定点、定时、定线、定价、定车次）国际出海班列，对接"海上丝绸之路"，实现了陆海相通，为建设连通境内外、辐射东中西的物流通道枢纽奠定了基础。

3. 郑州多式联运海关监管中心

郑州多式联运海关监管中心于2015年4月经国家海关部署批复建设，是将海、陆、空、铁多种运输方式的货物进行换装、仓储、中转、集拼、配送等作业集合为一体的综合型海关监管场所，由海关、检验检疫部门对中心进出口货物实施"一次申报、一次查验、一次放行"，设计年监管吞吐量120万标箱。

（二）贯通全球的空中通道网络

1. 客运航线网络

机场二期工程建成投运，郑州成为全国第二个实现"机、公、铁"零换乘的机场，已具备客运3000万人次、货运100万吨的吞吐能力。覆盖全国以及欧美主要城市，连接亚澳的枢纽航线网络基本形成。国内航线方面，郑州至昆明、上海、海口、乌鲁木齐、深圳等城市的"空中快线"不断加密。国际航线方面，南方航空、春秋航空、东方航空、上海航空开通至日本东京、大阪航线；成功引进阿联酋航空、新加坡虎航等国际知名外籍航空公司，开通郑州经银川至迪拜、郑州至新加坡直飞航线、郑州至温哥华的洲际航线；在东南亚地区，引进低成本运营模式航线，打通了郑州连接印度尼西亚、澳洲等地区的中转航路。

2. 货运航线网络

依托成熟的全货机枢纽航线网络、完善的航空口岸功能和一流的综合保障能力，航空货运持续快速良性发展，以国际货运为主导的增长格局基本确立。2016年，郑州机场累计完成货邮吞吐量45.7万吨，同比增长 11.91%，其中，国际货运吞吐量 27.51 万吨，同比增长 20.93%，全货机承运货邮量 28.99 万吨，同比增长 20.53%；货运量位列全国第 7 位，航空货运增速连续三年在全国大型机场中位居前列，成为国内第四大货运机场。

横跨欧美亚澳四大经济区、覆盖全球主要经济体的货运航线网络加快完善。2016 年，郑州机场不断加密郑州至芝加哥、莫斯科、卢森堡等货运航线，新开通至阿布扎比、悉尼、吉隆坡等货运航线，每周新增货运航班 16 班。积极吸引美国 UPS、俄罗斯空桥、中国香港国泰等航运巨头入豫布局，与俄罗斯空桥、阿塞拜疆航空、阿联酋阿提哈德航空等公司的战略合作逐步深化。

3. 郑州—卢森堡"空中丝绸之路"

2017 年 6 月 14 日，习近平总书记会见卢森堡首相贝泰尔时明确提出，要深化双方在"一带一路"建设框架内金融、产能等合作，中方支持建设郑州—卢森堡"空中丝绸之路"。2017 年 9 月 12 日，河南省人民政府办公厅颁布实施《推进郑州—卢森堡"空中丝绸之路"建设工作方案》（豫政办〔2017〕107 号），标志郑州—卢森堡"空中丝绸之路"建设进入加速推进阶段。建设郑州—卢森堡"空中丝绸之路"是河南省参与"一带一路"建设的重要支撑，有利于深化"双枢纽"战略合作，更有利于拓展航空运输、经贸产业、金融服务、人文交流、多式联运等领域合作。目前，河南航投已成功收购卢森堡货运航空公司 35% 的股权，飞机维修基地和合资航空公司项目建设加快推进，卢森堡货航航班累计完成货邮吞吐量超过郑州机场总货运量的 1/5，郑州、卢森堡"双枢纽"格局基本确立。

（三）国内集疏通道网络

1."米"字形高速铁路网

以郑州为中心，在京广和徐兰"一纵一横"十字形高铁大通道交叉格局基础上，规划建设郑州至万州、郑州经周口至合肥、郑州经濮阳至济南、郑州经焦作至太原 4 条放射高速铁路，形成"米"字形高速铁路网络格局。目前，京广高铁、郑徐、郑西高铁已全面通车运营，2015 年年底，郑万高铁河南段、郑合高铁开工建设。2016 年 10 月，郑太高铁全线、郑济高铁郑州至濮阳段开工建设。预计"十三五"末，"米"字形高速铁路网全面建成。通过与国家快速铁路网的有机衔接，未来将形成以郑州为中心,省内一小时、中部地区三小时、全国主要大中城市八小时的经济圈;并将依托对外运输通道,形成郑州为中心,沿陇海、京广、济(南)郑(州)渝(重庆)、太(原)郑(州)合(肥)四轴带的"一核四轴"经济发展新格局,实现与京津冀、长三角、环渤海等区域经济的互通互融,进一步强化河南内陆腹地经济支撑作用。

2. 互联互通高速公路网

按照"核心带动、轴带发展、节点提升、对接周边"的总体要求,河南省高速公路网按照重要通道和联络线相结合的形式,由6条省会郑州放射线、12条南北纵向通道、12条东西横向通道和若干联络线组成,将于2030年全面建成。截至2016年年底,河南省高速公路通车总里程达到6448千米,在建828千米,位居中部领先、全国前列。以郑州为中心的放射状高速交通网络加速形成,省际高速公路出口基本打通,与周边省份实现互联互通,形成了以郑州为中心的一个半小时中原城市群经济圈,实现三小时可达全省任何一个省辖市,六小时可达周边六省任何一个省会城市。基本形成"网络完善、核心突出、衔接顺畅、覆盖广泛、出行便捷"的高速公路网络,为促进经济结构调整、推进区域协调发展、加快新型城镇化做出了积极贡献,交通基础保障和先行引领作用也初步显现。

(四)"信息丝绸之路"

自2014年9月郑州国家级互联网骨干直联点开通以来,以国家一级干线光缆和互联网高速直达链路为骨干,积极参与国家互联网骨干网络架构优化调整,持续扩容河南互联网国际和省际出口,增强郑州国家互联网骨干直联点流量疏通能力。2016年8月,郑州又成功获批建设国际通信专用通道,其通道设计总带宽为320G,容量位居16个已开通国际通信专用通道的城市之首,提升了区域国际通信能力。2018年1月,郑州国家级互联网骨干直联点再次扩容,总带宽达到730G,在全国13个国家级互联网骨干直联点中位居第二,郑州信息通信枢纽地位和信息集散能力进一步增强。未来将提升扩容郑州国家级互联网骨干直联点,畅通"信息丝绸之路"。

"宽带中原"建设成效斐然,农村及贫困地区宽带网络建设力度不断加大,城乡"数字鸿沟"逐渐缩小。新一代高速光纤网络不断完善,城市百兆光纤工程和宽带乡村工程正在积极推进,覆盖全省的高速光纤宽带网络加快构建,"全光网河南"全面升级。2015年年底,河南省光缆总长度已达到122.4千米，较2010年增长21倍，居全国第6位。

充分发挥国家大数据综合试验区和河南云计算大数据产业联盟优势，统筹布局云计算大数据基础设施，已开工建设中国联通中原数据基地二期工程、中国移动（河南）数据中心一期工程等9个重点项目，建成后将提升服务支撑我省云计算大数据发展能力，加快数据开放共享，助力打造郑州国家级数据中心。

三 重要的经济社会状况

近几年来，河南紧紧抓住国家宏观调控和经济增长由外延式向内涵式转变的有利时机，积极推进经济结构战略调整，不断促进产业结构调整和升级，拉长产业链条，推进体制机制改革和制度创新，经济运行总体平稳，总量增加的同时经济结构不断优化。

（一）经济总量

1. 在全国的地位

2017年，河南省GDP达到44988.16亿元，比上年增长7.8%，增速高于全国平均水平0.9个百分点。2017年，我国GDP为827122亿元，河南省经济总量占全国的5.4%，比2006年的5.63%降低0.23个百分点。从全国各省份看，河南省GDP稳居全国第5位，落后于广东、江苏、山东和浙江省。在地区GDP名义增速方面，2017年，河南省地区GDP增长率为7.8%，低于西藏（10.0%）、贵州（10.2%）、四川（8.1%）和重庆（9.3%）等西南地区省份。临空产业的发展与区域经济息息相关，通常而言，区域内人均GDP超过3000美元，才能为临空产业的发展提供起步条件。[①] 而河南人均GDP早在2009年已超过3000美元，2017年已超过7000美元，发展航空港经济区的区域经济条件比较优越（见表3-3）。

表3-3　　　河南省2006—2017年主要指标及占全国比重　　单位：亿元、%

年份	地区GDP	第一产业	第二产业	第三产业	地区GDP占全国比重	第一产业占全国比重	第二产业占全国比重	第三产业占全国比重	人均GPD占全国比重
2006	12362.79	1869.83	6655.01	3837.95	5.63	8.02	6.38	4.18	78.70
2007	15012.46	2168.17	8152.66	4691.63	5.56	7.80	6.44	4.05	78.09

---

① 黄瑶：《机场临空产业发展研究》，《产业经济》2017年第2期。

续表

年份	地区GDP	第一产业	第二产业	第三产业	地区GDP占全国比重	第一产业占全国比重	第二产业占全国比重	第三产业占全国比重	人均GPD占全国比重
2008	18018.53	2604.39	10068.47	5345.67	5.64	7.95	6.71	3.91	79.52
2009	19480.46	2708.42	10726.20	6045.84	5.58	7.93	6.70	3.91	78.55
2010	23092.36	3192.41	12822.81	7077.14	5.59	8.11	6.69	3.89	79.18
2011	26931.03	3440.40	14837.13	8653.50	5.50	7.45	6.54	4.00	78.73
2012	29599.31	3692.49	15898.30	10008.52	5.48	7.25	6.50	4.09	78.73
2013	32191.30	3972.70	16742.90	11475.70	5.41	7.18	6.39	4.13	78.01
2014	34938.24	4160.01	17816.56	12961.67	5.43	7.13	6.42	4.21	78.54
2015	37002.16	4209.56	17917.37	14875.23	5.40	6.92	6.39	4.32	78.26
2016	40160.01	4286.30	19055.44	16818.27	5.40	6.73	6.43	4.38	78.26
2017	44988.16	4339.49	21449.99	19198.68	5.40	6.62	6.41	4.50	79.00

资料来源：本表主要参考河南省发展和改革委员会产业研究所《河南省产业发展与重大基础设施研究》，项目研究报告，郑州，2017年，第16—17页。

2. 在中部地区地位

统计数据显示，2017年，河南省GDP总量达到44988.16亿元，稳居中部第一，且遥遥领先。2017年，中部其他五省经济总量排名分别为湖北省36523亿元、湖南省34591亿元、安徽省27519亿元、江西省20819亿元、山西省14974亿元。2012—2017年河南省GDP如图3-3所示。

从人均GDP来看，近五年来稳步提升。2016年，河南省人均GDP突破4万元大关，达到42575元，而2016年国内人均GDP为53980元，虽然河南省经济总量较大，但人均GDP在全国排名较为落后。2012—2017年河南省人均GDP总值如图3-4所示。

(二) 经济结构

河南的经济结构持续优化。分产业看，2017年第一产业增加值4339.49亿元，增长4.3%；第二产业增加值21449.99亿元，增长7.3%；第三产业增加值19198.68亿元，增长9.2%，第三产业增速远高于第一产业、第二产业。2017年，全国三次产业增加值占GDP的比重分别为7.9%、40.5%和51.6%。而河南省三次产业增加值所占GDP比重分别为9.65%、47.7%和42.7%，河南省2016年三次产业结构为10.7:47.4:41.9，相比之下，第一产业占比有所下降，第二产业有所上升，第三产业上升最快。

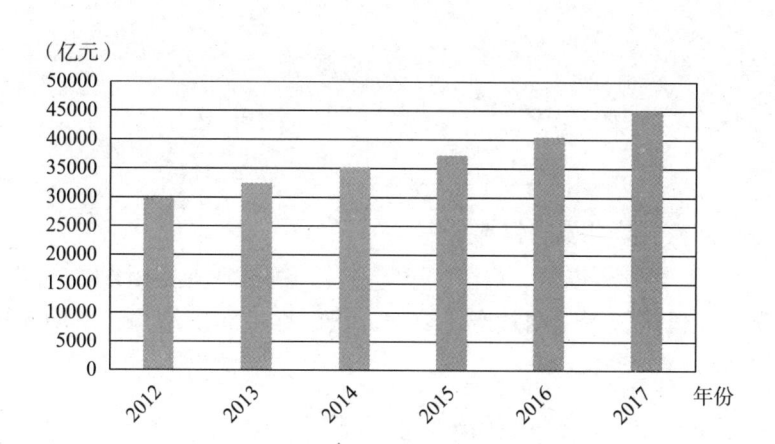

第三章 航空港经济区（郑州）产业发展的外部环境与产业基础 | 65

图 3-3 2012—2017 年河南省 GDP 总值

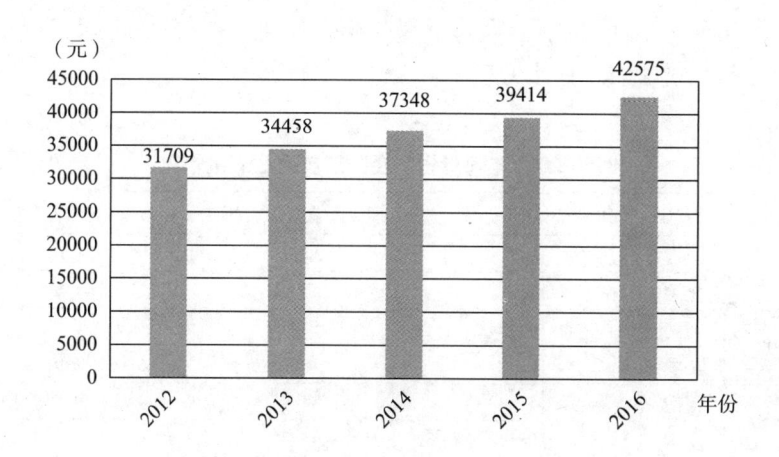

图 3-4 2012—2016 年河南省人均 GDP 总值

河南省作为农业大省，第一产业所占比重始终较高，推动产业发展的新动能成长较快。2017 年，河南省高技术产业增加值增长 16.8%，战略性新兴产业增长 12.1%，分别高于全省规模以上工业增速 8.8 个和 4.1 个百分点。从工业内部构成看，高新技术产业和战略性新兴产业发展较快，同时，传统产业的产品结构由低加工度向高加工度转化，由产业链前端向中后端延伸。在规模以上服务业十大门类中，租赁和商务服务业，交通运输、仓储和邮政业，居民服务、修理及其他服务业，文化、体育和娱乐业等七大产业的增速均接近或超过 20%。

第三节 区域产业发展基础

一 河南省产业发展情况

"十一五"计划以来,河南省第二产业、第三产业不断发展,利用承接转移产业机遇,不断调整产业结构,积极推进经济结构战略调整进行优化升级。

(一) 产业发展状况

近年来,与全国三次产业变化趋势一样,河南省三次产业结构变化趋势与配第一克拉克趋势相吻合,即第一产业占 GDP 比重不断减少,第二产业占 GDP 比重逐年下降,呈现与第三产业持平态势,第三产业占 GDP 比重逐渐增加。具体见表3-4。

表3-4　　2006—2017年河南省、全国三次产业演进情况　　单位:%

年份	地区	第一产业GDP占比	第二产业GDP占比	第三产业GDP占比
2006	河南	15.1	53.8	31.0
	全国	10.6	47.6	41.8
2007	河南	14.4	54.3	31.3
	全国	10.3	46.9	42.9
2008	河南	14.5	55.9	29.7
	全国	10.3	46.9	42.8
2009	河南	13.9	55.1	31.0
	全国	9.8	45.9	44.3
2010	河南	13.8	55.5	30.6
	全国	9.5	46.4	44.3
2011	河南	12.8	55.1	32.1
	全国	9.4	46.4	44.2
2012	河南	12.5	53.7	33.8
	全国	9.4	45.3	45.3
2013	河南	12.3	52.0	35.6
	全国	9.3	44.0	46.7
2014	河南	11.9	51.0	37.1
	全国	9.1	43.1	47.8

第三章　航空港经济区（郑州）产业发展的外部环境与产业基础 | 67

续表

年份	地区	第一产业 GDP 占比	第二产业 GDP 占比	第三产业 GDP 占比
2015	河南	11.4	48.4	40.2
	全国	8.9	40.9	50.2
2016	河南	10.7	47.4	41.9
	全国	8.6	39.8	51.6
2017	河南	9.65	47.7	42.7
	全国	7.9	40.5	51.6

资料来源：根据国家统计局网站提供数据整理。

同时，河南省三次产业产出的比例变化各不相同。第一产业呈下降的趋势，2006—2017年，由15.1%下降到9.65%。第二产业比重一直是最大的，特别是在我国推进工业化进程中，工业对经济的贡献率不断增加，2006—2017年，一直保持在40%以上，虽然近几年有所波动，但是幅度很小，仍然是河南省的支柱产业。第三产业相对平稳，基本呈连年上升趋势，在2017年达到最高点42.7%，但与全国平均比重相比，还有一定的差距，第三产业对经济增长的作用还有待加强。[1]

产业结构的偏离程度是一个行业的劳动结构与产值结构的不对称程度。当其接近0时，可以推动价值结构和劳动力结构的优化。当其明显小于0时，表明产业内存在隐性失业，需要将剩余劳动力转向其他行业。当偏离度明显大于0时，则说明行业的劳动力短缺，需要吸收更多劳动力。如表3-5所示，河南省2005年第一产业、第二产业、第三产业的结构偏离度分别为-0.68、1.36和0.34。2005—2014年，河南省第一产业结构偏离度在0.70上下波动，显著小于0，说明第一产业存在大量隐性失业现象，有很大的就业压力，第二产业结构偏离度总的来看呈现下降趋势，2005—2014年，由1.36下降到0.67，但仍显著大于0，说明该产业的劳动力短缺；第三产业的偏离度处于波动状态，在2011年已经下降到0.19，却在2014年又上升至0.29，虽然没有显著大于0，但也不是特

---

[1] 河南省发展和改革委员会产业研究所：《河南省产业发展与重大基础设施建设研究》，项目研究报告，郑州，2017年8月，第17页。

别接近0，所以也需要吸收更多劳动力。[①]

表3-5　　　　2005—2014年河南省产业结构偏离度

年份	产业结构偏离度		
	第一产业	第二产业	第三产业
2005	-0.68	1.36	0.34
2006	-0.71	1.30	0.31
2007	-0.71	1.14	0.27
2008	-0.70	1.12	0.17
2009	-0.71	0.92	0.20
2010	-0.69	0.91	0.17
2011	-0.70	0.84	0.19
2012	-0.70	0.76	0.22
2013	-0.69	0.63	0.27
2014	-0.71	0.67	0.29

（二）产业发展面临的问题

总体来看，河南省的产业结构持续优化，产业发展迅速。但是，河南省是农业大省、人口大省，还面临着产业层次较低、技术含量低等问题。

1. 产业结构不合理，有效供给不足

2016年，河南省人均GDP达到了6952美元，已经超过5519美元标准，进入工业化中后期阶段，但河南省经济结构方面偏差进一步凸显，与工业化中后期发展阶段不相匹配。从三次产业结构看（见表3-4），第一产业占比较高，高于全国平均水平2.1个百分点；第二产业高于全国7.6个百分点，仍以初级加工业为主，采掘业、原材料工业占重工业的比重近60%，轻工业中以农产品为原料的加工业占比在80%以上；第三产业发展总体上较为滞后，2016年，第三产业占比低于全国近10个百分

[①] 杨增凡：《新常态下河南省产业结构、经济发展研究》，《河南财政税务高等专科学校学报》2016年第2期。

点，且呈现现代服务业占比较低和生产性服务业占比较低的局面。① 特别是能源原材料工业在河南省处于领军地位，产业发展过度依赖资源和能源，主导产业居于价值链低端和产业链前端，资源利用低，因而导致该产业整体发展水平低②，战略新兴产业和高新技术产业基数仍然较小。

2. 自主创新能力较弱，传统产业发展模式仍在延续

当前，河南省大多数产业及集群依然延续着基于投资驱动和规模扩张的传统产业发展模式，项目建设上新兴产业、新型项目的"双新"色彩不明显，产业结构中高新技术产业占比仍然偏低，发展路径上仍是体现出"五个过多依赖"的传统模式，即过多依赖低端产业、过多依赖低小散企业、过多依赖低成本劳动力、过多依赖资源要素消耗、过多依赖传统商业模式。③ 在科技人才方面，高层次技术人才短缺仍是产业集聚区的突出问题，引进优秀人才本身就不易，而且流失多，河南省每百人拥有的专业技术人员都不足3人，比全国平均水平要低出30%，长期在河南工作的两院院士人数都没有其他省一所高校的院士多，创新人才不足的问题极大地制约了河南省产业创新的提升。此外，河南省还没有形成显著的知识产权和自主创新优势，因为河南省知识产权创造、运用和管理水平不高，企业技术创新不足。④

3. 产业同质性较强，区域恶性竞争仍然存在

河南省规划建设了180多个省级产业集聚区和170多个服务业"两区"，还有若干个服务业专业园区，形成了几百个产业集群。但总体上看，河南省产业集聚区存在较强的产业同质性，产业差异化、互补性偏低。如制造业中，河南省322个产业集群涉及食品加工的就达124个，其中较大比例的为粮食、果蔬、畜禽等农产品深加工；由于各产业及集群在发展初期，以规模扩张为首要目标，在项目引进、产业培育上，没有充分依托本土资源优势和特色产业基础，普遍存在产业培育与本土产业优势、产业链条延伸与服务环节增值、龙头企业与中小企业配套等方面割裂发展的问题，导致各地在招商引资、承接项目转移中争项目、争企

---

① 河南省发展和改革委员会产业研究所：《河南省产业发展与重大基础设施建设研究》，项目研究报告，郑州，2017年8月，第47页。
② 燕玉霞：《河南省产业结构现状分析》，《农村经济与科技》2017年第15期。
③ 刘小萍：《河南省产业集群发展现状、问题及升级趋势》，《决策探索》2015年第7期。
④ 祝坤艳：《河南人口年龄结构与产业结构现状分析》，《当代经济》2017年第22期。

业的情况时有发生。这一现象不仅存在传统产业转型升级项目中，甚至蔓延到战略新兴产业和生产性服务业布局，引发新一轮产业转型升级进程中产能过剩。① 在服务业方面，市级商务中心区主导产业基本集中在金融、商务、科研等生产性服务业，县区级商务中心区和特色商业区还是以商贸零售业为主，大多以发展商业综合体作为支撑园区发展的重要目标。

4. 人力资源开发能力弱，无法满足经济社会发展需求

一方面，人力资源开发利用的投入不够，教育资源相对薄弱。由于河南省人口众多，经济发展水平整体不高，以不到全国5%的教育经费分担了全国约10%的教育人口，导致人力资源开发投入不够。仅以2015年生均公共财政预算教育事业费为例，河南省小学、初中、高中、中等职业学校分别以4575.27元、7262.97元、5870.64元和6690.25元，全部居全国末位。普通高等学校生均12572.33元，居全国倒数第5位。尤其是小学生均教育事业费，排在倒数第二位的湖南省为7154.49元，比河南省高2579.22元。② 同时，河南省优质高等教育资源缺乏，这与人口大省和经济大省地位极不相称，严重阻碍了经济社会快速发展。另一方面，较低收入水平很难吸引国内外高端人才，也导致本土长期培养的各类人才外流较为严重，无法形成对经济社会发展的有效支撑。

5. 资源环境约束加剧，人均资源量不足

近年来，河南省产业发展绿色化态势明显，但是，经济增长方式依然比较粗放。2016年，河南省万元GDP能耗为0.6吨标准煤，高于广东、江苏、浙江等省份，是国内先进地区的近2倍，工业万元增加值用水量是发达国家的3—5倍。化学吸氧量、氨氮、二氧化硫氮氧化物等主要污染物排放量均居前5位。部分区域环境容量严重超载，能源消费结构不合理，2016年，河南省煤炭消费占75%，高于全国平均水平13个百分点。电力装机中内电占80%，比全国高25个百分点，能耗水平偏高，冶金、建材、化工、煤炭、电力等高耗能、高污染重工业占比超过了60%。大气环境质量在京津冀八省份中乃至全国仍处于落后状态。2016年，河南省PM2.5平均浓度是63微克/每立方米，比全国高36微克。

---

① 刘小萍：《河南省产业集群发展现状、问题及升级趋势》，《决策探索》2015年第7期。
② 张静：《比邻省低！比中部六省低！为啥河南生均教育经费这么低？》，《东方今报》2016年11月17日。

PM10 的平均浓度是 128 微克/每立方米，比全国高 45 微克。空气优良天数在京津冀八省份当中是最差的。18 个省辖市在全国 338 个地级市里城市颗粒物的排名除信阳外均在 100 名之后。

二 郑州市产业发展情况

（一）综合实力显著提升

近年来，郑州市坚持稳中求进的工作总基调，紧紧围绕"三大一中"战略定位，加快航空港实验区建设，统筹推进老城区改造与郑东新区开发，不断完善公共基础设施，持续提升产业支撑能力，科学统筹稳增长、促改革、调结构、惠民生、防风险，经济发展的协调性不断增强，主要指标在全国 35 个大中城市中位次持续前移，郑州对周边地区经济社会发展的辐射带动能力明显提升。

1. 经济实力显著增强

郑州市 GDP 2012 年突破 5000 亿元，2013 年突破 6000 亿元，2017 年突破 9000 亿元，用六年时间跨越了 4 个千亿台阶。2017 年，郑州市 GDP 达到 9130.17 亿元，在全国地级以上城市排第 17 位，离 GDP 万亿俱乐部城市只差一步，和宁波、佛山形成第二梯队，比 2012 年前移 3 位，超越唐山、沈阳和大连。2017 年郑州市经济增速达到 8.2%，比全国、全省分别高 1.3 个和 0.4 个百分点，在全国省会城市位居前列，郑州已成为全国经济发展最具活力的城市之一。

2. 影响力、辐射力进一步增强

近年来，郑州在河南的龙头作用持续增强，首位度逐年提高。2017 年，GDP 占全省的 20.3%，比 2012 年提高 1.7 个百分点；地方财政一般公共预算收入占 32.1%，比 2012 年提高 2.4 个百分点；进出口总额占 74.1%，比 2012 年提高 12.1 个百分点。经国务院批复同意，国家发展和改革委 2016 年 12 月公布《促进中部崛起"十三五"规划》和《中原城市群发展规划》，在规划中均明确指出，支持郑州建设国家中心城市。在中国社会科学院发布的 2016 年《中国城市竞争力报告》蓝皮书中，郑州在全国 294 个城市中排名第 18 位。[1]

---

[1] 郑州市统计局：《郑州在向国家中心城市迈进中崛起——十八大以来郑州经济社会发展成就》，统计分析，2017 - 09 - 15，17：09，http：//tjj.zhengzhou.gov.cn/fxtj/659673.jhtml，2018 年 3 月 10 日。

(二) 产业结构现状

郑州市位于中国中部、中原腹地，区位优势突出，交通十分便利，有多条铁路干线穿过，还有公路、航空、管道、水运等综合交通运输途径，这都为河南的产业发展提供了运输优势和广大的市场空间，也扩展了产业辐射面和区域带动面。

近年来，郑州市积极转变经济发展方式，产业结构得到优化，产业结构已经实现了由"二三一"向"三二一"的转变。2010年，三次产业结构为3.1∶56.2∶40.7，到2015年，产业结构为2.1∶49.3∶48.6，第一产业比重降低，第三产业持续增长；2016年，第三产业已经超过第二产业[1]，三次产业结构调整为2.0∶46.5∶51.5。到2017年，三次产业进一步调整为1.7∶46.5∶51.8。郑州市近些年产业结构演进情况如表3-6所示。

表3-6　　　　　郑州市近年产业结构演进情况　　　　　单位:%

年份	第一产业GDP占比	第二产业GDP占比	第三产业GDP占比
2008	3.2	55.2	41.6
2009	3.1	54.7	42.3
2010	3.1	56.2	40.7
2011	2.6	57.7	39.6
2012	2.6	56.5	41.0
2013	2.4	56.0	41.7
2014	2.4	51.5	46.3
2015	2.1	49.3	48.6
2016	2.0	46.5	51.5
2017	1.7	46.5	51.8

(三) 主导产业分析

近年来，郑州市充分发挥交通便利、人口众多、市场巨大、资源丰富的优势，按照"工业集中化、园区专业化、产业链条化"发展思路，大力发展先进制造业、现代服务业，初步形成以电子信息、汽车及装备

---

[1] 孙诗瑶:《郑州市产业结构现状及存在的问题研究》，《赤峰学院学报》（自然科学版）2015年第8期。

制造、生物医药、新材料、铝及铝精深加工、现代食品制造和品牌服装及家居制造为主的七大制造业主导产业体系，以及以物流、商贸、金融、文化创意、旅游、高技术服务、房地产等为主导的现代服务业体系。2016 年，智能手机产量近 2.6 亿部，其中，苹果手机 1.25 亿部，占全球苹果手机出货量的 1/7，建成了全球重要智能手机生产基地；宇通客车生产的新能源客车 2016 年达到 2.8 万辆，市场占有率位居国内行业第一，成为亚洲最大客车生产基地；好想你、三全、思念等食品品牌叫响全国。2016 年，七大主导产业完成增加值 2294 亿元，对工业经济的贡献达到 92.7%，占规模以上工业增加值的 70% 左右。[1] 2012—2016 年，郑州市金融业增加值快速增长，年均增长 20.3%，占 GDP 的比重达到 10.2%，比 2012 年提高 3.3 个百分点；物流业增加值也增长较快，年均增长 8.2%，占 GDP 的比重达到 4.9%，比 2012 年提高 0.5 个百分点。

这些产业发展潜力巨大，在今后较长一个时期内仍将成为郑州市乃至河南省的优势产业。今后郑州市应优先鼓励发展装备制造业、电子信息产业、生物及医药等产业，现代食品制造业、家居产业、铝及铝精深加工等现代工业和金融、物流、文化、旅游等现代服务业；限制发展化工、建材、有色金属、煤炭开采业等产业；禁止发展高耗能纺织业、石油加工和炼焦业等产业。

（四）产业发展存在的问题

1. 产业支撑不强，集聚带动辐射区域发展能力较弱

郑州作为中原城市群的中心城市和河南省的政治、经济、文化中心，在未来的发展中，亟须提升首位度，增强集聚辐射带动能力。随着经济的快速发展，近年来，郑州的首位度在不断提升，但与周边省会城市相比，郑州经济总量偏小，经济首位度明显偏低，2017 年，郑州的 GDP 只占河南省的 20.3%，远低于武汉（36.71%）、成都（37.56%）、西安（34.11%）等市。这意味着，无论是适应中原崛起的需要，建设国家中心城市，还是满足区域竞争的需要，未来郑州产业发展必须进一步做大做强，加速优势资源集聚，提升经济首位度，提高参与国际竞争合作的

---

[1] 郑州市统计局：《郑州在向国家中心城市迈进中崛起——十八大以来郑州经济社会发展成就》，统计分析，2017 - 09 - 15，17：09，http：//tjj.zhengzhou.gov.cn/fxtj/659673.jhtml，2018 年 3 月 10 日。

经济实力。

2. 产业结构不合理,高技术产业发展不足

(1) 第三产业比重偏低。发达国家和地区的产业结构主要呈现"三二一"模式,近年来,郑州市第三产业占 GDP 比重不断增加,2016 年超过了第二产业,历史性地跨入"三二一"模式。2017 年,第三产业占51.8%。但是,同周边省会城市和整个国家相比,郑州市第三产业占 GDP 比重仍然偏低,而且主要是近年来去产能力度加大导致的结果。同时,郑州市的第一产业占比低,第二产业中初级产品多,最终产品少。第一产业、第二产业对第三产业的支撑力薄弱。[①]

(2) 高新技术产业占比低。随着科学技术的进步,传统产业地位逐渐下降。一些新兴产业如电子信息、光纤通信、新型材料等发展势头猛进。在前面分析的郑州产业结构中,郑州具有比较优势的产业大多为传统产业。郑州市一些高新技术和新兴产业的整体发展速度虽然很快,但普遍都处于萌芽阶段,政府实施的相关法律法规、政策都才刚刚开始试行,这些产业初始投入高、效益回报慢,在进行产业创新初始时期,只能靠中央或者地方政府进行宏观调控,而不能单单依靠市场自发调节,不然会引发一系列不正当市场竞争、地方保护主义等问题,制约产业创新。郑州经济缺少"高、精、尖"技术,高新技术产业占比低。而传统产业能源消耗大,环境污染严重,不利于城市环境建设。高新技术产业发展不足而传统工业强大不利于郑州市产业结构优化和经济的可持续发展。

3. 人才保障不足,重点行业人才紧缺

经济发展和产业调整都离不开高技术、高管理水平的支持。郑州创新基础相对薄弱,不但缺高层次的科教机构,创新型、开放型人才更是相对不足。郑州市劳动力市场对于大中专及以上劳动力需求量非常大,同时,这些劳动者供给量也充足,但是,大学本科及以上文化水平的劳动力供给和需求则占比较低,劳动力市场处于低端均衡状态。由于经济水平和科技水平比较落后,对高水平人才的吸引力较低。很多本地高校毕业生都选择在毕业之后去北京、上海、广州、深圳等一线城市就业,

---

① 孙诗瑶:《郑州市产业结构现状及存在的问题研究》,《赤峰学院学报》(自然科学版) 2015 年第 8 期。

导致高水平的人才流失。①

由郑州市工信委牵头组织市发展和改革委、科技局、农委等多部门共同编制的《郑州市2018年重点行业（领域）急需紧缺人才需求指导目录（试行）》，列出了汽车及装备制造业、电子信息产业、新材料产业、生物及医药产业、铝及铝精深加工产业、现代食品制造业、家居和品牌服装制造业、文化创意、商贸物流业、现代农业、现代金融业11个重点行业406种紧缺（分为紧缺、一般紧缺、比较紧缺、非常紧缺4种等级）岗位，都需求各类创新人才。如品牌服装制造业中，智能制造规划师非常紧缺，这个岗位主要是负责传统服装生产线的自动化改造、软硬件的配置融合集成、服装智能柔性快速制造的生产调试及推广运行，需要有精通服装产业智能制造技术路线，熟悉服装生产设备应用和发展现状，熟悉应用于服装生产的各类软件的功能和利弊等的能力。② 可见，汽车及装备制造业、电子信息产业、新材料产业、生物及医药产业、铝及铝精深加工业等郑州市主导产业，十分缺乏专业技能和创新能力强的高端人才。

三　郑州大都市区产业发展展望

（一）郑州大都市区战略的提出

现阶段，现代化综合交通体系和发达的信息网络，能够大大强化区域中心城市的辐射和带动能力。应该从推进中原城市群建设和郑州建设国家中心城市全局的战略高度，跳出行政区划限制，树立区域一体化的发展理念，在更大的空间范围内来组织和布局城市功能，通过推进组合型大都市地区建设，来协调城市发展中的各种功能布局，解决城市快速发展过程中出现的用地紧张、交通拥堵等各种矛盾，进一步提升郑州综合实力和竞争力。

大都市区是城市化发展到较高阶段的城市空间组织形态，是支撑带动城市群发展的核心增长极，是引领区域融入全球网络、在更高层次上参与全球分工合作的主要载体。2017年，河南省委省政府根据《中原城市群发展规划》、国家发展改革委《关于支持郑州建设国家中心城市的指

---

① 于向英、张庆华：《郑州市产业结构现状及优化方略的思考》，《河南省情与统计》2002年第1期。
② 付雨涵：《郑州发布2018年11个行业406种紧缺岗位人才有你吗?》，《东方今报》2018年3月6日。

导意见》和河南省人民政府《关于建设郑州大都市区的指导意见》的相关要求，提出建设郑州大都市区战略，促进郑州与周边区域融合发展，加快提升郑州综合实力和竞争力，打造引领带动中原崛起的核心增长极。

郑州大都市区以郑州为核心，包括郑州市域、开封、新乡、焦作、许昌四市中心城区和巩义市、武陟县、原阳县、新乡县、尉氏县、长葛市、平原城乡一体化示范区，都市区国土总面积3.12万平方千米（截至2015年数据），占河南省国土面积的18.7%，集聚了河南省20%多的人口和超过30%的经济总量，是中原城市群中经济实力最强、发展速度最快的区域，是新亚欧大陆桥经济走廊上最具发展活力的板块。加快推进郑州大都市区建设，符合城市群发展演进的一般规律，有利于更好地参与"一带一路"建设，带动中原城市群加速融入全球城市体系，提升国际化水平；有利于更好地发挥交通区位和市场腹地优势，增强资源要素集聚配置能力，打造内陆最具发展活力的产业体系；有利于推动郑州与周边城市的深度融合，更好地建设国家中心城市，辐射带动中原城市群快速发展。

（二）产业发展优势

1. 区位交通优势突出

郑州大都市区地处我国中原腹地，位于"两横三纵"城镇化战略格局中陆桥通道、京哈京广通道的交会处，是东西、南北流通的必经之地，一个半小时高铁圈覆盖近2亿人口的市场空间。随着"米"字形高速铁路建设，郑州—卢森堡"空中丝绸之路"建设，新郑国际机场航空货运枢纽地位的提升，郑州将拥有航空、高铁、城铁、地铁和高速公路多种交通方式共同构成的空地对接的综合通道大枢纽优势，大都市区的交通枢纽优势进一步凸显。

2. 自然和要素禀赋优良

自然和要素禀赋优良，产业发展基础较好。郑州大都市区处于暖温带地区，气候温和，四季分明，雨热同期，雨量充沛，年平均降水量为700—900毫米。土地肥沃，动植物资源、矿产资源丰富，煤炭、铝矾土、耐火土、铁矿、黏土等矿产在全国占有重要位置。地势西高东低，北依太行山、西邻嵩山，近90%的土地为平原，黄河横贯东西。

郑州航空港经济综合实验区、郑洛新国家自主创新示范区、中国（河南）自由贸易试验区等战略平台建设不断取得突破，国际物流中心功能日臻完善，跨境电商等新兴对外贸易模式发展具有全国优势。科教与创新资源比较丰富，人力人才资源相对丰富，产业配套服务能力强。经过多年发展，大都市群形成了电子信息、汽车零部件、装备制造、生物医药、新材料、食品、服装、家居以及现代物流、金融、健康养老、文化旅游等完备的产业体系，产业集群优势明显。

3. 人口集聚优势明显

人口集聚优势明显，为产业发展提供了支撑。河南省人口向以郑州为核心的大都市区集聚趋势明显，为大都市区产业发展提供了人力资源和市场需求支撑。2015年，郑州大都市区城镇化率为64%，河南省城镇化率为47%，高出17个百分点。从2010—2015年的人口增长趋势来看，郑州大都市区城镇人口增长了186万，其中，本地农业转移72万，外来人口流入114万。郑州大都市区已经成为河南省城镇化人口流入的重点地区。随着"三区一群"等一系列国家战略的推进实施，郑州大都市区的人口集聚水平将进一步提升。在政策推动下，根据区域水资源承载能力，借鉴同类地区城市标准，结合经济发展水平、用水需求和节水能力提升等因素，测算郑州大都市区水资源的可承载人口容量为2300万—2800万。

（三）重点产业展望

1. 先进制造业

（1）产城融合发展。大幅提升郑州大都市区各级中心城区工业用地效率，推进产城融合发展。加快推进郑州中心城区工业用地更新转型，集中布局具有国际竞争力的战略性新兴产业、高端制造业，培育壮大分享经济、文化创意、大数据、云计算等新经济业态。重大优质先进制造业向郑汴港聚集融合，支持大都市区核心区的制造业升级。增加许昌、新乡、焦作等次级中心城市工业用地比重，重点发展上规模、长链条、高价值的主导产业集群和新兴制造业，加快向外转移技术含量低、产出强度低、劳动密集型的制造业企业。引导新兴增长中心发挥地价低、人力资源成本低等优势，积极承接国内先进制造业，成为大都市区新增先进制造业的重要空间。

（2）五大产业发展走廊。以国家级、省级经济技术开发区为主体，依托区域交通枢纽，加快推动现有各类产业园区整合、调整、集聚、提升，积极构建郑开、郑新、郑焦、高新—荥巩新登、许港、开港六条产业发展走廊。

——郑开创新创业走廊。依托龙子湖智慧岛、开封服务外包产业园、中牟国际创意产业园建设，加速创新要素集聚，推动郑州经开区、中牟汽车产业园区、汴西产业区等园区加快由专业化园区向创新功能区转变，重点发展文化创意、科技创新、信息等产业。

——郑新创新产业走廊。依托郑洛新国家自主创新示范区政策优势，加速平原城乡一体化示范区、原阳产业集聚区、新乡县产业集聚区、新乡高新区、新乡经开区等功能区的产业整合与创新升级，打造以生物医药、装备制造、科技服务、新能源、现代家居为主导的创新产业带。

——郑焦产业融合发展走廊。加快焦作高新区、马寨产业集聚区、武陟—詹店产业协作区转型升级，推进沿线特色小镇、美丽乡村的建设，强化与郑州西部创新中心联动，形成先进制造业、大健康产业和特色农业为主导的三次产业融合发展带。

——郑州高新区—荥阳—巩义—新密—登封先进制造业走廊。加强郑州高新区创新中心与荥阳、巩义、上街、新密、登封的联动，加快推进马寨、上街、荥阳、巩义、新密、登封产业集聚区和各类高新园区的转型升级，着力培育生物医药、高端装备、新材料、无人机、现代家居为主的创新产业。

——新郑—许昌—港区先进制造业走廊。以航空港经济区（郑州）为引领，加速新郑新港、长葛产业集聚区，大周循环经济产业示范区，许昌尚集、魏都产业集聚区、中原电气谷、许昌经济技术产业集聚区等园区的转型和升级，逐步形成以电子信息、生物医药、智能终端、高端装备为主导的先进制造业发展带。

2. 现代服务业

郑州市的现代服务业主要包括以下四个行业：

（1）现代物流和金融高端服务。依托郑州空地综合交通枢纽，充分发挥航空港经济区（郑州）、自贸实验区对外开放平台优势，结合电子商务基础设施和服务平台建设，着力发展现代物流、电子商务和国际会展，打造区域现代物流中心与全国资源配置中心。加快建设郑东新区金融集聚核心功能区，提升金融创新能力和服务水平，全方位提升金融、贸易、商务的国际化服务水平。

（2）现代综合商业商务服务。以满足城乡居民和企业现代商业商务服务需求为目标，加大郑州中心城区和大都市区次级中心城市综合商业中心和商务中心建设。加快传统综合商业商务中心的改造升级和新商业商务中心的建设，积极发展总部经济和楼宇经济，完善城市商业商务服务职能，大幅提升信息、文化创意、休闲娱乐等功能服务水平，打造多业融合的商业综合体和城市综合体，增强综合商业商务服务功能。

（3）科技创新服务。依托郑新国家自主创新示范区平台和政策优势，重点把郑州高新区培育为大都市区创新中心；依托新乡、焦作、开封、许昌高新区和双创基地平台，加快科技创新及创业服务的功能培育；有序引导新兴增长中心结合产业基础和服务需求，培育特色化、专业化的创新服务职能。

（4）文化旅游。树立全域旅游、融合发展的理念，依托大都市区丰富的人文和自然景观资源，以文化为引领，积极推进国家历史文化名城风貌区、风景名胜区、文化创意园区、文化示范区、特色小镇、黄河滩区、田园综合体建设，推进旅游业与关联产业的深度融合，大力发展文化旅游新业态。

第四章 航空港经济区（郑州）产业发展与人才配置的实践探索

2013年，国务院批准《郑州航空港经济综合实验区发展规划（2013—2025年）》，标志着全国首个航空港经济发展先行区正式起航。几年来，郑州航空港经济综合实验区紧紧围绕"建设大枢纽、发展大物流、培育大产业、塑造大都市"的发展主线，加大招商引资力度，重点引进具有临空指向性和关联性的电子信息、生物医药、精密仪器、航空制造等高端产业、高科技产业项目，着力培育以航空物流、高端制造业、现代服务业为主的临空产业，众多项目纷纷落户航空港经济区，产业集聚态势初步显现。与此同时，航空港经济区（郑州）在枢纽建设、都市塑造、体制机制创新等方面取得了重大阶段性成果，"三年打基础"的目标任务圆满完成，战略效应日益显现，为航空港经济区产业加速发展打下坚实的基础。

第一节 产业发展与人才匹配基本情况

一 航空物流业发展

航空港经济区（郑州）航空物流产业主要由郑州新郑国际机场的航空货物运输部分组成。新郑机场建设和发展起步都较晚，但目前势头良好，正处于快速腾飞时期。因此，航空港经济区（郑州）航空物流产业也处于快速成长阶段。虽然其产业规模、产出指标等相比航空物流发展完善的地区而言暂时还处于比较落后的状态，但增长速度在全国名列前茅。

（一）发展优势

首先，区位交通优势明显。航空港经济区（郑州）地处中原腹地，

"居天下之中",承东启西,连南贯北,发展航空物流条件得天独厚,有利于建设航空大枢纽、实现全方位空地对接、构建该区域的综合交通枢纽优势。

其次,多重政策叠加优势。近年来,河南省积极争取,多项国家级战略落户河南、落户郑州,形成了较强的政策合力。在"三区一群"〔郑州航空港经济综合实验区、中国(河南)自由贸易试验区、郑洛新国家自主创新示范区和中原城市群〕基础上,又有郑州建设国家中心城市,中国(郑州)跨境电子商务综合试验区、国家大数据综合试验区等战略平台,共同构成了引领带动河南省经济社会发展的战略组合。

(二)硬件设施

航空港经济区(郑州)航空物流产业发展首先要依靠郑州新郑国际机场的相关硬件设施。截至2016年,郑州新郑国际机场总面积为107万平方米,有T1、T2两座航站楼(其中,T1航站楼目前正在改造中),航站楼面积为62万平方米,拥有两条飞机跑道和158个停机位,最大起降机型是A380,飞行区等级为4F级。

(三)服务情况

2016年,郑州新郑国际机场连接机场为113个,连接国家(地区)为18个,连通性指数为272,直飞航线204条,其中全货运航线34条(国际航线29条),新开直飞航线55条,关闭直飞航线19条,平均航程为1260千米,开通卡车航班城市45个,苏州、无锡、太原、西安、天津等地的货物已经从郑州机场进出,外省货物占50%以上。2016年,入驻新郑国际机场的货运航空公司达21家(其中,国际货运航空公司14家),货代企业达43家,更有顺丰、普洛斯航空物流基地等30多个项目加入。

(四)航空保障

2016年,郑州新郑国际机场日均进出港航班量为482次,同比增长16.5%,出港准点率为72.8%,出港航班取消率为8%,高峰小时架次为49次,靠桥率为94.1%,日均过夜飞机数量为33架,恶劣天气全年影响时长为493小时。

(五)产出状况

2016年,郑州新郑国际机场旅客吞吐量为2076万人次,比2015年增长了20%,比2010年增长了138.4%。货物吞吐量为456708.8吨,在全国排名第七,比2015年增长了13.2%,比2010年增长了432.3%。飞机起降架次 178054 次,在全国排名第七,比 2015 年增长了 15.3%,比 2010 年增长了 109.4%。2017 年,新郑国际机场货邮吞吐量首次突破 50 万吨,跻身全球机场前 50 强;旅客吞吐量首次突破 2400 万人次,跃升至全国第 13 位。新郑国际机场的年客货运规模首次实现中部机场"双第一"。以上可以看出,港区航空物流产业的产出指标正在迅速增长,前景可观。

二 高端制造业发展

根据郑州航空港经济综合实验区产业发展实际,其涵盖的高端制造业大致分为四种(见图 4-1):一是航空制造维修产业,发展重心为飞机修理与装配、航空机器零件装配、航空电子设备、公务机 FBO 等产业。二是电子信息产业,重点发展智能终端、物联网、计算机及网络设备、高技术型软硬件系统等新一代信息技术产业,缔造国际水准的电子信息产业平台。三是生物医药产业,主要发展生物医药、生物农业、生物贸易、生物制造及生物创新服务等产业。四是精密机械产业,主要负责数控机床、新材料、智能机器人、3D 打印、节能照明、精密机械等产品及上下游配套产品的生产。

```
                    ┌── 航空维修制造产业
                    │
                    ├── 电子信息产业
    高端制造 ───────┤
                    ├── 生物医药产业
                    │
                    └── 精密机械产业
```

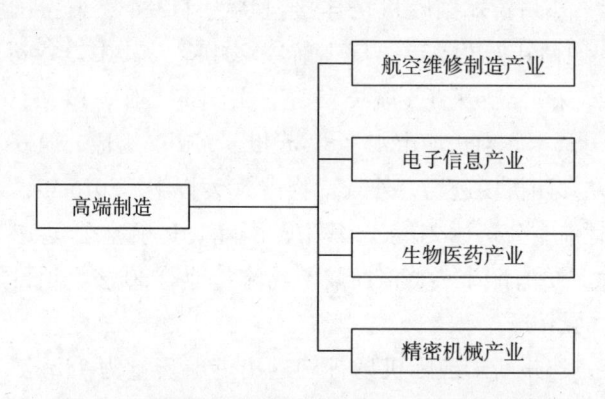

图 4-1 航空港经济区(郑州)高端制造业体系

(一)航空制造维修产业

1. 发展重心

随着航空事业的兴起,航空相关产业迅速崛起,其中的航空维修制造产业更是被视为重点发展产业。现阶段,航空港经济区(郑州)的航空制造维修产业处于初级阶层,发展重心为飞机修理与装配、航空机器零件装配、航空电子设备、公务机 FBO 等产业。目前，港区主要在通用飞机制造领域进行招商引资，并取得了很大成绩。

2. 入驻项目

2014 年 3 月，苏霍伊 Superjet 100 绿皮飞机支付中心和总装线落户航空港经济区（郑州）经济综合实验区，该项目是由河南欧贝飞机公司与俄罗斯苏霍伊民用飞机公司、上海圆斐航空科技等公司签署的，Superjet 100 绿皮飞机是由国际级大师协作设计完成，并成为俄罗斯首架符合国际准则的民用飞机。该支付中心和总装线的落户，一方面，对中俄建立长期互助伙伴关系埋下了伏笔；另一方面，终结了河南省长久以来没有航空制造产业的历史，为港区高端制造业的腾飞创造了良好的机遇。此外，穆尼飞机制造、中汇华翼智能航空产业园等项目落户园区，中法通用飞机生产制造产业项目也已签约，并且港区还积极推进与中航工业、加拿大庞巴迪宇航公司、以色列 IAI 公司等国内外航空工业龙头企业的战略合作。

2014 年年底，啸鹰航空产业园完成了一号总装厂房的建设，并成功下线了中国首架穆尼飞机，填补了中原通航制造产业空白；2015 年 9 月完成了二号厂房试飞维修机库的建设；2015 年 6 月 19 日，河南航投与卢森堡货运航空公司签署了飞机维修基地合作协议，同年波音系列飞机大型维修基地落户航空港经济区（郑州），具备同时维修 12 架波音 737 飞机的能力。到 2016 年 8 月止，航空制造维修产业集群已有 6 个项目。可见，航空港经济区（郑州）的航空制造维修产业虽然起步相对较晚，但表现出良好的发展趋势。

（二）生物医药产业

1. 发展重心

21 世纪是生物医药的世纪，随着中国经济发展水平的提高，目前，中国人对健康的诉求也越来越高，而老龄化趋势的加剧又进一步强化了对生物医药的需求，生物医药产业迎来了发展的春天。在生物医药蓬勃发展的大背景下，航空港经济区（郑州）生物医药产业大力发展生物医药、生物农业、生物贸易、生物制造及生物创新服务等产业，目前已初步形成以生物医药、生物农业为主，研发与生产并重，基础设施配套基本完善的生物医药产业集群。

2. 入驻项目

生物医药产业园规划面积 26 平方千米，2015 年 2 月，该产业园区启动暨合作签约仪式，总面积达 8 平方千米。在 2015 年，该区就已和锐柯医疗、上海坤爱等 7 个生物医药项目签约，总投资达到 145 亿元。其中，锐柯医疗是国际著名医疗机构，拥有上千种创新技术专利，向全世界上百个国家及地区的企业、单位及居民提供医疗产品，其所研发出的产品在全世界 90% 的医疗机构之间流通。2016 年 5 月，郑州航空港经济综合实验区和郑州台湾科技园共同发起的作为郑州国家高技术生物产业基地先导区的"台科生物产业基金"进入运作阶段，该基金总规模为 5000 万元。目前已引进专业运营团队，组建孵化器公司，积极开展生物医药类科技企业孵化，主要致力于培育、孵化、引导郑州航空港经济综合实验区生物医药、生物制造等产业创新发展，同时还积极推进郑州航空港经济综合实验区生物医药、生物制造等产业进步和技术成果转化，以及吸引生物医药领域高端人才落户郑州航空港经济综合实验区，加速郑州航空港经济综合实验区生物产业聚集及招商进程。2016 年 3 月 9 日，在加拿大 BC 癌症研究中心曾海山博士的研究实验室，郑州航空港经济综合实验区与曾海山博士及其产业化中方合作企业——郑州正和医疗器械公司签署了三方合作协议，将在郑州航空港经济综合实验区合作建设拉曼光谱早癌诊断实验室项目。2016 年 4 月 12 日，河南省医疗器械商会代表和加拿大安大略省医疗代表团企业代表在郑州航空港经济综合实验区签订了《中加国际医疗器械产业联盟协议书》，成立中加国家医疗器械产业联盟。

到 2016 年 8 月止，该园已吸引中泽新概念生物制剂产业园、百桥国际生物医药产业园、河南美泰宝生物制品有限公司、海恩药业、优特生物、中科干细胞、越人医药等 33 家生物医药企业签约入驻，企业项目主要覆盖医疗机械、化学医药、细胞治疗、诊断试剂、医药流通、动物疫苗等多个领域，其中，中泽新概念生物医药产业园项目、郑州优特免疫体外诊断试剂项目等均被列为河南省重点项目。并引入了"杰青"常俊标、吴养洁院士、国家"千人计划"专家张丹、归国首席科学家杜锦发等 25 位国际生物医药产业的有威望、有名声的专家。

（三）精密机械产业

1. 发展重心

精密机械产业具有微型化、自动化、高精度等特点，对经济发展有很强的带动作用，其被视为一个国家或地区工业化程度的指标，不仅是工业之母，也是工业强国必备的产业。航空港经济区（郑州）精密机械产业将大力发展大型、精密、高速、专用数控机床设备，着力引进高性能数控车铣复合机床、多轴联动加工中心、柔性制造单元智能专用装备、培材制造等，致力于建设具有国际先进水平的精密机械产业集群。当前，郑州航空港经济综合实验区精密机械产业的发展虽尚处于初期阶段，但产业未来发展趋势不容小觑。

2. 入驻项目

目前，郑州航空港经济综合实验区精密机械产业集群加速集聚，已有友嘉精密机械产业园、明匠机器人研发制造服务基地、空港科锐工业园等项目签约入区。2013年10月，中国台湾友嘉实业集团与航空港经济区（郑州）签署合作协议，友嘉集团在航空港经济区（郑州）投资建设友嘉精密机械产业园区，精密机械产业随之与其他七大产业构成郑州航空港经济综合实验区八大产业，引领河南省以精密机械为主的高端制造业的发展。友嘉集团是国际知名企业，是目前全球数控机床产品线最完整的制造集团，全球五大数控机床企业之一，华人数控机床第一品牌，全球的生产基地达到72个，国际上企业使用的数控机床产品中的37%来自友嘉。继富士康进驻航郑州航空港经济综合实验区之后，友嘉（河南）精密机械产业园是航空港经济综合实验区已经开工落地的第二个规模最大的项目，该项目建成后，将有效地促成航空港经济区（郑州）高端装备制造业产业集群的推进，对港区竞争力的提升有重要意义。2015年6月，航空港经济区（郑州）与上海明匠智能系统公司合作的机器人研发制造项目，总投资4亿元。2016年6月，航空港经济区（郑州）空港科锐工业园正式开工建设，计划总投资11亿元，总建筑面积约25万平方米。

郑州航空港经济综合实验区依托友嘉精密机械、富士康两大龙头企业，深入挖掘其产业链及合作伙伴资源。郑州航空港经济综合实验区积极对接库卡、发那科、西门子、博世、乔布斯、MAG、贝加莱等友嘉合作企业和由田新技、智泰科技、华洋精密、金太客、平田机工等21家富士康合作企业，以及大族激光、日本三菱电机、广州数控集团等项目，全面提升了实验区精密机械产业链的关联度和竞争强度。

（四）电子信息产业

1. 发展重心

2014年，郑州航空港经济综合实验区智能终端产业园区正式开园，产业园项目总投资约40亿元，占地369.11亩，总建筑面积121.96万平方米，主要建设工业厂房及商业配套。航空港经济区（郑州）电子信息产业致力于扩大富士康集团智能手机产能，加快智能手机产业园建设，推动非苹果手机提质上量，大力发展智能手机整机及芯片设计、后端模组、液晶面板等，建设智能终端检测公共服务平台，打造新型智能手机全产业链。积极发展智能穿戴设备、嵌入式智能系统、智能家居终端等新产品。总体来看，航空港经济区（郑州）智能终端产业园区基本成熟，园区的建立为企业的发展提供了更好的保障。

2. 入驻项目

郑州航空港经济综合实验区内，富士康苹果手机生产基本保持稳步状态，非苹果手机的发展从无到有，再到现如今的生产稳步提高，抵御风险的能力逐步加强。2011年富士康入驻航空港经济区（郑州），智能终端产业借势发力，实施"龙头+配套+协作"的精准招商模式。在2016年中国（郑州）产业转移系列对接活动智能终端产业专题对接会上，郑州航空港经济综合实验区管委会与深圳沃克信息、深圳天珑移动等企业签署21个合作项目，总签约金额达140亿元。2016年，新签约的手机项目有国威、乐洲、商贸通、年富、奇酷等手机项目，累计进入智能终端产业园区企业达170余家，包括奇酷360、中兴、酷派、天宇、创维等知名手机生产企业。其中，已经有34家非苹果手机整机及配套企业投产运营。航空港经济区（郑州）智能终端产业逐渐从"一只苹果"成长为"一片果园"，从一企独大的态势转变为多企共存的状态。在富士康智能手机产能逐步释放，以及中兴、天宇等智能手机项目陆续入驻郑州航空港经济综合实验区的综合拉动作用下，河南手机产业规模保持高速增长。

富士康在河南发展不断深化。2016年6月16日，年产值100亿元的富士康后端模组项目正式签约；9月13日，投资26.13亿元的综合保税区M区手机生产项目正式签约。苹果手机研发中心项目已到位研发人员200人以上，已在综合保税区开展新产品导入及应用研发。富士康南区智能手机产业苹果园苹果手机维修中心已实现批量维修。富士康还有工业4.0自动化设备研发与应用、自动化软件研发中心、工业4.0工厂智能化系统研发、凡客生活小镇等多个项目建设正在快速推进。上百家富士康协作厂商、供应链企业及俄罗斯空桥等全球知名企业纷纷入驻，带动了100多个产业、400多个配套企业入驻郑州航空港经济综合实验区。

三 现代服务业发展情况

现代服务业是相对于传统服务业而言的，其本质是实现服务业的现代化。主要是依靠新兴技术和现代化经营管理方式所发展起来的知识密集型产业，如金融服务、商务服务、信息服务和综合性技术服务等，具有高附加值、高技术含量的特征。[①] 根据《郑州航空港经济综合实验区总体规划（2014—2040年）》，郑州航空港经济综合实验区的现代服务业将大力发展专业会展业，电子商务业，航空金融业，科技研发、高端商贸业，总部经济等服务产业（见图4-2），打造为区域服务的产业创新中心、生产性服务中心和外向型经济发展平台。大力发展航空港经济区（郑州）现代服务业，有利于提高港区人民生活水平和质量，拉动港区经济增长。

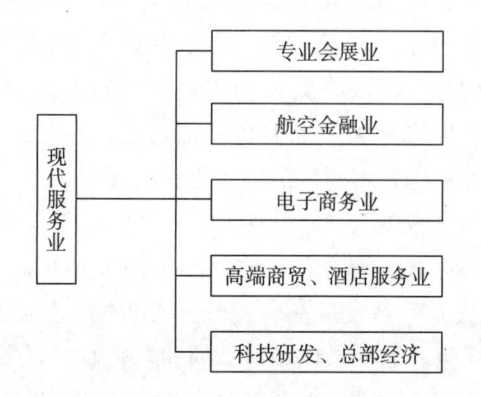

图4-2 航空港经济区（郑州）现代服务业体系

（一）专业会展业

1. 重大项目建设

中国（郑州）国际商品交易中心落户于航空港经济区（郑州），并已经正式投入使用，此项目总投资达7000万元，占地面积3830平方米，建筑面积20000平方米。目前已建好欧洲馆和韩国馆等，同时正在建设二期。

郑州新国际会展中心（又称绿地会展中心）项目一期目前建设正在

[①] 周柯、曹东坡：《航空港经济区（郑州）重点产业培育研究》，中国社会科学出版社2015年版，第203页。

推进，预计 2018 年工程完工，该项目总投资 100 亿元人民币，建筑面积共计 100 万平方米，其中，展览面积占 40%。郑州新国际会展中心与航空港经济区（郑州）所签约的会展城项目主要包含会议、展览和综合服务配套三大部分。会展城里还提供星级酒店、商务服务、商业社区、教育社区等一体化服务。

郑州新国际会展中心坐落于郑州航空港经济综合实验区中心的滨河东路和迎宾大道交叉口东南方向。会展中心周围交通发达，形成了空地一体、四通八达的交通网，展商货运便利，大大提高了观众观展的便利性：郑州高铁南站位于会展中心的东部、郑州新郑机场位于会展中心的西部、郑州地铁二号线直通会展中心登陆大厅。此外，周围还分布着多条高速公路及快速路等。郑州新国际会展中心致力于打造由展览、酒店、会议、商业、办公、活动六大业态组成的一套完整的会展业产业体系。规划建设两个登陆大厅、34 个展馆，配套设施包含酒店、会议中心、能源中心等。会展中心的建成将会带动周边巨大的人流和商流，为郑州航空港经济综合实验区带来大量的商机，辐射范围广泛，并将有力地推动整个郑州航空港经济综合实验区经济的迅速发展。

2. 港区举办会展情况

已经在港区举办过的较为大型的会展有 2014 年 6 月 26 日航空港经济区（郑州）国际大宗商品发展高峰论坛开幕仪式。这次论坛吸引了来自国内外 300 余家大宗商品交易市场领域的知名企业，更多新的经营模式和管理理念的涌入为河南省大宗商品交易注入了新的血液；2014 年 10 月 22 日，在航空港经济区（郑州）举办了"郑州欧洲制造之窗首届展销会开幕式暨河南省进口商品展销中心"的揭牌仪式，70 余家来自欧洲的企业参加了这次的展会。并且，该展销会未来将建设成一个为欧洲工业博览交易提供综合性、全方位服务的永久性平台。

2016 年 9 月 19 日，在郑州国际会展中心，举办了"2016'创响中国'巡回接力郑州站"——"智能硬件的下一个风口"主题论坛，这次论坛是由郑州航空港经济综合实验区管委会主办、智能终端（手机）产业园承办，众多知名专家、学者企业家投资人前来参会，这次论坛是一次有规模有影响力的论坛。

（二）航空金融业

经过几年的发展，港区形成了比较完善的金融体系，截至 2016 年 9

月,郑州航空港经济综合实验区已入驻各类金融机构21家,为包含居民、企业在内的各类客户提供信贷、汇总、清算、保险、担保、资产管理等多种金融服务,服务范围不断扩大,现已基本覆盖港区。

1. 金融机构的政策支持

郑州航空港经济综合实验区获得了中国人民银行郑州中心支行和国家外汇管理局河南省分局的联合扶持政策,支持航空港经济区(郑州)金融业快速发展。首先要扶持金融和外汇管理,并提出要加大支持力度:积极搭建政府、银行、企业三方交流平台,不断扩大港区内银行和企业的业务合作范围;郑州航空港经济综合实验区的金融机构可发行市政项目建设票据等新兴债务融资工具,获得的资金将用于港区市政项目建设。郑州航空港经济综合实验区还与中原证券签署了战略合作协议,中原证券将在港区开展符合条件的企业新三板上市、资产证券化、发债等业务。目前,郑州航空港经济综合实验区还与除银行外的上百家金融机构签订了战略协议和合作备忘录,这些金融机构涵盖了基金、信托、证券、融资租赁等。

2. 银行等金融机构在信贷、融资结算等方面的支持

目前,郑州航空港经济综合实验区与中国银行、交通银行都签订了战略合作协议。两大银行同意在未来五到十年内,在港区建设和港区配套企业融资等方面,为其提供意向性支持。中原信托有限公司将成功发行的10亿元信托资金,全部投入到航空港内的市政服务和交通道路等基础设施的建设中。2015年成立的河南富港投资控股有限公司将通过直接投资、"新型城镇化基金"等多种方式,投资500亿元用于郑州航空港经济综合实验区政府和社会资本合作的项目。2015年7月27日,首次跨境人民币贷款业务和人民币贸易融资资产跨境转让业务在郑州航空港经济综合实验区内发生。郑州航空港经济综合实验区内5家企业与5家海外银行签署了人民币贷款和人民币贸易融资资产跨境转让。有了跨境人民币贷款和人民币贸易融资资产跨境转让这两项政策支持,将为郑州航空港经济综合实验区企业提供成本更低、速度更快的融资渠道。

3. 引进新型金融机构

为了让金融更好地助力航空港经济发展,帮助金融机构和企业之间更好地联通,郑州航空港经济综合实验区积极引进新型的金融机构,包括风险投资基金、产业投资基金、金融租赁公司等。此外,为了在金融

方面提供更好的保障，郑州航空港经济综合实验区还成立了投资担保有限公司。在业务方面，积极开展符合航空港经济区（郑州）特色的金融业务如航空金融、物流金融等。郑州航空港经济综合实验区还与华润集团旗下华润金融控股有限公司达成合作意向，不仅投资建设航空港交通综合枢纽及周边交通基础设施等，而且还将开发地下空间，从而改造、升级和拓展停车场空间和设施。

2015年开始，河南省每年都安排一定的专项资金支持河南省经济的发展，其中2015年省财政特意增加了郑州航空港经济综合实验区发展专项资金5亿元；另外，2016年河南省财政安排的民航专项资金达6.5亿元，与航空产业发展密切相关的金融、商业服务业发展等专项资金都有所增加。

（三）电子商务业

河南省人民政府《关于加快电子商务发展的若干意见》（豫政〔2014〕11号）、河南省人民政府办公厅《关于印发加快推进郑州市跨境贸易电子商务服务试点工作方案的通知》（豫政办〔2013〕61号）和河南省人民政府《关于大力发展电子商务加快培育经济新动力的若干意见》（豫政办〔2016〕16号）都明确了航空港经济区（郑州）的电子商务产业园区将主要以跨境电子商务、航空物流、仓储服务等为特色来进行建设，并指明了航空港电子商务的未来发展方向。

1. 基础设施建设

2016年，郑州航空港经济综合实验区跨境电子商务项目——航空港经济区（郑州）跨境电商示范园和港区内中部国际电子商务产业园陆续开园。航空港经济区（郑州）跨境电商示范园是实验区的重点项目，也是航空港实现跨境电商的先试先行区。这个跨境电商项目是中韩企业共同合作投资建设的。园区内除跨境商品展示中心外，配套设施也丰富齐全，不仅有空港跨境免税店满足旅客的购物需求，超市、医院和文化中心也一应俱全。

中部国际电子商务产业园是航空港经济区（郑州）内首个电子商务产业基地，共有两期，建筑总面积共计46万平方米。一期目前已正式运营，产业园为入驻的企业提供了减少税收和免房租等优惠政策。园区内规划合理，共划分为6个功能区，分别是生活配套区、智能仓储区、综合服务区、电商孵化区、电商产品体验区和电商办公区。

2. 电商企业入驻情况

国内较为知名的电子商务企业均已云集于航空港经济区（郑州），许多电商企业还在航空港经济区（郑州）内建立了自己的仓储中心、配送中心和呼叫中心。其中，包括菜鸟网络、聚美优品、京东商城、当当网、阿里巴巴 E 贸易商品集散中心、阿里巴巴云计算和大数据项目、苏宁云商华中区域枢纽、杭州聚多云电子商务产业园、TCL 华中电子商务配送中心等。超过百家企业进驻电子商务园区，电商企业规模不断壮大。

目前，郑州航空港经济综合实验区跨境电商圈已初步形成，业务规模、招商规模和建设规模也正日益扩大，未来港区将着力完善、延长跨境电子商务产业链，打造高端供应链平台。2016 年，郑州航空港经济综合实验区跨境电商成绩凸显。进出口共计 209 万票，货值达 2.68 亿元，同比均增长 164%，增速迅猛，京东、唯品会等知名大型电商企业进出口业务也大幅增长，充分发挥了带头作用。

（四）大数据产业持续集聚

大数据的发展和应用已经对生产、流通、分配、消费以及经济运行机制、社会生活方式等产生重要影响，对调整优化产业结构具有深刻意义。"大数据"的"大"体现在"数据"的多维度和关联性上，主要是进行海量信息的集聚、分析、挖掘和提炼，以更好地服务于实体经济和创新创业，有利于促进"大产业"完整产业链条的建立及完善。目前，港区内已有中国移动（河南）大数据中心、云和互联网产业园等 5 个项目开工建设，总投资约 210 亿元。阿里巴巴大数据项目正在制订建设方案，预计入驻企业 400 家，可实现年产值 1.12 亿元。

2016 年 10 月，河南省大数据综合试验区获批，省级大数据领域创新能力建设工作主要包括组建大数据产业技术研究院、大数据工程研究中心以及大数据工程实验室三种类型创新平台。其中，2017 年 5 月，航空港经济区（郑州）3 家企业获得省级大数据创新平台的认定，分别为台科产业园河南省航空港大数据应用与服务产业技术应用研究院、河南省视博电子股份有限公司河南省 ETC 交通大数据服务与应用工程研究中心、昂睿生物科技有限公司生物医学大数据分析与应用技术河南省工程实验室。航空港经济区（郑州）大数据产业的发展集聚整合了创新资源，加强了产学研用的结合，对于突破一批关键共性技术，转化一批创新成果，培育一批专业人才和团队，为全区大数据产业发展提供支撑和服务，助力航空港经济区（郑州）建设大数据创新创业基地，进而推动交通物流、电子商务、生物医药等各类数据汇聚交互发挥积极作用。

（五）科技研发、总部经济

航空港经济区（郑州）积极引导和扶持港区科技工作及创新创业活动的开展，2016年9月，航空港经济区（郑州）下达了科技计划项目的通知，面向整个港区征集科技计划项目。此外，富士康中州技术研发中心落户航空港经济区（郑州），拟建设精密定位与堆叠、智能工厂和光机电整合与检测3个技术研究所，目前，该研发中心已吸引了来自国内外的研发人员62人，关键研究领军人才6位，硕士、博士及以上学历的人员占70%以上。航空港经济区（郑州）企业总部经济园已于2015年开始建设，这是港区首个整体开发的大型产业综合体项目，企业总部园的建成将进一步吸引具有竞争力的企业入驻，同时也将进一步完善航空港经济区（郑州）的城市功能。

（六）高端商贸、酒店服务业

作为配套产业的高端商贸、酒店服务业也正在不断丰富和完善，郑州航空港经济综合实验区内形成规模的商业圈主要是沃金商业广场，该商业圈是集衣、食、住、行、商为一体的大型综合商业体。吸引了全球500强商业巨头，带来了庞大的消费群体，满足了港区人们对高端商贸、休闲娱乐的需求。这里涵盖了大型超市、服饰广场、电影城，极大丰富和方便了周边群众和富士康员工的日常生活。此外，港区还有凯芙国际饭店、沃金大酒店、郑州港区智选假日酒店、郑州鑫港假日酒店、维也纳酒店等高档型酒店，基本满足了各类游客出行入住的需求。

四 产业发展与人才配置

为提高航空港经济区产业的本地化水平和临空经济发展质量，国际上发展成熟的航空港经济区在发展过程中都非常重视专业人才的引进、教育和"职业培训"。造就法国航空城——图卢兹无与伦比地位的除空客总部外，可能就是其强大的科教体系和航空文化了。这里密集着图卢兹大学和各类研究机构，是仅次于巴黎的法国第二大大学城。这里拥有400多家研究机构，研究人员人数超过1万人，法国每年约16%的工程师毕业于图卢兹。特别是法国最重要的国立民航大学（ENAC）、航空工程大学（ENSICA）、国立航空航天大学（SUPAERO）和国立机械与航空技术大学（ENSMA）四所航空航天大学均集聚此地；更重要的是，为促进产学研联动，航空航天类大学基本分布在航空航天 CNES 公司等企业集聚的图卢兹南郊，校区和厂区相依相伴，你中有我、我中有你，几乎相似的建筑让人难以辨别出哪是工厂、哪是校园。① 再如美国路易斯维尔市在配合 UPS（United Parcel 联合包裹快运公司）的发展中，曾专门设立了"都市大学"，蒙特利尔作为世界著名的航空产业之都，市内的 4 所大学基本上都在培养航空产业专业人才。香农自由区不仅具有优质的本地教育资源，而且很注重高技术人才的引进，国家的移民政策为区域的发展做出了重大的贡献。

我国航空港经济区的临空产业发展中，不仅需要重视高端人才的引进，更应该重视自身高端人才培养以及培养机制的建立。郑州航空港经济综合实验区自设立以来，也高度重视人才的引进和培养。截至 2017 年 10 月，郑州航空港经济综合实验区已引进院士 3 名，"千人计划"专家 29 名，硕士、博士研究生等高科技人才近 600 多名。

郑州航空港经济综合实验区的产业与人才配置主要体现在以下几个方面。

（一）加大政策支持力度

近年来，郑州市和郑州航空港经济综合实验区在人才引进和培养方面不断加大政策支持力度，先后出台了《郑州市引进培育创新创业领军人才（团队）"智汇郑州·1125 聚才计划"实施办法（暂行）》《中共郑州市委郑州市人民政府关于引进培育创新创业领军人才（团队）的意见》《郑州市引进培育创新创业领军人才有关生活服务保障措施实施办法（暂行）》《郑州市科技创业企业家培育计划实施办法》和《郑州航空港经济综合实验区加快推进中国航空港经济区（郑州）引智试验区建设的意见（试行）》《关于建设国家双创示范基地和国家自主创新示范区的若干政策（试行）》等 10 多份人才政策文件，为打造人才高地，从股权期权激励、财政奖励、创业成果孵化、优化人才发展环境等多个方面提供支持，形成了坚实的人才政策支持体系。

特别是《郑州航空港经济综合实验区关于建设航空港经济区（郑州）

---

① 熊竞：《空港关注：欧洲宇航之都图卢兹的崛起与繁荣》，百度百家号贾社会，2017 年 4 月 14 日，http：//baijiahao.baidu.com/s? id =1564595367020157&wfr =spider&for =pc，2018 年 3 月 26 日。

人才管理改革实验区的若干意见（试行）》，围绕航空物流业、高端制造业和现代服务业三大主导产业，实验区将在相关领域实施"5511"人才引进培育计划，即力争用五年左右的时间，引进和培育50名左右掌握国际先进技术、引领产业发展的领军人才，1000名左右从事科技创新、成果转化的高层次人才，集聚万名以上高素质、高技能的实用人才，为航空港经济区（郑州）建设提供坚实的人才支撑和智力保障。同时，为人才引进该区还在项目审批、工商登记、创业扶持、职称评审、成果申报、家属就业、子女就学、住房保障等方面开辟了绿色通道。

（二）建设航空港经济区（郑州）引智试验区

2014年11月，中国航空港经济区（郑州）引智试验区作为继山东日照中国蓝色经济引智试验区和中国福州海西引智试验区成立之后的第三个国家级引智试验区，在郑州正式揭牌成立。中国航空港经济区（郑州）引智试验区，是全国第三个获国家外国专家局批准的国家级引智试验区。该引智试验区由国家外国专家局支持，河南省人力资源和社会保障厅、省外国专家局、郑州市人民政府、郑州航空港经济综合实验区管委会共同建设。这意味着，郑州航空港经济综合实验区的建设，正向世界人才全面开放，这里将成为高端外国专家的聚集地。中国航空港经济区（郑州）引智试验区重点开展三项引智试验工作：一是开展外国人来引智试验区工作统一归口管理试验，建设顺畅高效的行政管理体制；二是开展高层次外国人才来引智试验区创新创业和交流合作试验，建设高层次外国人才集聚区、创新创业示范区；三是开展国际人才交流政策机制试验，建设内陆地区人才对外开放前沿阵地，积极推动引进国外人才和智力工作改革创新、转型发展，为郑州航空港经济综合实验区创新驱动发展提供强有力的国外人才和智力支撑。特别是被誉为"全球航空港经济区第一人"的约翰·卡萨达，已被郑州航空港经济综合实验区聘请为首席顾问。首批国家级专家服务基地——航空大都市研究院、约翰·卡萨达教授工作室投入运转，全面参与实验区建设。他也由此成为中国航空港经济区（郑州）引智试验区的首批外国专家。

（三）强化产学研合作

郑州航空港经济综合实验区在强化人才引进的同时，也加强了人才培养力度，在产学研合作方面也取得了重大突破。2014年11月，郑州重要的航空港经济区产学研基地——郑州航空产业技术研究院在郑州航空管理学院揭牌成立。郑州航空产业技术研究院是由郑州航空管理学院、郑州航空港经济综合实验区管委会共建的航空产业技术研发机构和产业转化基地，由河南省航空港经济区研究中心、航空港经济区发展河南省协同创新中心两个协同创新中心、航空物流工程实验室等三个省级工程实验室、信息智能处理工程技术中心等两个省级工程技术中心组成。郑州航空产业技术研究院组建，有利于促进航空产业技术进步和推动航空产业可持续发展，有利于为实验区建设提供航空产业技术领域的专业化智力支持与服务，有利于推进产学研用相结合。中原工学院新校区将落户郑州航空港经济综合实验区，致力于满足郑州航空港经济综合实验区发展和我国航空产业发展需要，培养具有国际视野、实践动手能力和创新意识强的高级应用型人才。中原工学院和世界知名航空航天大学俄罗斯联邦圣彼得堡国立宇航仪器制造大学合作，设立中原工学院中原彼得堡航空学院。2017年开始招收四年制本科生，首批设置电气工程及其自动化、测控技术与仪器和软件工程三个本科专业。

第二节　产业发展存在的问题及原因分析

自2013年国务院批复《郑州航空港经济综合实验区发展规划（2013—2025年）》以来，河南省上下按照省委省政府确定的"建设大枢纽、发展大物流、培育大产业、塑造大都市"总体思路，把郑州航空港经济综合实验区作为引领区域经济发展的战略突破口和核心增长极，积极引进相关产业项目，优先发展航空物流、航空制造业等航空核心产业，着力发展电子信息产业、生物医药产业等航空关联产业，配套发展会展业、总部经济、金融业等现代服务业，初步形成了航空港经济区（郑州）的临空产业体系，圆满完成了"三年打基础"的阶段性目标任务，推动郑州航空港经济综合实验区建设站在了新的起点上。

但是，目前航空港经济区（郑州）距离实现"国际航空物流中心、以航空港经济区为引领的现代产业基地、内陆地区对外开放重要门户、现代航空都市、中原经济区核心增长极"的目标还有很大差距。郑州航空港经济综合实验区要真正成为以临空经济为引领的国家级新区和中原经济区的核心增长极，其核心和关键是如何选择与配置适合临空经济区发展的产业并使其落地生根，由产业转移嵌入性临空产业发展模式向根植性临空产业发展模式转变。为实现这一目标，必须深入研究郑州航空港经济综合实验区在产业发展中存在的问题，并针对存在的问题，进行深入剖析，以推动郑州航空港经济综合实验区产业的优化和持续发展。

一 落后的产业基础无法满足临空产业发展需求（根基）

以机场枢纽为核心，航空港经济区（郑州）要建立起强大的临空产业体系，必须以发达的现代产业体系作为基础，需要在更大区域范围内，吸引组织货源和客源，这是航空港经济区可持续发展的产业基础，也是航空港经济区（郑州）临空产业体系成长壮大的土壤和产业根基。临空产业的发展，需要有足够发达的经济为其提供货源和客源，特别需要以临空型或者航空临近产业和高端服务产业作为支撑。就产业基础而言，郑州市、郑州大都市区、河南以及中原城市群产业发展水平较低，产业结构偏重，当前，还不具备类似于珠三角或者长三角的世界级制造业产业带和现代产业体系。航空港经济的产业以航空物流业、高端制造业和现代服务业为代表，在航空港经济区（郑州）空间上以集群的形式分布，应当作为全球价值网络节点直接与原材料供应商、生产商、分销商、协作商分工协作，利用全球资源和国际国内两个市场，形成立足当地比较优势的生产供应链和消费供应链。但就郑州和河南的产业基础来说，经济发展水平总体还比较落后，还是以资源型、劳动密集型产业为主导，航空临近产业规模小，产业间关联度不强，产业链、价值链构建水平还不高，这是制约航空港经济区（郑州）持续快速发展的主要矛盾。

二 航空核心产业发展尚处于快速发展阶段（梗干）

航空港经济区（郑州）机场业、航空物流业、航空制造业等核心产业，除航空客运、航空物流近几年快速发展外，航空制造业则属于刚刚起步，整个航空核心产业对临空产业体系构建拉动不明显，高端航空产业类杠杆效应不明显。对临空经济来说，其与传统的工业经济最大的差异就是经济腹地范围要求更广，仅靠航空港本身乃至郑州、河南自身的发展实力还不能支撑其持续快速发展；临空经济是高端经济，配置的产业也应当是高端的。对这两点的认识不足，导致产业选择定位不高，站距不远，局限于就航空港经济区（郑州）建设本身做文章。很少站在河南甚至整个中部地区这个全局高度来决定航空港经济区（郑州）产业的选择及定位。

此外，航空港经济区的产业发展跟任何一个经济区域的发展一样具有阶段性。初期阶段主要是打基础、扩声誉、建制度，有些产业的引进可能对于初期阶段是必需的，但对于航空港经济区（郑州）的长期发展可能是不利的。对产业的布局应当搞清楚哪些是近期目标，哪些是中期目标，还有哪些可作为长期目标。航空港经济区（郑州）产业选择既要保证初期阶段的快速发展，又要预留必要空间以满足长期持续发展的需要。

三 高成长优势航空关联产业发展势头较弱（顶盖）

从理论上讲，航空港经济区布局的产业应当是高航空偏好的航空关联产业，但通过航空港的调研发现，航空港中布局的产业相对单一，航空引领产业比重低，特别是高端、新兴产业的比重不高。高成长性优势产业和战略新兴产业发展势头较弱。目前，港区内电子信息、装备制造、汽车及零部件、食品、现代家居、服装服饰等高成长性制造业和信息服务、金融、旅游、文化等高成长性服务业发展还存在一定的欠缺。其中，以智能终端为主的电子信息产业在产量上处于全国前列，但是，在研发等环节还处于劣势，产业核心竞争力较弱。以现代物流为主的现代服务业发展仍存在很大的上升空间。此外，生物医药、新材料、新能源、新能源汽车等战略性新兴产业发展势头也较弱。

航空港经济区（郑州）的快速发展需要大量的要素投入，特别是土地及资金的大量投入，这就可能导致为了快速的发展而陷入高投资、高污染、高能耗的发展模式，进而影响航空港经济区（郑州）的持续发展。航空港经济区（郑州）发展不能忽视速度，但绝不能迷信速度，必须从航空区单位土地产值、单位产值等效益指标来综合衡量航空港经济区（郑州）发展成绩。此外，航空港经济区（郑州）内也应加强技术人才、管理人才的引进，从而提高航空港经济区（郑州）内高成长性优势产业发展的竞争力。

四 产业发展的内部动力机制尚未完全形成

郑州航空港经济综合实验区建设是河南省经济发展的一个新的支撑点，航空港经济区（郑州）是河南省经济转型的实验区和示范区。支撑点或实验区或示范区的关键点和核心就是建立强有力的产业支撑体系。要达到这一目的，需要强大的动力，而现在航空港经济区（郑州）的发展主要依赖于各级政府和河南省人民的大力支持，市场动力尚不足。而任何缺乏市场原动力且由政府过度主导的经济行为都不会长期持续发展。由于航空港经济区（郑州）产业基础比较薄弱，产业创新能力较低，以企业为主体、以市场主导为原动力的发展在较短时期内还无法实现，这是制约航空港经济区（郑州）持续快速发展的关键矛盾。

五 现有人才供给难以满足临空产业对高端人才需求

航空港经济区（郑州）的产业定位是以航空产业为主体的高端制造业和现代服务业，因此，航空港经济区（郑州）的发展需要相应高层次人才体系的支撑。国外航空港发展经验也显示，专业化人才和本土化相结合的人才培养体系是临空经济发展的重要支撑与保障。例如，世界著名航空产业之都蒙特利尔通过高等院校培养航空产业专业人才，路易斯维尔市专门设立了"都市大学"满足UPS对航空物流人才的需求。而郑州航空港经济综合实验区飞速发展过程中，高端人才与特殊人才极端缺乏，尤其是与临空经济相关的高端人才异常缺乏。我国专门从事民航教育的高校在学科设置上与空港产业的对接仍未实现，省内高校学科设置也还没有实现与临空产业的对接，职业人才培养机制缺乏，再加上航空港经济区（郑州）缺乏吸引高层次人才的竞争能力，国际航空物流、国际商务、软件人才、出口保税等高层次专业技术人才十分缺乏，这些是制约航空港经济区（郑州）持续快速发展的基本矛盾，严重制约了郑州航空港经济综合实验区进一步发展。

这主要是因为，目前尚未建立包括政府、企业、社会等在内的高端要素注入平台，就很难通过全社会力量建立"育、引、留、用"机制以缓解高端人才缺乏问题，从而解决制约航空港经济区（郑州）持续发展的基本矛盾。另外，航空港经济区（郑州）核心区功能的实现需要软件和硬件的共同支撑：按照郑州航空港经济综合实验区规划，发展高端制造业以及教育培训、医疗保健、金融产业等城市配套服务业，这就要求必须有上下游产业配套的硬件支持，以及高等院校、科研院所的软件支持。目前，在上下游产业的完善以及科研开发能力方面，郑州航空港经济综合实验区均处于劣势，需要通过政策引资，增强承接产业转移的持续性，吸引高端产业落户，培养引进高科技人才。

六 临空产业发展尚未实现从嵌入式向根植式转变

郑州航空港经济综合实验区，自2013年国务院批复《郑州航空港经济综合实验区发展规划（2013—2025年)》以来，上升为国家发展战略，进入加速发展阶段。几年来，从国家层面到河南省和郑州市，都积极扶持航空港经济区（郑州）发展，通过产业转移，各类产业项目纷纷落户航空港经济区（郑州），各类行业仅处于起步发展阶段，属于典型的嵌入式临空经济发展模式，也是欠发达地区发展临空经济的通常模式之一。因此，现阶段航空港经济区（郑州）临空产业发展必然存在产业发展根植性差、创新能力弱、可持续发展能力低等问题，这是郑州航空港经济综合实验区产业发展的根本问题。突出体现在以下几个方面：

（一）高端人才匮乏

航空港经济区（郑州）的临空产业一般都具有技术含量高、附加值高、高端人才需求量大等特点，普通劳动者需求相对较小。河南省拥有1亿多人口，虽然人力资源丰富，但真正能够满足航空港经济区（郑州）发展需要的创业型、综合型、高层次技术专家供给不足。没有足够的高端人才保障，航空港经济区（郑州）临空产业发展必然受到制约。

（二）核心技术与创新能力欠缺

就航空港经济区（郑州）机场管理、信息化技术、高端制造业而言，其核心技术缺乏，自主知识产权、发明专利相对较少，并且技术成果转化为产业的转化率较低，整体上对外依存度较高，多数核心技术都需要从外部购入。这样，航空港经济区（郑州）代理加工企业情况较多，多数是产品的"组装"，处于产业链的低端环节，具有国际竞争力的自主品牌很少，影响了航空港经济区（郑州）临空产业的快速发展。创新能力不仅是企业取得、维持其核心竞争优势的源泉，也是体现临空产业发展根植性的关键，更是促进航空港经济区产业发展、提升竞争优势的重要法宝。因此，下一阶段航空港经济区临空产业发展的重点，是提升产业的核心技术和创新能力。

（三）产业发展链条不完整

产业链条不完整重点体现在高端制造业方面，各个高端制造业以及行业间尚未形成完整的产业链条。主要是缺乏具有核心技术且有较强竞争力的大企业，没有能够形成以主要产品制造为核心，上下延伸产业链条，导致航空港经济区产业关联度不高，难以形成临空产业集群，抑制了临空产业的深层次发展，制约了航空港经济区整体竞争优势的提升。以智能终端产业链为例，航空港经济区（郑州）智能手机生产产业链条尚不完善。一方面，在手机屏幕玻璃的制造、手机芯片研发制造等多方面都有所缺失，大多是手机零部件的简单加工或者是手机配件生产，在核心部件的研发生产、整机设计等多方面都缺乏核心技术；另一方面，航空港经济区内智能手机相关企业规模偏小，并且缺乏知名品牌，除富士康外，其他手机厂商名气不大，市场竞争力较弱。[①]

[①] 张占仓、高友才：《郑州航空港经济区综合实验区年度发展报告（2016）》，社会科学文献出版社2016年版，第180页。

第五章　构建航空港经济区产业选择的"蘑菇云"模型

为有效地解决航空港经济区产业过程中存在的主要问题，推动临空产业可持续和加速发展，选择科学的产业发展模式是关键。本章根据欠发达国家和地区参与国际分工的实际，大胆创新，努力构建国际分工地位不断演进的临空产业培育模式——"蘑菇云"模式，以改变被动的分工局面，积极有效地参与国际竞争。在经济全球化格局中，顺应临空经济开放融合和全球化趋势，作为内陆欠发达地区的郑州航空港经济综合实验区，应该按照"蘑菇云"模式，依托区域优势资源和优势产业，整合配置全球优质要素，选择培育优势产业，不断扩大产业发展优势，发展关联产业，构建"蘑菇云"的现代临空产业体系，赢得国际分工中的持续竞争优势。

第一节　搭建"蘑菇云"产业体系分析框架

一　"蘑菇云"模式的经济内涵

蘑菇云由各种在重力条件下的大爆炸产生，但最出名的是由核爆炸而产生。核武器爆炸后，空气被向上托起并导致被称为"余风"的强气流，在云顶部热气体旋转形成涡环，当大量的热气体到达其均衡水平时，便停止上升，最终形成"蘑菇云"顶盖，在地面的这些余风会卷起灰尘和碎片形成蘑菇云的梗干。"蘑菇云"体量庞大，顶天立地，根基、顶盖、梗干层次清晰，开放延展；生成和演进由自组织与他组织协同推动，动力双向互动，爆发迅猛。蘑菇云是物质、动力、组织系统等因素在特定条件下共同作用的结果。①

随着经济全球化，国际分工中的联系不断深化，发达国家和地区与发展中国家和地区在全球化经济体系分工中的地位不同，它们之间的产业发展模式也出现了巨大的分化。因为资源位置和核心生产能力的落差，发达国家和地区产业发展突出表现为"瀑布"模式，就是附加值较高的研发和营销环节逐渐得到强化，形成产业价值高地，附加值较低的加工制造环节则流向发展中国家和地区，形成产业价值洼地；发展中国家和地区在产业国际化发展的过程中，一般不会形成产业链的国际垂直分工和价值链上下流动，而是以现有的产业体系为基础，依托本土优势产业的支撑，集中各种资源，在政策的推力和国际化市场引力共同作用下，培育具备国际竞争优势的产业，逐步改变在国际分工中的不利地位，产业发展整体明显表现出"蘑菇云"模式，产业价值链在本土化与全球化的互动过程中逐步走向"微笑曲线"的两端。当前，发展中国家和地区的产业发展总体上都具有"蘑菇云"模式的特征。

（一）经济禀赋上

发展中国家和地区为了在国际竞争中获得有利地位，多选择本土的优势产业参与国际竞争，产业体现出很强的外向性，经济以开放为目标导向。为追求即时生产、即时流通，以便于运输的目标，外向型产业发展在技术上致力于高、精、尖、特、优，在价值上追求高附加值，努力攀升价值链条的高端环节，其产品外形上以轻、薄、短、小为主，资源产品集散空间开放，聚焦全球广度和本土深度。

（二）经济手段上

发展中国家和地区为了参与国际竞争，其经济手段既要"立地"，更要"顶天"，具体表现有三个方面：一是"立地"，就是以腹地经济为起点，根植当地的资源、技术条件和产业基础，构筑现代化的产业体系，打造坚实的"蘑菇云"产业根基，爆发出足够当量的经济能量。二是"顶天"，就是以经济全球化为目标，加大政府扶持引导力度，增强科技创新和管理创新能力，积极培育高价值、高技术、高开放的高端产业，打造参与全球竞争的优势产业，全方位融入全球价值链分工体系。三是

---

① 刘炯天：《以临空经济为引领构建河南现代产业体系的"蘑菇云模式"》，《河南日报》2015年3月27日第4版。

"天地贯通",就是以现代运输系统为手段,依托航空、跨国高速铁路和公路、远洋航运等运输资源,满足经济贸易全球化长距离、广空间、高时效的要求,实现经济结构与运输系统的协同、经济全球化与本土化的互动、单体经济区与全球经济网的深度融合。

（三）经济动力

发展中国家和地区的"蘑菇云"产业体系多以双向动力机制为引擎,推动本土产业在与国际产业互动过程中不断转型升级,向"微笑曲线"两端靠近。一是自下而上的推动力,即由来自本土的创新动力、外部规模经济动力、产业链分工动力、制度与政策动力形成的综合竞争合力,最终表现为产业的比较优势和竞争优势。二是自上而下的牵引力,即由来自经济全球化的全球或跨区采购和柔性化生产方式所形成的强大的涡环和余风,对地面产生强大的牵引,带动本土核心区域发展,进而通过核心区域的增长极效应带动经济体全域的产业转型升级,最终表现为经济体产业水平的整体转型升级。[1]

（四）经济协调

发展中国家和地区"蘑菇云"产业体系的内在经济协调,主要以"蘑菇云"自组织系统与他组织系统双重机制为途径。首先是"蘑菇云"自组织系统。每个"蘑菇云"经济体的核心产业、关联产业、引致产业整体上都有既定的生成基础和演化规律,遵循由硬件到软件、由服务化到创新化的路径。其次是他组织系统。发展中国家和地区的每个"蘑菇云"经济体都是全球产业系统的一个子系统,各"蘑菇云"经济体产业的生成和演化都受全球产业系统的影响。

（五）经济形态

由于长期受"蘑菇云"自组织系统与他组织系统双重机制的经济协调,发展中国家和地区"蘑菇云"产业体系的经济形态,表现为多元性和多层次性。从而产业类型、发展中国家和地区产业发展的"蘑菇云模式"具有多元性和多层次性。一方面,从区域空间范围角度看,不同区域范围内的产业体系在相对应区域地理空间范围内呈现出不同层级的"蘑菇云"模式;另一方面,从产业发展角度看,在一定区域地理空间范

---

[1] 刘炯天:《以临空经济为引领构建河南现代产业体系的"蘑菇云模式"》,《河南日报》2015年3月27日第4版。

围内，不仅整体产业呈现出"蘑菇云"模式，每个产业内部不同产业环节也可能呈现"蘑菇云"模式。各层次、各领域、各产业的"蘑菇云"模式相互支撑，相互促进，只是在发展的时序、重点和水平上有所差异。①

航空港经济区是立足于腹地经济之上，以机场为核心，依托航空运输优势，形成的临空型产业集聚区。从腹地经济角度分析，腹地经济是更为广阔区域的经济系统，其外向经济的发展也在一定程度上表现出"蘑菇云"模式，而航空港经济区（郑州）植根和服务于腹地经济，是全球资源配置的重要平台，是腹地经济大系统的子系统；从航空港经济区自身分析，由于临空经济的临空磁吸效应，各类相关的临空产业集聚航空港经济区内，根基、顶盖、梗干等"蘑菇云"产业层次更加清晰、更加集中，"蘑菇云"特性更明显，成为一个相对独立的区域经济体系，成为腹地经济参与国际竞争的重要平台。因此，一个较大区域范围的腹地经济"蘑菇云"模式，与航空港经济区"蘑菇云"产业模式相比较而言，是不同层级、不同区域的"蘑菇云"模式。

二 "蘑菇云"模式分析模型

建设航空港经济区（郑州），是河南作为欠发达地区打造内陆开放高地，实现经济全球化的有效形式，也是河南乃至中原经济区现代产业体系中的一个相对独立的子系统。郑州航空港经济综合实验区的产业是一个完整的现代产业体系。应按照"蘑菇云"模式，通过夯实根基，扩展顶盖，畅通梗干，强化动力支撑，将航空港建成改革开放的重要载体，把临空产业作为引领郑州、河南乃至中原经济区产业转型升级和现代产业体系构建的新动力。

（一）夯实根基

"蘑菇云"经济体的根基，就是整个经济体赖以存在和发展的产业基础，是培育"蘑菇云"梗干产业和顶盖产业的经济土壤，集中体现为"蘑菇云"所在地区及其腹地经济的现代产业体系。航空港经济区（郑州）临空经济在发展初期只是一棵富有生机的胚芽，其苗壮成长需要有区域现代产业体系的滋养。因此，就航空港经济区（郑州）而言，根基

---

① 刘炯天：《以临空经济为引领构建河南现代产业体系的"蘑菇云模式"》，《河南日报》2015年3月27日第4版。

是临空经济通向全球化的基础，是临空产业可持续发展的根本力量，临空经济能否持续发展，最终取决于所在区域的现代产业体系的状况。目前，航空港经济区（郑州）、郑州、大都市区乃至中原经济区产业结构不合理，产业的资源性特征明显，产业存在重型化、上游化、低端化的情况，随着劳动力、环境、资源成本上升和产能过剩问题日渐严重，传统的产业优势逐渐丧失。这种产业体系现状，是航空港经济区（郑州）临空经济持续发展的最大风险。因此，航空港经济区（郑州）、郑州、郑州大都市区乃至中原经济区，应着力构建具有创新性、开放性、融合性、集聚性、生态性、可持续性的现代产业体系，进而夯实临空经济可持续发展的根基。①

（二）扩展顶盖产业

顶盖是对接全球化、参与国际分工的优势产业，是临空经济全方位融入全球价值链网络体系的最终产业形态。从航空港经济区（郑州）临空产业配置看，"蘑菇云"的顶盖产业主要体现为航空关联产业。航空港经济区（郑州）应重点围绕电子信息、生物医药、精密机械、新材料、现代农业等高科技制造业，以及总部经济、物流、会展、旅游等现代服务业，按照高开放性要求，以融入全球价值链分工体系为导向，结合本土的资源和能力优势，整合资源，扩大销售，科学地选择能够参与全球价值链分工和能够迅速嵌入全球价值链的产业，打造航空关联产业的比较优势和竞争优势，最终实现以较高层级的价值链形态参与国际分工，全方位融入全球价值链。②

（三）铸强梗干产业

梗干是航空港经济区（郑州）"蘑菇云"产业对接全球化的支撑性产业。从航空港经济区临空产业配置来分析，"蘑菇云"梗干产业主要体现为航空运输业、航空物流业等航空核心产业及其引致产业，它们是临空经济持续发展的前提条件和基本保障。航空港经济区（郑州）应重点围绕航空运输、航空制造、航空食品、航空器维修、航空培训等，深入挖掘分析，科学选择航空核心产业，同时围绕教育、科研、金融中介、休

---

① 刘炯天：《以临空经济为引领构建河南现代产业体系的"蘑菇云模式"》，《河南日报》2015年3月27日第4版。

② 同上。

闲娱乐、住宿餐饮等发展航空引致产业，以铸强梗干产业，从而构建航空港经济区牢固的产业框架。

（四）强化动力支撑

航空港经济区"蘑菇云"产业持续发展的动力系统，主要来自"蘑菇云"根基的本土现代产业体系发展的内部推动力，以及"蘑菇云"顶盖产业的全球产业价值链的牵引力。一是航空港经济区（郑州）临空产业体系自下而上的内部推动力，以市场力量为主导，推动本土现代产业体系的创新性，增强外部规模经济，细化产业链分工，强化政策扶持，形成合力，推动本土产业体系转型升级。二是航空港经济区（郑州）临空产业体系自外而内的牵引力，由全球产业价值链中的全球或跨区采购和销售、柔性化生产所产生对本土产业的牵引力，依托"技术溢出效应"和"品牌溢出效应"，拉动"蘑菇云"顶盖产业升级，从而带动整个"蘑菇云"产业体系升级。[①]

第二节 构建"蘑菇云"产业选择的指标体系

一 指标设置

（一）临空经济指数

航空港经济区（郑州）就是具有航空偏好度的产业聚集起来而形成的特定区域。它有自己特有的产业选择特征，比如便捷的航空连接性、方便运输、所要运输的产品具有高增值性等。[②] 为了更好地度量航空偏好程度，国内外的很多相关学者提出了临空指数的概念。所谓临空指数可以用一个简单的表达式来说明，即为 $y = f(t, p, v)$，其中，y 表示临空经济的产业指向性或者对航空运输的依赖程度，t 表示产品或服务需要运到目的地所要花费的时间，p 表示一单位产品或者服务的价格，v 表示单位产品或服务所占用的货运飞机舱位的百分比。当 p 越大而 t 和 v 越小时，产品或者服务的临空经济指向性就越强，生产此类产品或服务的产

[①] 刘炯天：《以临空经济为引领构建河南现代产业体系的"蘑菇云模式"》，《河南日报》2015年3月27日第4版。

[②] 张军扩、侯永志、高世楫：《临空经济的内涵及发展中国临空经济的重要性》，《中国经济时报》2007年2月6日。

业对航空运输的依赖程度也就越高。①

（二）五大性能指标确定

根据临空产业的特性和临空指数，选择适合在航空港经济区（郑州）产业布局的评价指标，对于在航空港经济区（郑州）布局和发展的"蘑菇云"产业有重要意义。本书将"蘑菇云"产业选择指标分为五大性能指标，分别是密度性、增值性、易载性、时效性和创新性。密度性是指产业密度，即各个产业单位面积产值的多少，表示各产业的密度的高低。也就是说，一个产业单位面积的产值越多。产业密度就越高，产业密度越高的产业，就越有利于在空港经济区布局。如果产业密度很低，就意味着单位面积的产值很低，那么就与航空港经济区（郑州）产业聚集区的要求相悖，布局的可能性就越小。增值性是指产品的增值性，某个产业所生产出来的产品或者服务的增值性越高，就越有利于布局在航空港经济区（郑州）；相反，增值性低的产业一般不利于运用航空运输，也就是说，它的临空指向性通常是比较低的。易载性是临空指向性很重要的一个指标，有着航空偏好的产业肯定也比较容易利用航空运输。易载性包括产品的大小、产品单位空间的重量、产品航空装载性（也可以说，航空运输打板的难易程度），一个产品越小，单位体积重量越小并且越易于航空打板，那么它肯定有利于航空运输，比如手机。时效性是由产品属性决定的，有些产品不能长时间存放，在运输中的时间成本较高，如高档海鲜类；有些产品过了一定时间，就会失去原本的品质，使其价值大打折扣，如鲜花类产品，这些产品的航空偏好性很强，离开航空运输整个产业链就会受到很大影响；还有些产品增值性很高甚至需要进行全球配送，虽然短时间的存放囤积并不会影响其品质，但其价值会随运输时间的延迟而遭到很大的价值损失，比如航空港经济区（郑州）富士康集团代工的 iPhone 手机。创新性是指产品的科技含量，科技含量高的产业是一种人才密集、知识密集、技术密集、资金密集、风险密集、信息密集、产业密集、竞争性和渗透性强的产业，是对人类社会发展和进步具有重大影响的前沿科学技术，其产品带来的公司收益和社会效益也是比较高的，对于航空港经济区（郑州）的产业布局，科技性成了一个重

---

① 张军扩、侯永志、高世楫：《临空经济的内涵及发展中国临空经济的重要性》，《中国经济时报》2007 年 2 月 6 日。

要指标,这样,将有利于区域内高科技产业园区的建设和发展。

二 五大性能指标细分

(一)密度性指标

为了更好地说明密度性,我们将其细分为生产型密度性和销售型密度性。生产型密度性又向下横向分为资本密度性、劳动密度性和技术密度性三个维度;销售型密度性向下分为初级产品密度性和再生产品密度性。其关系如图5-1所示。

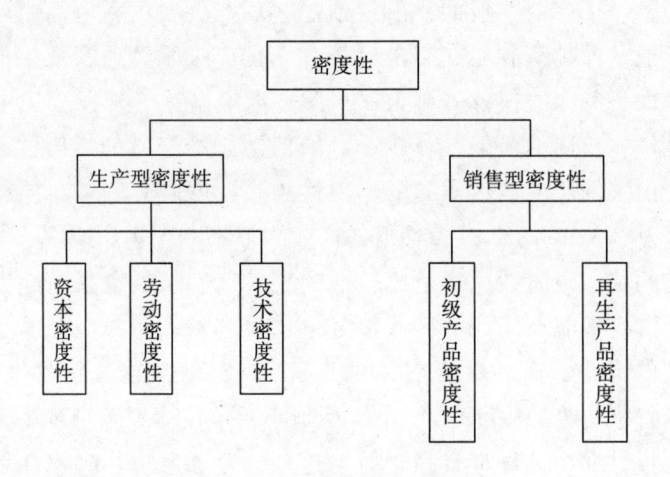

图 5-1 密度性逻辑关系

生产型密度性产业是指产业的密度性是通过投入各生产要素最终产出的产品或者服务的价值体现的,如生物产业等。其中,资本密度性是指产业的价值主要是靠资本投入产生,如金融业、房地产业等;劳动密度性产业是指那些需要大量劳动力投入生产的产业,代表性的产业如纺织业等;技术密度性是指需要大量的科技性投入,同时也伴随着大量的资本投入,属于技术密度性产业,这些产业也是航空港经济区(郑州)产业选择中的重点关注行业,代表性的产业如高新材料产业、生物产业、航空制造业等。

销售型密度性产业是指是不用自己本身去生产产品或者服务,整个产业的主要工作是将其他产业生产出来的产品销售出去,属于产品到达最终消费者的中间层,这些产业的代表性行业有农、牧、海鲜产业,批发餐饮业等。根据销售的产品是否经过再加工或者再生产,可以把销售型密度性分为初级产品密度性和再生产品密度性。初级产品密度性是指初级产品的产业密度，代表性产业有农、牧、海鲜产业；而再生产品密度性是指那些再生产后的产品，代表性产业如批发零售业。

产业密度的高低是航空港选择产业落户的重要指标之一，对于像航空港经济区（郑州）这样的国家级航空港经济区，它所表现的地区性核心增长极的作用不言而喻，战略定位也要求并不是什么产业都可以落户到航空港经济区（郑州）的。因此，为了使航空港经济区（郑州）的经济效益达到最大，也为了使其带头示范效用得到更大发挥，不但要考虑航空偏好度高的产业落户于航空港经济区，而且要同时兼顾选择产业密度比较高的产业布局到航空港经济区（郑州）。

（二）增值性指标

增值性是指产品的附加值。产品增值性是指通过智力劳动（包括技术、知识产权、管理经验等）、人工劳动投入、设备配合加工、流通中的营销等创造的超过本身的劳动、资本、技术等投入成本的价值的增加值，生产环节创造的价值和流通环节创造的价值皆为产品增值性的一部分。哈佛大学出版的《企业管理百科全书》中对附加价值的解释如下：附加价值是企业通过生产过程新增加的价值；或者，从企业的销售额中扣除供生产之用和来自其他企业购入的原材料成本，也就是企业的纯生产额。

对应以上两种附加价值的概念，产品增值性（附加值）可以这样来解释：通过企业的内部生产活动（包括劳动投入、资本投入等）创造的产品增值性和通过市场战略（如营销）在流通领域创造的商品增值性。高增值性产品，是指投入产出比较低的产品。其技术含量、文化价值等也比普通的产品高出许多，因而市场对其需求较高，消费者甚至愿意付出一定的额外费用以获得此类产品或者服务，当然获利较高。

日本产品设计家平岛廉久认为，商品提供给消费者的价值有两种：一种是硬性商品价值，是指商品实际能提供给消费者的功能，如化妆品就是保护皮肤，服装就是御寒；另一种是软性商品价值，是指能满足消费者感性需求的某种文化，像香水就是品牌的高贵感、魅力感等。服装价值就是流行性、季节性、式样、设计师声誉等软性的商品价值。在同质商品大量涌现的当代，人们在购买商品时，挑选的不只是硬性商品价值，而更多的是能满足人们感性追求的软性商品价值。

从增值性的各种理解和定义中可以发现，得到产品增值性的途径不是单一的。为了更清楚地说明增值性各个环节在增值性中的作用，我们将其分为智力型增值性、投入型增值性和流通型增值性。智力型增值性又可以划分为技术增值性、产权增值性和管理增值性；投入型增值性又可分为人工投入增值性和设备投入增值性；流通型增值性分为陆运增值性、水运增值性、空运增值性和营销增值性（见图5-2）。①

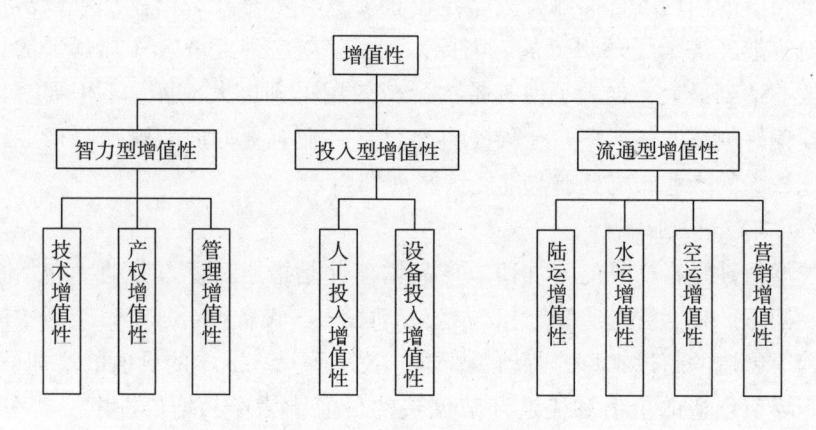

图 5-2　增值性逻辑关系

智力型增值性是指通过技术、知识产权、管理等因素使产品的价值增加，产品的增值性若在智力型增值性表现较高，它们往往是资本密集型产业或者是技术密集型产业。对于某些产品或者说，某些产业来说，要求技术性的投入，有些产品或者服务的技术性投入要求很高，当然由此带来的高增值性也是企业愿意付出大量资金投入技术研发和应用的主要原因，如生物产业和金融业等，生物产业不但要求高学历的专业人才，同时对专业性和科技含量很高的技术性设备的投入也很大，是典型的资本技术密集型产业，而金融业的技术性投入要求也是比较高的，技术进步在一定的范围内推动了金融创新，金融创新也要求技术进步满足其要求，在技术和创新的相互推动中，金融业的技术增值性也水涨船高。产权增值性在很多产业的表现也很明显，由知识产权导致的增值性增加的

---

① 事实表明，产品或者服务由于经过了交通工具运输后的增加值除去运输的成本后也还有剩余，所以，在流通过程中产品或者服务的价值是增加的，据此将流通型增值性分为陆运增值性（陆运包括公路和铁路运输两种，以下陆运皆表示此意）、水运增值性、空运增值性和营销增值性。

产品变现明显的一个行业就是医药制造业。管理增值性就是管理一个产品或者一项服务所创造的价值，当然，没有哪个产业中的企业经营是不需要管理的，只是管理的方式和管理的重要性等有区别罢了，并且在管理之中多多少少都会产生增值性，对于航空制造业来说，不但涉及企业内部人员的管理，也涉及很多科技人员对高精尖电子和机械设备的管理。

投入型增值性分为人工投入增值性和设备投入增值性。人工投入增值性在服务业里的表现比较纯粹，如酒店服务业，从经理到普通的酒店员工高效而又优质的服务是酒店经营中最重要的因素和利润增加点之一；设备投入增值性的产生往往要结合人工投入，也就是说，设备投入的增值性依赖于人工投入的增值性，它们结合起来为产品或服务的利润贡献力量，比如生产线的管理人员结合生产线设备一起创造了他们所生产出来的产品价值的一部分，当然也包括他们结合后产生的增值性。

流通型增值性分为陆运增值性、水运增值性、航运增值性和营销增值性。云南昆明市斗南镇的香艳玫瑰花市场，消费地遍布全国，但由于鲜花本身的特性，要保持其到达消费者手中的玫瑰花依然娇艳芬芳，就需要现代化的航空运输，快速地将玫瑰花包装后运往中国的各个城市，结果就是在花店里买到的玫瑰花特别是情人节当天的价格成倍地增加，发现玫瑰花销售价格减去航空运输成本后的价值依然高于没有经航空运输的玫瑰花在当地的价值，这说明经过航空运输后，斗南镇的玫瑰花增值了。另外，水运、陆运也同样会带来产业增值，只是增值的量没有航运那么明显罢了。营销增值性之所以被算到流通增值性中，是因为产品的宣传营销本身就是在流通中做的。

对于在航空港布局的产业，单纯从增值性来说的话，增值性高的产业布局在航空港周围显然是有利的，这是因为：第一，航空港产业园区的产业布局就是要引进一批高端制造业、优质服务业，最终是要充分发挥航空港的土地、财政、地理位置等优势产业，创造出有利于生态环境的产业区。第二，选择在航空港的产业最好是能利用航空运输的快捷高效和便利，而航空运输的成本较高，如果产品本身的增值性比较低的话，根本无法弥补航空运输所带来的运输成本的增加，如此一来，航空运输的便利性就无法在此产业中得以体现。

（三）易载性指标

易载性是临空指向性的一个重要指标，是指货物运输过程中的装卸、摆放、保鲜的难易程度。就航空偏好产业而言，有着航空偏好的产业也是比较容易利用航空运输的产业，其易载性指标包括产品的大小、产品单位空间的重量和产品航空装载性（也可以说航空运输打板的难易程度）。相反，则不利于航空运输。

我们可以依据运输过程把易载性分为装卸易载性、运输易载性和联运易载性三类。运输方便与否、货物装载和卸载过程是否快捷高效不无关系。装卸易载性又可以分为陆运装卸易载性（包括公路和铁路）、水运装卸易载性和航运装卸易载性。运输易载性是指货物是否有利于某种交通工具运输，运输的方式有陆运、水运、航运，相应的就有陆运运输易载性、水运运输易载性和航运运输易载性。联运易载性，其实是指货物联合运输的方便性，联合运输是综合利用某一区间中各种不同运输方式的优势进行不同运输方式的协作，使货主能够按照一个统一的运输规章或制度，使用同一个运输凭证，享受不同运输方式综合优势的一种运输形式。如图5-3所示。

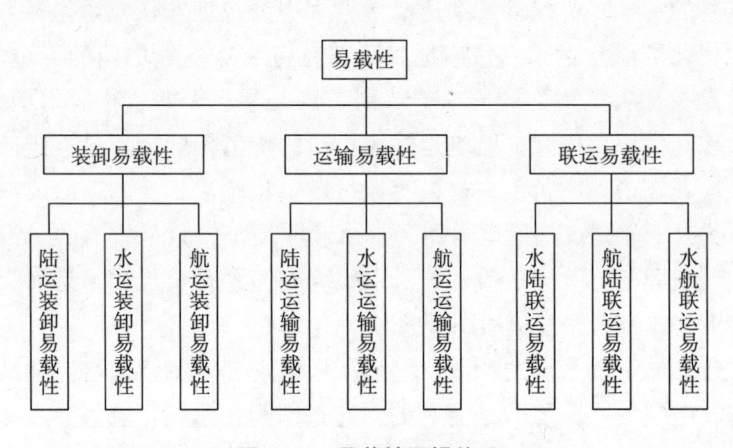

图5-3 易载性逻辑关系

对于研究要布局在航空港的产业来说，关注的易载性主要是航空运输易载性，要满足航空运输易载性，那就必须同时满足装卸、运输、联运的易载性。

装卸是指在物流过程中对物品进行装卸货、搬运移送、堆垛拆垛、放置取出、分拣配货等作业。在物流过程中，装卸活动是不断出现和反复进行的，它出现的频率高于其他各项物流活动，每次装卸活动都要花费很长时间，所以，往往成为决定物流速度的关键。装卸易载性在整个易载过程中非常重要，单纯从装卸过程来讲，更关注的是航运装卸易载性，相对于陆运和水运，航运对装卸设备的技术性要求更高，对工作人员的操作性要求也更高。例如，高端智能装备的航空运输中，高端智能装备的造价一般情况下很昂贵，装卸中首先要保证这些装备不受搬运等操作的损坏；其次，如何在飞机有限的仓位空间中存放更多的装备以达到单个产品的运输成本最低，也是一个对装卸人员技术性要求很高的操作。

航空运输必须考虑运输本身是否方便，对于像煤炭这样重量大、增值性低又不好运用航空运输的产品，不可能通过航空运输来完成运输过程。而医药产品凭借方便航空运输的特点（单位空间打板更多的产品并且重量轻方便航空运输），再加上增值性较高，用航空运输就非常合理。

随着经济全球化进程的加快，跨国公司规模不断壮大，产品的原料产地、生产车间、装配工厂以及消费市场遍布世界各地。在这种情况下，运输过程成为经济全球化的纽带，成了跨国公司运营的重要环节，整合运输链以服务于跨国公司的同步协调生产就显得尤为重要。整个运输过程不能被看作是几个孤立的运输服务，而应该作为一个整合的运输服务来满足运输需求，这就促成了多式联运的出现。

多式联运经营者通过各种运输方式的有效组合来形成高效的运输链，从而提高整个运输过程的经济效益。简单来讲，多式联运经营者组织两种或两种以上的运输方式，通过一次托运、一次收费、全程负责的形式，为托运人提供"门到门"运输服务，这就是多式联运。这里主要关注水航联运和陆航联运。随着运输行业科技水平的提升，现代运输业对高效快捷的要求更高，联运易载性也变得越来越重要。

航空港内有些行业的易载性非常高，例如，信息传输与软件业，几乎不用什么运输，网络连接以后就可以获得产品或者服务，在后面给各个指标从高到低定档时会据此把它定成易载性的最高档次。

（四）时效性指标

时效性是指某种产品从生产出来到最终的使用者手中，对时间要求的紧迫性。对时间的要求受以下三方面约束：

1. 产品保质期长短

选择航空运输的一个关键性要素就是运送时间短，在常用的几种运输方式中，航空运输成本无疑是其他运输方式的数倍。在这么高的成本代价情况下，为什么还会选择飞机作为运输工具呢？其原因是：如果没有在指定的时间内把要运送的产品运到指定地点，由此造成的损失会更大，甚至远远大于飞机运送这批货物的运送成本。由于保质期短而选择航空运输的典型产品就是海鲜产品，海鲜的突出特点是价格昂贵、沿海打捞、不宜存放等。价格昂贵使其有了选择航空运输的资本，沿海打捞的特点让距离沿海较远的内陆人享受这种美味受到了很大的限制，要想吃到美味的海鲜，就必须选择远距离从沿海运送过来。不易存放的特点要求它们从打捞上岸到送到人们餐桌上的时间越短越好，时间越短味道越鲜美。在现有的运输方式中，空运是最快的，因此，选择航空运输把价格昂贵的海鲜运到距离较远的内陆城市是一个不错的选择。

2. 产品贬值速度

现实社会中，某种产品的价值会随着时间的流逝造成价值的快速贬值，特别是现代电子设备，刚刚推出市场时的价格和推出一个月后的价格可能相差几百元，厂商更希望一批产品生产出来以后能够以最快的速度到达消费者手中，特别是货车根本无法抵达的国际运输，选择海运所要花费的时间太长，无法满足像增值性较高的手机等电子产品的快速送达的要求。同时，企业战略要素中快速的产品送达性也是企业维护自己产品市场地位的重要手段之一。比如，假设美国苹果公司打算在 2014 年 9 月的某个日期上市自己的新品手机，首批新品手机的发行国家中包括澳大利亚，而 iPhone 手机的生产地是在中国河南省航空港经济区（郑州），苹果公司考虑到手机的快速贬值的特点和公司战略，最理想的运输方式就是从郑州通过飞机先到上海，再从上海空运至澳大利亚悉尼的苹果零售专卖店。

3. 产品属性要求

对于有些产品来说，会因为产品的某些属性导致其选择航空运送以缩短运送时间。这些产品大多时是跨国的国际运输。比如，医药制品由于体积小重量轻，单位体积内可以装运更多的产品，很适合航空。同时，医药制品的增值性一般较高，能够弥补空运造成的成本增加。更为重要的是，药品具有挽救性命的属性，很多医药产品是救人性命的，时间就是生命，这是药品选择航空运输的一个非常重要的属性和原因。比如南非约翰内斯堡有大量患癌症的病人，急需由瑞士罗氏集团研发生产的抗癌药物。选择运输抗癌药物的工具不可能是货车，因为单纯的货车运输无法及时抵达且耗费时间，也不可能是海运，因为速度太慢且货物量很小，用货轮送一批药物的成本不会比航空运输低，于是，航空运输抗癌药物便是基于可行性和时间性要求的最优选择。

（五）创新性指标

创新性是指产品的科技含量，科技含量高的产业是一种人才密集、知识密集、技术密集、资金密集、风险密集、信息密集、产业密集、竞争性和渗透性强的产业，是对人类社会发展和进步具有重大影响的前沿科学技术，其产品带来的公司收益和社会效益也是比较高的。科技涉及人类现代社会的方方面面，研究的方向有生物学、医学、机械动力学、农业科学、能源科学等。研究发现，一种产品科技含量越高，其作用就越难以被替代，所产生的价值就越高，当然，本身的增值性也就越高。对于航空港的产业布局，创新性成了一个重要指标，对建成一个区域内的高科技产业园区将非常有必要。

三 构建五维度指标体系模型

航空港经济区（郑州）选择的若干个产业类别需要通过五大性能指标予以衡量。为了更好地说明产业在五大性能指标排列的高低和建立航空港经济区（郑州）产业选择模型，将五大性能指标体系下的产业类别进行量化。把每一个指标都划分为10个等级，量化的数值从10—1，10为最高指标，对于单个指标来说，这是最有利于选择在航空港经济区（郑州）布局的产业；1为最低指标，相比较而言，是航空港布局最后考虑的产业类型。选择最终适合航空港经济区（郑州）落户的产业是要综合考虑五大性能指标，所以，要建立产业选择模型。五大性能指标密度性（Density）、增值性（Additional value）、易载性（Easy transportation）、时效性（Time）和创新性（Novelty），分别用D表示密集性，A表示增值性，E表示易载性，T表示时效性，N表示创新性。再用α表示D的系数，β表示A的系数，γ表示E的系数，δ表示T的系数，ε表示N的系数。最终是否在航空港经济区（郑州）最先布局某产业，是要凭借每个产业在五大性能指标下的量化值乘以各自的系数然后相加所得到的总体衡量值来决定的。以此建立的航空港经济区（郑州）产业选择的指标体系模型是：

$$F = \alpha D + \beta A + \gamma E + \delta T + \varepsilon N$$

其中，F 是综合量化值，它的数值大小是衡量一个产业是否适合航空港经济区布局的综合性指标，也是建立指标体系要得到的量值。F 的数值越大，代表这些产业要优先选择布局在航空港经济区内；相反，数值越小，代表要最后考虑布局或者是要排除在航空港经济区（郑州）布局的产业。

通过对航空港产业选择各个要素的分析，对比五大性能指标对产业选择的重要性及其影响程度，没有发现哪一个指标能比其他四个指标更有显著的重要性，也就是说，五个指标对航空港产业选择来说，几乎是具有同等的重要程度，最终将五大指标的系数定为相等的数值，即 $\alpha = \beta = \gamma = \delta = \varepsilon$，由于它们相加等于 1，所以，每个系数都为 0.2，即 $\alpha = \beta = \gamma = \delta = \varepsilon = 0.2$。为了把航空港经济区（郑州）的产业选择模型与其他模型区分开，将该模型正式命名为航空港经济区（郑州）产业选择五维度指标体系模型：

$$F = \alpha D + \beta A + \gamma E + \delta T + \varepsilon N$$

指标模型建立后，就要计算五大性能指标下各个产业量化值，根据各个产业在 D、A、E、T、N 下的客观表现，并结合产业对航空偏好性的基本认识，给予指标体系下客观的量化值。

第六章　航空港经济区（郑州）"蘑菇云"产业选择

航空港经济区（郑州）作为第一个上升为国家战略的航空港经济发展先行区，其示范作用和对本地区经济发展的重要性不言而喻。而要加快航空港经济区（郑州）的快速发展，构建航空港经济区（郑州）的现代产业体系，重要的是要选择并确定"蘑菇云"的顶盖、梗干和根基产业，并以此布局，加大培育发展力度。首先选择出适宜在航空港经济区（郑州）布局的产业，然后做"顶盖""梗干"和"根基"的归类。

第一节　五维度指标体系的产业选择

一　所选产业来源

郑州航空港经济综合实验区规划面积415平方千米，哪些产业能作为"顶盖""梗干"或"根基"落户在航空港经济区（郑州），这些产业在港区内又该如何布局，是本书研究和力争解决的重点问题。为了分析航空港经济区（郑州）在产业选择上的问题，我们选择了我国规模较大的51家机场，其中，国家级的机场4家（分别是北京首都国际机场、上海虹桥国际机场、上海浦东国际机场和郑州新郑国际机场），省级机场17家，市级机场29家，县级机场1家（西双版纳嘎洒国际机场）。对于选取的51家机场来说，除北京的首都国际机场、广州白云国际机场、上海浦东国际机场和上海虹桥国际机场等少数大型机场形成了较好的临空经济带和有比较全的产业布局的数据资料外，其他大多数机场的临空经济带的产业布局无法获得完整有效的数据资料。但是，通过统计数据可知，城市规模越大，人口流动越大，货物运输越多，航空运输的规模也就越大，即呈正相关。显然，机场所在城市的经济规模和产业布局对机场有很大的影响,反过来便利的航空运输又会对城市的产业布局产生较大影响。为了找出机场所在城市的优势产业,通过统计所有 51 个城市的优势产业(产值在本地区排名前五的产业),共统计出来 66 个产业,其中有些产业是很多城市的优势产业,如汽车制造业,而有些产业则只是某一个城市的优势产业,如郑州的铝及铝精深加工产业。在统计出来的 66 个产业中,有些产业虽然名称不同但实际上是相同或相近的产业,如汽车制造业和运输设备制造业;有些产业被另外的产业包含,如生物医药产业就被生物产业包含,还有是一些因为统计口径过大而失去了产业选择依据的实际意义的产业如农业、工业等,予以排除。这些机场所在城市的优势产业为航空港经济区(郑州)的产业选择提供了具有重要借鉴意义的参考。

二 初步选取五维度指标体系的产业

结合产业选择五维度指标体系,针对上节中所提到的 51 个航空港城市的各自排名前五的产业,总共有 66 个产业经过"五维度"比对,去掉没有统计意义的,加进明显具有航空偏好性的产业,最后形成了 32 个产业分类。这 32 个产业分别是精密制造业,生物产业,金融业,航空(航天)制造业,高新材料产业,计算机、通信和其他电子设备制造业,信息传输和软件业,汽车及零部件制造业,航空维修业,家用电器制造业,医药制造业,节能环保产业,烟草制品业,新能源产业,精细化工制造业,专用设备制造业,通用设备制造业,房地产业,电气器械和器材制造业,日用品生产业,批发业,非金属矿物制品业,皮革和制鞋业,纺织业,现代食品制造业,化学原料和化学制品业,金属制品业,住宿和餐饮业,建材工业,农副产品加工业,航空物流业,农牧海鲜产业。

三 五维度指标体系下各产业量化分析

上章中五维度指标体系建立后,根据各个产业在 D、A、E、T、S 下的客观表现,并结合产业对航空偏好性的基本认识,给予指标体系下客观的量化值,首先分析密度性(D)量化值(见表 6-1)。

表 6-1　　　　　　各产业密度性(D)量化值

密度性	量化值
精密制造业	10
生物产业	10

续表

密度性	量化值
金融业	10
航空（航天）制造业	10
高新材料产业	10
计算机、通信和其他电子设备制造业	10
信息传输和软件业	9
汽车及零部件制造业	9
航空维修业	8
家用电器制造业	8
医药制造业	7
节能环保产业	7
烟草制品业	7
新能源产业	7
精细化工制造业	6
专用设备制造业	6
通用设备制造业	6
房地产业	6
电气器械和器材制造业	4
日用品生产业	4
航空物流业	3
批发业	3
非金属矿物制品业	3
皮革和制鞋业	3
纺织业	3
现代食品制造业	3
化学原料和化学制品业	2
金属制品业	2
住宿和餐饮业	1
建材工业	1
农副产品加工业	1
农牧海鲜产业	1

密度性最大的前6个产业分别是精密制造业，生物产业，金融业，

航空（航天）制造业，航空物流业，高新材料，计算机、通信和其他电子设备制造业，它们的产业密度是最高的，它们的量化值都定为10。而像住宿和餐饮业、建材工业、农副产品加工业和农牧海鲜产业是32个产业类别中产业密度性最低的，同时也处于最低级别，所以，把它们的量化值都定为1。对于后面将要说明的A、E、T和S的量化值从高到低的划分也是按照这样的原则处理的。

各产业增值性（A）量化值和产业易载性（E）量化值从高到低排列分别如表6-2和表6-3所示。

表6-2 各产业增值性（A）量化值

增值性	量化值
高新材料产业	10
航空维修业	10
航空物流业	10
计算机、通信和其他电子设备制造业	10
精密制造业	10
生物产业（生物医药）	10
航空（航天）制造业	9
烟草制品业	9
医药制造业	9
新能源产业	8
节能环保产业	8
汽车及零部件制造业	8
金融业	8
信息传输和软件业	8
房地产业	7
纺织业	7
住宿和餐饮业	6
精细化工制造业	5
通用设备制造业	5
家用电器制造业	5
日用品生产业	5

续表

增值性	量化值
专用设备制造业	4
非金属矿物制品业	4
化学原料和化学制品业	4
电气器械和器材制造业	3
皮革和制鞋业	3
现代食品加工业	3
金属制品业	3
农牧海鲜产业	2
批发业	1
农副产业加工业	1
建材工业	1

表6-3　　　　　各产业易载性（E）量化值

易载性	量化值
航空（航天）制造业	10
金融业	10
航空物流业	10
航空维修业	10
信息传输和软件业	10
纺织业	9
医药制造业	9
日用品生产业	9
烟草制品业	9
计算机、通信和其他电子设备制造业	8
精密制造业	8
生物产业	8
农牧海鲜产品	7
高新材料产业	7
住宿和餐饮业	6
家用电器制造业	6
电气器械和器材制造业	6

续表

易载性	量化值
节能环保产业	6
非金属矿物制品业	5
农副食品加工业	5
现代食品制造业	5
皮革和制鞋业	5
金属制品业	5
建材工业	5
精细化工制造业	4
汽车及零部件制造业	4
通用设备制造业	4
批发业	4
新能源产业	3
专用设备制造业	3
化学原料和化学制品业	2
房地产业	1

对易载性（E）量化值的解释：排在前4位的航空（航天）制造业、金融业、航空物流业和航空维修业是与航空运输有绑定意义的产业，它们是航空运输无法离开的行业，所以，在量化值的确定上都给予最高易载性评价10，而信息传输和软件业因为只需要连接网络几乎就可以全部完成，属于非常易载的服务，所以定值为10。

各产业时效性和创新性量化值如表6–4所示。

表6–4　　　各产业时效性（T）和创新性（N）量化值

时效性	量化值	创新性	量化值
农牧海鲜产业	10	精密制造业	10
航空物流业	10	生物产业	10
航空维修业	10	汽车及零部件制造业	10
计算机、通信和其他电子设备制造业	10	新能源产业	10
航空（航天）制造业	9	通信传输和软件业	10

续表

时效性	量化值	创新性	量化值
金融业	9	航空（航天）制造业	10
信息传输和软件业	9	高新材料产业	10
新能源产业	8	航空维修业	10
医药制造业	7	计算机、通信和其他电子设备制造业	9
皮革和制鞋业	6	金融业	9
精密制造业	6	节能环保产业	9
房地产业	6	医药制造业	8
现代食品制造业	6	家用电器制造业	7
高新材料产业	6	烟草制品业	7
纺织业	5	专用设备制造业	7
汽车及零部件制造业	5	电器器械和器材制造业	7
生物产业	5	通用设备制造业	6
家用电器制造业	5	精细化工制造业	5
农副食品加工业	5	日用品制造业	5
烟草制品业	5	非金属矿物制品业	5
批发业	4	化学原料和化学制品业	5
节能环保产业	4	航空物流业	5
电气机械和器材制造业	4	现代食品制造业	4
通用设备制造业	4	金属制品业	4
专用设备制造业	4	皮革和制鞋业	3
日用品生产业	4	纺织业	3
金属制品业	3	农副产品加工业	2
精细化工制造业	3	房地产业	2
化学原料和化学制品业	3	建材工业	2
非金属矿物制品业	2	住宿和餐饮业	2
建材工业	2	农牧海鲜产业	1
住宿和餐饮业	1	批发业	1

根据上章提出的航空港产业选择体系即五维度指标模型：$F = \alpha D + \beta A + \gamma E + \delta T + \varepsilon N$，将以上五大性能指标所对应的相同产业的量化值代入其中可以得到结果，如表6-5所示。

表6-5　各产业综合量化值

产业名称	密度性	增值性	易载性	时效性	创新性	综合量化值
航空（航天）制造业	10	9	10	9	10	9.6
航空维修业	8	10	10	10	10	9.6
计算机、通信和其他电子设备制造业	10	10	8	10	9	9.4
金融业	10	8	10	9	9	9.2
信息传输和软件业	9	8	10	9	10	9.2
精密制造业	10	10	8	6	10	8.8
高新材料产业	10	10	7	6	10	8.6
生物产业	10	10	8	5	10	8.6
医药制造业	7	9	9	7	9	8.2
航空物流业	3	10	10	10	5	7.6
烟草制品业	7	9	9	5	7	7.4
汽车及零部件制造业	9	8	4	5	10	7.2
新能源产业	7	8	3	8	10	7.2
节能环保产业	7	8	6	4	9	6.8
家用电器制造业	8	5	6	5	7	6.2
通用设备制造业	6	5	4	4	10	5.8
纺织业	3	7	9	5	3	5.4
日用品制造业	4	5	9	4	5	5.4
电气机械和器材制造业	4	3	6	4	7	4.8
专用设备制造业	6	4	3	4	7	4.8
精细化工制造业	6	5	4	3	5	4.6
现代食品制造业	3	3	5	6	6	4.6
房地产业	6	7	1	6	2	4.4
农牧海鲜产业	1	2	7	10	1	4.2
皮革和制鞋业	3	5	5	6	3	4.0
非金属矿物制品业	3	4	5	2	5	3.8
金属制品业	2	5	5	3	4	3.4
化学原料和化学制品业	2	4	2	3	5	3.2
住宿和餐饮业	1	6	6	1	2	3.2
农副产品加工业	1	1	5	5	2	2.8
批发业	3	1	4	4	1	2.6
建材工业	1	1	5	2	2	2.2

将表6-5的内容根据航空偏好值的区间,可划分为七大区域,具体如图6-1所示。

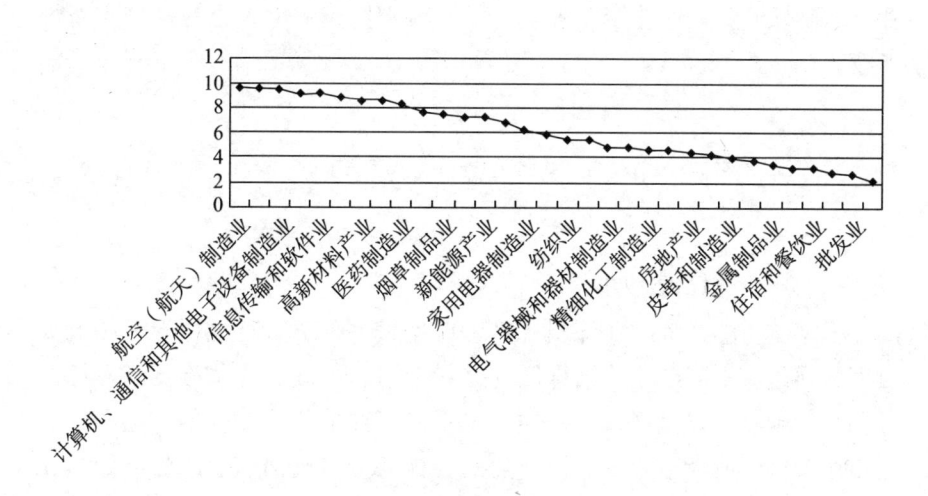

图6-1 各产业的航空偏好特征的区域划分

航空偏好的第一区域（综合评分值在9.5—10）为航空（航天）制造业和航空维修业2个航空产业。

航空偏好的第二区域（综合评分值在9.0—9.5）为计算机、通信和其他电子设备制造业，金融业、信息传输和软件业3个航空偏好紧密的产业。

航空偏好的第三区域（综合评分值在8.0—9.0）为精密制造业、高新材料产业、生物产业和医药制造业4个航空偏好高度相关的产业。

航空偏好的第四区域（综合评分值在6.5—8.0）为航空物流业、烟草制品业、汽车及零部件制造业、新能源产业和节能环保产业5个航空偏好中度相关的产业。

航空偏好的第五区域（综合评分值在5.0—6.5）为家用电器制造业、通用设备制造业、纺织业、日用品生产业等与航空相关性较小的4个产业。

航空偏好的第六区域（综合评分值在3.5—5.0）为电气器械和器材制造业、专用设备制造业、精细化工制造业、现代食品制造业、房地产业、农牧海鲜产业、皮革和制鞋业、非金属矿物制品业等航空偏好极低的8个产业。

航空偏好的第七区域（综合评分值在 3.5—0）为金属制品业、化学原料和化学制品业、住宿和餐饮业、农副产品加工业、批发业、建材工业等基础性产业，这些产业基本上没有航空的偏好性，也是基础支持性产业。

第二节 产业选择雷达模型及产业说明

一 产业选择雷达图

根据航空港经济区（郑州）产业临空偏好的五大性能所形成的五大维度，通过对不同产业不同维度的定量分析，最终将这些维度指标综合运用，勾勒出可以直观、形象地反映不同产业的不同纬度的雷达图，通过雷达图可以清晰地分析不同产业的性能差异，进而筛选出各方面都比较突出的重点产业，通过培育使之成为航空港经济区（郑州）高成长性、高关联度支柱产业。

根据各产业的量化值绘制雷达图以表示各产业之间的对比关系。其中，产业选择雷达图中五大性能指标（密度性、增值性、易载性、时效性和创新性）的量化值为五条线，每条线离中心点越近，其数值也就越小，中心点的数值为 0，离中心越远的雷达圈与五条线交点处的数值越大，最大圈与五条线的交点代表量化值为 10，对所选的 32 个产业，雷达图中对综合量化值排名前 15（综合量化值在 6.0 以上）的产业做了标示。因为所选产业五大性能指标的量化值比较集中，为了便于区分，不同的产业选用了不同的线条来表示（见图 6-2）。

为了更加清晰地辨明七大区域的产业，因此，按照七大区域分别给出雷达图，如图 6-3 至图 6-9 所示。

结合量化值和雷达图，从整体上看，初步选择出的产业五维度的数值都较高，其中，航空（航天）制造业，航空维修业，计算机、通信和其他电子设备制造业等量化值比较突出。在密度性维度上，除了航空物流业对密度性的要求较低，其他产业的密度性普遍较高（赋值大于7）。增值性维度上，除了家用电器数值为5，其他各产业的附加值能力都较强。在时效性和易载性两个维度上，呈现出对时间要求比较高，对易载性要求也相应比较高的特点。如航空物流业和信息传输软件业的产品都易于航空

第六章　航空港经济区（郑州）"蘑菇云"产业选择 127

运输，并且对时间要求比较高，而汽车及零部件制造业只需要为下游产业承担基础辅助功能，对时间性和易载性的要求都不突出。另外，这些产业也普遍表现出高科技性，除了目前航空物流业的发展还处于低端装卸阶段，预计在以后的发展过程中，这一维度的数值会逐步变得更高。

──◆── 航空（航天）制造业　　──■── 航空维修业
──▲── 计算机、通信和其他电子设备制造业　　──✕── 金融业
──✱── 信息传输和软件业　　──●── 精密制造业
──+── 高新材料产业　　──── 生物产业
──── 医药制造业　　──○── 航空物流业
──● ── 烟草制品业　　──△── 汽车及零部件制造业
──✕── 新能源产业　　──✱── 节能环保产业
──▼── 家用电器制造业

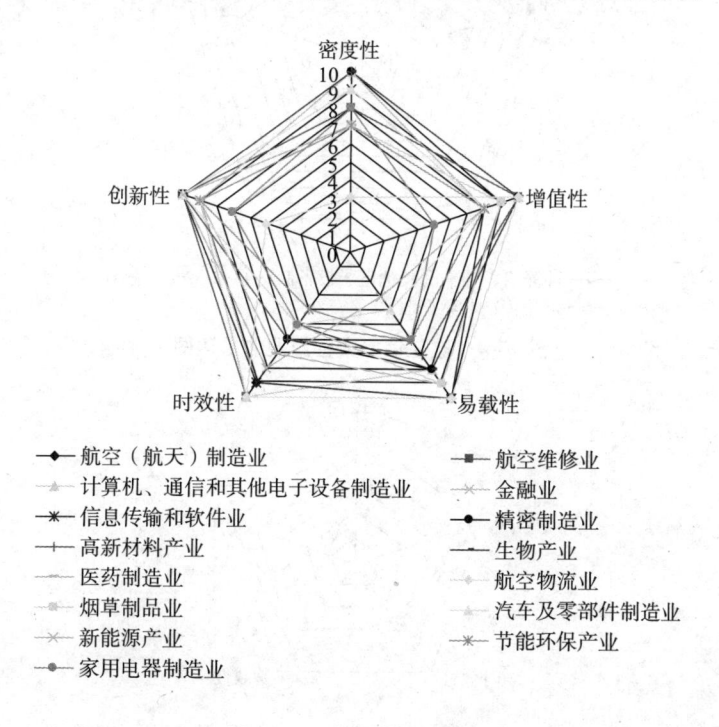

图 6-2　产业选择雷达图

──◆── 航空（航天）制造业　　──■── 航空维修业

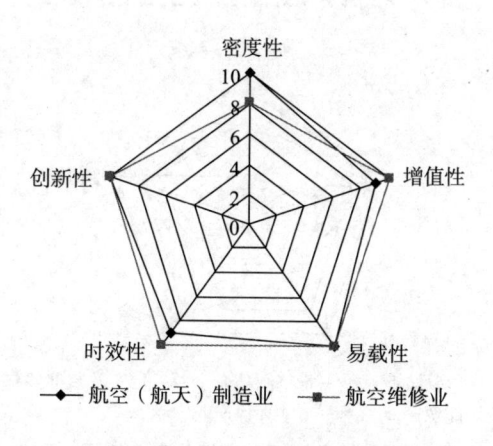

图 6-3　航空产业的雷达图

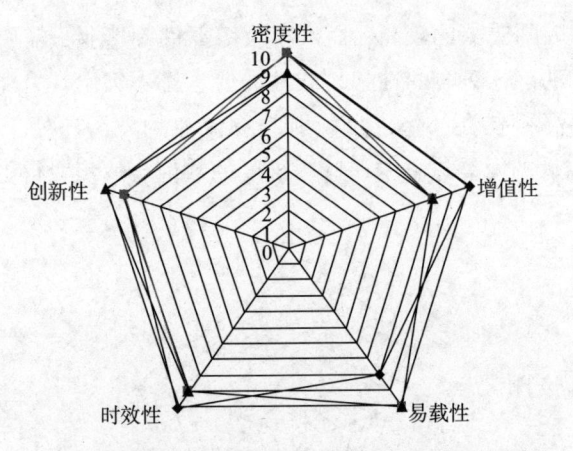

图 6-4　航空偏好紧密产业的雷达图

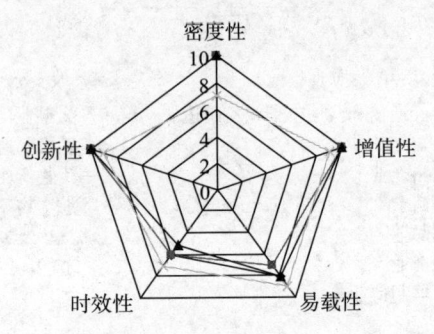

图 6-5　航空偏好高度相关产业的雷达图

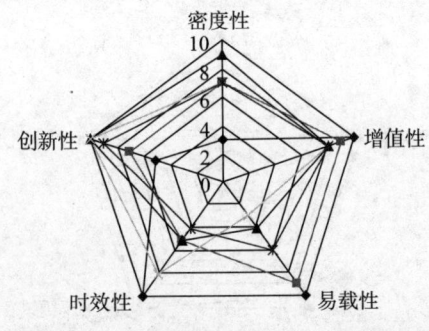

图 6-6　航空偏好中度相关产业的雷达图

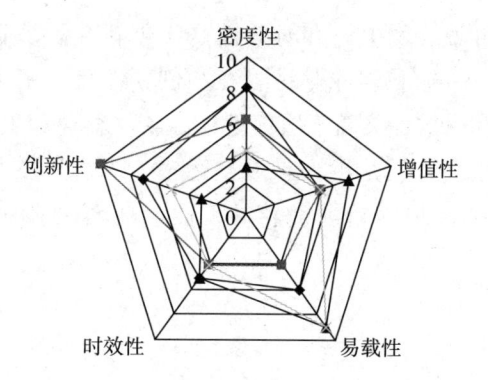

图 6-7 航空偏好较小产业的雷达图

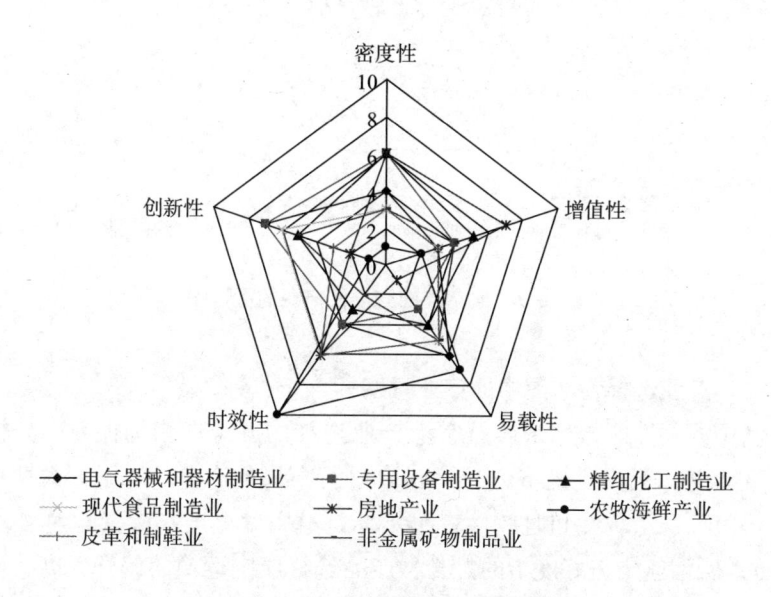

图 6-8 航空偏好极低产业的雷达图

从产业层面来看，有几个产业的综合值较高，依照梯度规律，自上而下进行筛选，符合港区重点产业选择要求的产业分别为航空（航天）制造业，航空维修业，计算机、通信和其他电子设备制造业，金融业，信息传输软件业，精密制造业，高新材料产业，生物产业，医药制造业以及航空物流业。其中，航空（航天）制造业五大属性值均较高，其密度性、易载性和创新性又高于增值性和时效性；计算机、通信和其他电子设备制造业密度性、增值性和时效性高于创新性和易载性，创新性又高于易载性；信息传输和软件业易载性和创新性高于密度性、增值性和时效性，密度性和时效性又高于增值性；高新材料业和生物产业密度性、增值性和创新性很高，但是不容易航空运输，对时间要求较低；医药制造业增值性、易载性和创新性都较高，但产业密度和对时效要求相对较低。

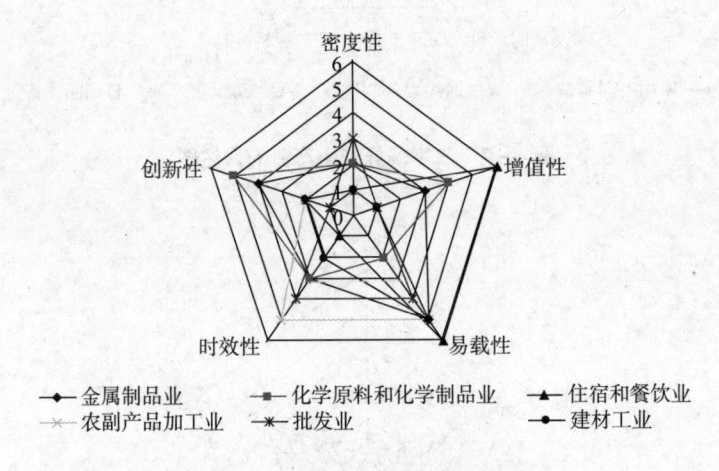

图6-9 航空基础支持性产业的雷达图

二 产业选择雷达图中的产业说明

利用五大性能指标来做航空港产业选择的五维度指标体系，分析了32个可能进入航空港经济区（郑州）进行布局的产业。对于五大性能指标，增值性、易载性和时效性三个指标是航空偏好度指标（也称临空偏好度），所谓航空偏好度指的是某种产品选择航空运输的偏好程度，毫无疑问，这三个指标的量化值越高代表这个产业越有利于在航空港经济区（郑州）内布局，而密集性和创新性两个指标是综合性指标的两个重要因子，之所以在确定指标体系中加入密集性和创新性，是因为在航空港经济区（郑州）规划的415平方千米的面积上，除引入航空偏好度高的产业和与航空运输相关的配套产业外，还要引入更多产业到港区以符合今后的发展规划。根据《郑州航空港经济综合实验区概念性总体规划（2013—2040年）》，航空港经济区（郑州）的定位是国际航空物流中心、是以航空港经济区（郑州）引领的现代产业基地、内陆地区对外开放的重要门户、现代航空都市、中原经济区核心增长极。结合航空港经济区（郑州）的定位，对单位面积产值高并且科技含量高的产业也是港区应重点发展的产业。

根据体系中综合量化值的得分情况，以选择更优的产业大类为原则，对综合量化值在6.0以上的产业做了相关分析，排除了烟草制品业，尽管烟草制品业的航空运输偏好度较高（增值性和易载性等很好）且规模大利润高，但是，烟草制品业本身有其自己的特点，包括国家政策的限制、地方政府的控制和烟草产地等原因的约束，而模型并不能把烟草制品业所独有的产业特点和政策因素包含在内，同时结合港区的定位和烟草制品业的特点，故将其排除在航空港经济区（郑州）产业布局之外并不与模型的科学性相悖。除烟草制品业外，还有14个产业大类。其中，高技术产业占大多数，产业大类中包括航空港基础配套产业中的航空维修业、航空物流业、金融业、信息传输和软件业等。

在《中国高技术产业统计年鉴》中，航空维修业归于航空（航天）制造业，为了突出航空维修业对航空港经济区（郑州）的重要性而将其单独列出进行分析。为了方便对这些重要的产业做数据分析，本书将航空维修业归于航空（航天）制造业中加以具体分析。同时，书中分析的医药制造业是一个广义的产业，综合了中药、西药、医疗器械以及新兴的生物医药产业。与航空运输相关的高端服务业其实包括很多产业，对于选取分析的十几个产业中就包括航空物流业、金融业、信息传输和软件业、航空维修业等，当然，高端服务业包括的范围也非常广泛，与其他产业大类的分类有重叠的产业，如航空维修业，它既属于航空（航天）制造业，也在高端服务业的定义之中。在分析中，高端服务业作为航空港经济区（郑州）必须布局的配套产业之一，将对其布局和发展做详细研究，当然，也包括体系中选出的金融业、信息传输和软件业。

住宿和餐饮业及房地产业是航空港经济区（郑州）发展中不可能缺失的基础性配套产业，32个产业大类中包括住宿和餐饮业及房地产业，但是它们的特性不是五维度指标体系产业选择的重点，在航空港经济区（郑州）内，它们是必须要有的产业门类，之所以把其选入分析是为了不让分析的产业中缺失这么重要且规模产值较大的产业门类而有失产业选择的科学性。以下对选择模型中排名靠前的重点产业门类做简单的分析介绍。

(一) 航空 (航天) 制造业

航空 (航天) 制造业与国家战略是密不可分的, 并且航空港经济区 (郑州) 的发展离不开航空 (航天) 制造业的完善, 航空 (航天) 制造业可以为自身航空业的发展提供必需的器件等, 还可以将高端制造产品销往海内外, 带动当地经济的发展。航空 (航天) 制造业的产业链长、辐射面宽、连带效应强, 是高技术产业的重要组成部分。航空 (航天) 制造业是典型的高技术产业, 处于先进装备制造业的最高端, 具有技术含量高、市场容量大、行业覆盖面广等特征; 该制造业的发展会对国民经济建设、国防现代化建设、社会科技进步和综合国力增强产生巨大的推动作用, 但是, 现在我国自主知识产权的高端航空 (航天) 制造产品环节相对来说还是比较薄弱, 这反倒是发展航空 (航天) 制造业的一个契机, 航空港经济区 (郑州) 应该结合自身特有的优势, 抓住发展的机遇来发展航空 (航天) 制造业。这不仅仅是对港区机场建设的支持, 更是对中国航空业发展的大力支持。

航空 (航天) 制造业与航天事业密不可分, 航空港的发展也与其有千丝万缕的联系, 通过数据分析可以得出, 航空 (航天) 制造业的产业密集性、易载性以及创新性量化值皆为 10, 增值性与时效性量化值皆为 9, 最终综合量化值高达 9.6, 在所有行业中居前列。由于其自身特有的属性决定航空 (航天) 制造业必须规划在机场周围, 以达到顺利及时地实现产品价值。另外, 航空 (航天) 制造业也应该与航空维修业互相呼应, 互相支持, 达到合作共赢的局面。在进行产业布局规划时, 应该充分考虑两个行业间的联系, 并进行合理布局。

(二) 航空维修业

航空维修业是航空业发展的必要组成部分, 并且它的发展贯穿于航空业的每个环节。2016 年年底, 我国通用航空企业在册航空器总数已达到 2096 架, 其中, 教学训练用飞机 621 架。[①] 我国航空运输需求强劲, 行业发展迅速, 预计到"十三五"期末, 运输机场将有 270 个左右, 运输飞机有 4600 架左右, 通用飞机有 5000 架左右, 民航机队规模总数近万

[①] 肖敏:《数字看民航: 中国民航机队规模不断扩大》,《中国民航报》2017 年 8 月 17 日。

架。① 我国民航机队数量的快速增长，给航空维修业创造了良好的发展契机，国内外企业都纷纷看好中国未来航空维修市场。外资航空维修企业打入国内市场的优势在于技术，国内航空维修企业参与国际竞争的困扰依然是技术。

民用航空维修业按照维修工作分为检测、修理、改装、翻修、航线维修以及定期维修等类别，属于资本密集和技术密集型行业。航空维修具有较强的专业性质，与民用飞机的飞行安全直接相关，并受到各国民航管理部门监管，采取较为严格的许可管理制度。其本身的特征表现为进入资本要求和行业技术壁垒高、管理人员和维修人员要求高、不定性和时效性突出等。

承接航空维修产业转移需要各方面的支持，包括政策支持、人才支持、土地支持、税收支持等。通过数据分析得出，航空维修业的增值性、易载性、时效性与创新性量化值皆为10，综合量化值达到9.6，在所有行业中位于前列。另外，由于航空维修业与航空（航天）制造业密不可分的关系也说明航空港经济区（郑州）应该引进航空维修业，并且应该将航空维修企业规划在机场紧邻位置，以便满足维修的不定性与时效性。另外，航空维修业与航空（航天）制造业是紧密相连的产业，它们互相之间有不可分割的关系，应该将航空维修企业与航空（航天）制造企业规划在相邻位置，达到资源的优化配置。最后，由于航空维修业需要高端知识人才的支撑才可以维护与发展，因此，在规划引进企业时，应当考虑人才因素来支持产业发展。

（三）计算机、通信和其他电子设备制造业

计算机、通信和其他电子设备制造业是信息产业的基础产业，又是信息化设备制造业八大行业的主体。其中，八大行业包括记录媒介的复制业、信息化设备制造业、电子工业专用设备制造业、微电机制造业、电线电缆制造业、电子及通信设备制造业、工业自动化仪表制造业和电子测量仪器制造业。信息产业包括信息设备制造业、信息生产加工业、信息服务业和信息软件业四大行业。计算机、通信和其他电子设备制造业与电子产品制造业是相关联的产业，它们之间的相互合作是值得深思

---

① 中国民用航空局：《十三五末我国运输机场将有270个民航机队近万架》，中国民用航空局网站，2016年3月8日，http：//news.carnoc.com/list/338/338673.html，2017年12月6日。

熟虑的。

通过数据分析得出，计算机、通信和其他电子设备制造业产业密集性、增值性以及时效性都比较高，其指标量化值皆为10，创新性指标量化值也为9，综合量化值达到9.4。这些数据表明，经济航空港经济区（郑州）引进此产业是很有必要的，这些企业能够推动港区经济的发展。而航空港经济区（郑州）本身已有的电子信息产品制造企业及与之相关的企业，为引进计算机、通信和其他电子设备制造企业落户创造了很大的便利。

（四）金融业

金融业是指经营金融商品的特殊行业，包括银行业、保险业、信托业、证券业和租赁业。金融业特殊的性质决定其具有区别于其他行业的特点：指标性严、垄断性高、风险性大、效益依赖性强、高负债经营性。指标性是指金融的指标数据从各个角度反映了国民经济的整体和个体状况，金融业是国民经济发展的晴雨表。垄断性一方面是指金融业是政府严格控制的行业，未经中央银行审批，任何单位和个人都不允许随意开设金融机构；另一方面是指具体金融业务的相对垄断性，信贷业务主要集中在四大商业银行，证券业务主要集中在国泰、华夏、南方等全国性证券公司，保险业务主要集中在中国人民财产保险公司、中国平安保险（集团）股份有限公司和中国太平洋保险（集团）股份有限公司。风险性是指金融业是巨额资金的集散中心，涉及国民经济各个部门、单位和个人，其任何经营决策的失误都可能导致"多米诺骨牌效应"。效益依赖性是指金融效益取决于国民经济总体效益，受政策影响很大。高负债经营性是相对于一般工商企业而言，其自有资金比率较低。金融业在国民经济中处于牵一发而动全身的地位，关系到经济发展和社会稳定，具有优化资金配置和调节、反映、监督经济的作用。

近年来，河南省通过深化金融改革，大力实施"引金入豫"和"金融豫军"两大战略，不断提升金融业服务实体经济、防控金融风险的能力。2016年，河南省金融业增加值2253.67亿元，占全省GDP的比重达到5.6%，金融业已经成为河南省新兴的支柱产业。[①]

以上表明无论是国家整体还是地方区域都对金融业极为重视，不仅

---

① 《"金融豫军"成为河南新名片金融增加值提升至5.6%》，映象网，2017年7月13日，http：//henan.china.com.cn/news/2017/0713/5215661.shtml，2017年12月13日。

仅是由于金融业的本身特点，而且因为现代金融业已经与各个行业、每个人的生活都有着密不可分的关系。由以上分析可知，金融业的产业密集性与易载性指标量化值皆为10，时效性与创新性指标量化值皆为9，综合量化值也高达9.2，这些数据表明，航空港经济区（郑州）引进金融业是必不可少的。由于金融业本身的性质与特点，可以将金融企业规划在现代服务业集聚区内，与各种办公楼相间，顺利实现其职能，为企业的投融资提供便利。此外，还应在居民生活园区规划便利的金融服务设备，例如，银行自动取款机、自动交水电气费设备等。

（五）信息传输和软件业

信息传输包括的细分产业比较广，主要有电信和其他信息传输服务业、互联网信息服务、广播电视传输服务、卫星传输服务等，现代生活的各方面都有涉及并推动着信息传输业的飞速发展。软件业是指专门从事计算机软件的设计、程序编制、分析、测试、修改、咨询等的行业，其为互联网和数据库提供软件设计与技术规范，为软件所支持的系统及环境提供咨询、协调和指导，为硬件嵌入式软件及系统提供咨询、设计、鉴定等活动。现在国内软件业发展迅速，且涌现出一系列规模较大的知名企业，比如，百度公司、腾讯公司、奇虎360科技有限公司等。目前，社会上普遍意识到软件人才培养的重要性，各大学、科研单位以及多种教育机构都在大力培养软件人才，且软件业发展前景比较好。目前，工信部也表示，我国将采取优化产业发展环境、鼓励企业创新发展、加快拓展应用市场、持续培育龙头企业、大力发展生产性服务业五大措施促进软件产业升级，全面提升软件产业对经济社会发展和维护网络信息安全的支撑服务能力。

承接信息传输与软件业的转移是一项很有必要的工作，通过数据分析可以得出，信息传输与软件业易载性与创新性量化值都为10，且产业密集性与时效性也比较高，其指标量化值都为9，结合上述情况，航空港经济区（郑州）应该协调好信息传输与软件业企业的布局，做到合理配置以达到最优化。综合运用政策、规划、标准、资金等多种手段，引导支持优势企业兼并重组、做大做强，推动形成一批具有国际竞争力的大企业，并支持一批"专精特新"中小企业，形成全产业链协同发展的格局。综合以上信息应将信息传输与软件业规划在电子科技产业园区，与已有的企业形成互通的产业集聚区。

（六）高端装备制造业

高端装备制造业是制造业的高精尖领域，"高端"主要表现在三个方面：第一，有核心竞争力，简单的代工生产不是以后中国制造业的重点，资本密集型和技术密集型的高端制造业才是发展的重点；第二，处于价值链顶端位置，具有高增值性的特征；第三，处于产业链核心地位，其发展水平和规模对整体产业链的竞争力影响很大。

毫无疑问，对传统制造业的转型升级和对高端装备制造业的大力投入及发展将成为改造中国制造业水平的关键点，并成为保持我国制造业在全球中的竞争力和制造业的强国地位有力支点，而高端装备制造业中的精密制造业是一个国家或者地区工业化水平提升的一个标志，它依托的是高新技术在产业中的竞争优势，而且高端装备制造业符合经济转型升级和国家对产业发展政策的方向。

高端装备制造业的综合量化值为8.2，属于非常适合航空港经济区（郑州）布局的产业，无论是密集性、增值性还是创新性，高端装备制造业都达到了最高值10，由于精密制造业高附加值的特点，加上比较方便航空运输的特性，依托郑州港区大力发展的航空物流业和港区内提供的政策和生态环境的支持，精密制造业在航空港经济区（郑州）的落户和发展将大有所为。

（七）高新材料产业

高新材料是指新出现的或正在发展中的，具有传统材料所不具备的优异性能和特殊功能的材料；或采用新技术（工艺、装备），使传统材料性能有明显提高或产生新功能的材料；一般认为，满足高技术产业发展需要的一些关键材料也属于高新材料的范畴。目前，很多企业以研发高新材料作为其市场竞争力的一个重要体现。从航天飞机到日常用品都有高新材料的影子，因此，高新材料产业潜力巨大，同时也面临较大的竞争压力。

郑州本身具有高新材料产业园，并且得到了土地政策与税收政策支持。郑州高新材料产业园是以郑州高新区超硬材料产业为基础成立的一个集超硬材料及制品、精密陶瓷材料、镁合金材料、包装材料等其他材料于一体的新材料产业聚集区。园内现有新材料企业60余家，其中，高新技术企业40余家，承担火炬计划和"863"计划项目10余项。超硬材料基地是全国唯一的国家火炬计划超硬材料产业基地和国家"863"超硬材料成果产业化基地。①

这些原有的产业基础是郑州市承接高新材料产业转移的坚实后盾，航空港经济区（郑州）可以学习借鉴其规划方位、政策以及土地等方面的支持，并结合自身整体的实际情况进行产业转移，最终达到合理配置资源的效果。

高新材料产业密集性、增值性以及创新性都比较高，通过数据分析可以得出，这些属性指标量化值皆为 10，这表明港区承接高新材料产业转移是很有必要的，应当合理地规划企业布局。由于高新材料对时效性的要求不是特别高，且本身易载性量化值也只有 7，表明高新材料产业与医药制造业以及生物产业相比，可以离机场及港区核心位置较远一些。由于高新材料企业本身可以形成产业链，这样，有利于形成产业园区，故其选址也可以稍微偏远一些，以此建设高端制造集聚区。

（八）生物产业

生物产业指以生命科学理论和生物技术为基础，结合信息学、系统科学、工程控制等理论和技术手段，通过对生物体及其细胞、亚细胞和分子的组分、结构、功能与作用机理开展研究并制造产品，或改造动物、植物、微生物等并使其具有所期望的品质特性，为社会提供商品和服务的行业的统称。2008 年 2 月，国家认定了包括郑州基地在内的第四批国家生物产业基地，其研发水平、产业规模、产品市场占有率都处于国内领先地位，为保障国家粮食安全做出了重要贡献。此后，河南省的生物产业进入飞速发展阶段，并且建成了一批有实力、有市场占有率的生物产业企业。同时，这也是郑州市承接产业转移政策大力支持的一项，为引进产业铺平了道路，奠定了基础。

生物产业具有较高的产业密集性、增值性和创新性，通过数据分析可以得出这三项指标量化值皆为 10，说明生物产业具有较高的高端制造性质，承接生物产业具有一定的迫切性。而生物产业的时效性量化值为 5，说明把生物产业所属企业放到紧邻机场的核心位置并不是最佳的选择。这时可以把生物企业规划在与机场之间有一定距离的高端制造业集聚区，如果条件允许的话，可以将生物产业与医药制造业规划在相邻位置。

---

① 《郑州新材料产业园》，百度百科，https：//baike.baidu.com/item/，2017 年 10 月 26 日。

（九）医药制造业

医药制造业有其自身的高技术、高投入、高风险、高增值性、相对垄断、行业周期性较弱等特征。这些特征决定着航空港承接医药制造业转移的方式方法，且对医药制造业内部企业的分布以及相关配套设施的建立有深远影响。尽管我国医药制造业发展比较迅速，但企业集中度比较低，规模小，数量多，研发能力弱，且总体效益比较低。目前，急需建立规模大、实力强、专业化的企业。此外，医药行业受政府管制比较多，政府的政策对医药企业会产生比较大的影响，因此，企业的发展还需要政府的政策支持。

通过数据分析可以得出，医药制造业的产业密集性量化值为7，时效性量化值为7，综合量化值为8，因此，相比于计算机、通信和其他电子设备制造业，它依托于航空业的强度稍缓，其产业布局可以不处于机场紧邻的核心位置。但是，由于现代物流业对医药制造业有着重要的影响，且其易载性量化值为9，增值性量化值为9比较高，决定着医药制造企业必须处于交通便利的位置，以便能够提高运输效率。

（十）航空物流业

航空物流业的临空偏好度是最高的，它的核心就是依托飞机的航空运输，综合量化值之所以为7.6，是因为它的密度性偏低并且创新性不是很高。当然，航空物流产业是以信息技术为基础，以满足客户的物流需求为中心，结合企业对供应链的整合和管理，配合客户提出的个性化要求设计出一体化的物流解决方案，为客户提供生产原料和最终消费产品的供应、仓储、运输、销售、物流信息、流通加工等环节优质高效的综合性物流服务的企业总体。产业的运输方式主要以航空运输为主。

航空物流业是航空港经济区（郑州）的核心产业，尽管在五性加权模型中分值不是非常高，但是，航空偏好度却是最高值，表示航空偏好度的三个指标的量化值都是10，说明产业对航空的依赖度非常之高。另外，航空港经济区（郑州）的重要产业和未来的发展都依赖航空物流业的发展，没有航空物流业的发展，所有依赖航空运输的产业都无法享受到在航空港经济区（郑州）落户带来的巨大方便和经济利益。航空物流业既是航空港经济区（郑州）的核心产业也是基础性配套产业之一，所以，航空物流业是必须布局在航空港的产业之一。

（十一）汽车及零部件制造业

在国家的经济发展中，汽车产业起着重要的支柱作用：一是在产值和销售收入中，汽车工业占较大比重。二是汽车工业的发展必然会推动许多相关工业部门的发展。汽车工业是综合性的组装工业，一辆汽车由千万种零、部件组成，每一个汽车主机厂都有大量的相关配件厂，所以，汽车工业和许多工业部门具有密切的联系。三是汽车工业是高度技术密集型的工业，集中着许多科学领域里的新材料、新设备、新工艺和新技术。

汽车产业在中国的产值巨大，特别是从国家到地方的政府性支持，加上中国经济的高速增长带来的对汽车的需求不断增加。中国汽车工业协会提供的数据显示，2017年，汽车产销分别完成2901.5万辆和2887.9万辆，同比增长分别3.2%和3%，连续九年蝉联全球第一，行业经济效益增速明显高于产销量增速。新能源汽车发展势头强劲，中国品牌市场份额继续提高，实现了国内、国际市场的双增长。[①] 汽车产业作为国民经济支柱产业的地位越来越突出。以汽车制造业为主的交通运输设备制造业以绝对优势取代电子信息通信业，成为名副其实的"领头羊"。

汽车工业的增长将带动汽车产业链的其他相关零部件产业的发展，作为中国经济增长的支柱产业之一，把汽车产业引进航空港经济区（郑州）无论是对航空港经济区（郑州）的经济发展还是对其所在的整个城市的经济发展来说，都有很重要的作用。

汽车及零部件制造业的综合量化值是7.2，是比较适合航空港经济区（郑州）布局的产业之一，分开来看五大指标，其中的易载性（E）和时效性（T）量化值分别是4和5，也就是说，航空偏好度不是很高，但这并不影响其在航空港经济区（郑州）的布局，考虑到产业与飞机场的位置关系，结合汽车和零部件制造业的特点和它的综合量化值，可以将其布局在航空港经济区（郑州）的最外围工业区，其中一个重要原因是考虑到汽车的运送不靠航空运输。

（十二）新能源产业

新能源一般是指建立在新技术基础上开发利用的能源，包括太阳能、

[①] 装备工业司：《2017年汽车工业经济运行情况》，工业和信息化部官网—汽车工业，2018年1月12日，http://www.miit.gov.cn/n1146285/n1146352/n3054355/n3057585/n3057592/c6011430/content.html，2018年2月6日。

生物质能、风能、地热能、海洋能、氢能等。在气候变化不断加剧的大背景下，新能源以其再生、清洁、低碳、可持续利用等特点引起了越来越多国家的重视，许多国家将其作为保护环境和促进发展的重要途径，在应对国际金融危机的政策中都增加了新能源元素。新能源产业就是研发和生产能够利用新能源的技术和设备的产业。世界各国越来越重视再生能源和环保能源的开发，并且可以预见的是新能源产业将是一个新兴的且潜力巨大的产业，不但可以带动整个产业链的发展增加国民收入，而且可以减少煤炭、石油等化学能源的使用以减少温室气体和污染气体的排放，可以说是一举两得。作为国家战略性新兴产业的新能源产业综合量化值为7.2，综合指标表明了它是适合在航空港经济区（郑州）布局的产业之一，当然越早引入和发展新能源产业越能在今后地区产业竞争中处于有利地位。

（十三）节能环保产业

节能环保产业是指为节约能源资源、发展循环经济、保护生态环境提供物质基础和技术保障的产业，是国家大力培育和发展的七个战略性新兴产业之一。"十三五"节能环保产业发展规划指出，发展节能环保产业，是培育发展新动能、提升绿色竞争力的重大举措，是补齐资源环境"短板"、改善生态环境质量的重要支撑，是推进生态文明建设、建设美丽中国的客观要求。[①] 节能环保产业包括节能环保技术装备、相关产品和服务等。整个产业链长，相互的关联度高，在发展节能环保产业的同时，需要相关联的其他产业作为基础性支撑，在推进其产业发展和进步的同时也将带动其他产业协同发展。早在2015年节能环保产业产值就有约4.5万亿元，从业人数达3000多万。预计到2020年，节能环保产业将快速发展、质量效益显著提升；高效节能环保产品市场占有率明显提高，主要节能环保产品与设备销量将比2015年翻一番；形成20个节能环保产业集聚区；培育100家环保骨干企业和一批具有国际竞争力的企业集团；节能环保产业将成为国民经济的一大支柱产业。[②]

节能环保产业的综合量化值为6.8，创新性为9，增值性为8，创新

[①] 国家发展改革委、科技部、工业和信息化部、环境保护部：《"十三五"节能环保产业发展规划》，2016年12月22日。

[②] 同上。

性和增值性的量化值高正符合航空港经济区（郑州）的产业聚集区的产业定位，航空港经济区（郑州）产业的布局均需要一大批科技含量高且有较强产业带动作用的产业落户航空港，形成一条相互协同的制造业生产基地。

（十四）家用电器制造业

家用电器是现代人家庭生活中每天都会接触到的能够提升个人生活质量的产品。新式家电的加入和老式家电老化淘汰使其市场巨大。特别是智能家电出现，为家电指明了今后发展和创新的方向，像"人体感知"空调这种智能家用电器将逐渐成为家电产业今后的主流。

家用电器制造业的综合量化值为6.2，从五大性能指标来看，家电是适合在航空港经济区（郑州）内布局的，河南省本土的家电产业并不发达，所以，可以借助航空港经济区（郑州）的相关产业优惠政策引进比较知名的国内外家电厂商在港区内建厂生产。郑州在承接家电行业产业转移方面有先例和经验，如郑州高新技术开发区就成功地引入了珠海格力集团的空调生产基地。

（十五）高端服装产业和珠宝饰品产业

在产业选择分析最后，加入了两个在32个产业选择中没有具体分析的产业——高端服装产业和珠宝饰品产业。高端服装产业包含在32个分析产业之一的纺织业中，珠宝饰品产业的产业链包括在金属制品业、非金属矿物制品业和相关的服务业中，所以，在产业选择中并没有单独对其进行五维度衡量，有意思的是，在分析纺织业、金属制品业和非金属矿物制品业时，它们并没有作为最适合航空港经济区（郑州）布局的产业被模型选择出来，但是，它们所包含的内部产业（高端服装与珠宝饰品）抽离出来却是航空港经济区（郑州）最适合落地的产业。中国是纺织品出口第一大国，而出口的主要运输工具就是飞机，纺织品的易载性非常好，高端服装的附加值则更高，非常适合航空运输。在航空港经济区（郑州）的落地，不仅可以生产高端服装，而且可以发展相关的高端服装的批发和零售等服务业。借助港区航空运输的便利性，可以将航空港经济区（郑州）培育为中国国内最具影响力的高端服装生产和批发基地之一。同样，珠宝饰品的附加值高且便于航空运输，故航空港经济区（郑州）依托自己的地理位置和功能，可以为珠宝饰品的生产、加工、批发零售等提供产业发展的基础性支撑。

三 选择后的"蘑菇云"产业归类

要加快航空港经济区（郑州）的建设，在航空港经济区（郑州）建立现代产业体系，仅仅确定了哪些产业可进入航空港经济区还不够，根据"蘑菇云"理论的要求，还需要界定这些产业中哪些是"蘑菇云"的顶盖产业，哪些是"蘑菇云"的梗干产业，哪些是"蘑菇云"的基础产业。针对不同地位的产业，采用不同的培育思路和对策。

根据五维度指标体系选出的产业，按照航空偏好度大小划分为七个区域，根据临空经济所需产业的时效、易载、高附加值、高创新性等特征要求，按照"蘑菇云"理论对各类产业的性能界定，七大区域的产业可做这样的划分归类。

（一）"梗干"产业

"蘑菇云"理论中对梗干产业的界定是哪些能够使临空经济存在，并为产业通向国际化作支撑的产业，是作为临空经济持续发展条件和保障的产业，即航空核心产业和航空引致产业。按照这个要求，航空偏好第一区域航空（航天）制造（含航空食品制造）业、航空维修业（综合评分值在 9.5 以上）以及第四区域中的航空物流业应当归为此类。

（二）"顶盖"产业

"蘑菇云"理论中对"顶盖"产业的界定是那些能够快速通往全球，能够全方位融入全球价值链的产业，即航空关联产业。按照这个要求，航空偏好第二区域、第三区域的产业（综合评分值在 8.0 以上，9.5 以下）如计算机、通信和其他电子设备制造业，金融业，信息传输和软件业，精密制造业，高新材料产业，生物产业，医药制造业等产业应当作为顶盖产业。

（三）"根基"产业

"蘑菇云"理论对根基产业的界定是产业发展的基础性产业，当然，也是临空经济可持续发展的核心力量，应以本土的优势资源和传统支柱产业夯实"蘑菇云"产业体系的"根基"。这些产业一般是本土的优势资源产业和传统支柱产业。比如，冶金、建材、化工、轻纺、能源等，在航空偏好第五区域、第六区域、第七区域的产业可以归为此类。

第七章 航空港经济区（郑州）重点"蘑菇云"产业比较优势量化分析

区域优势产业是指具有较强的比较优势和竞争优势的产业，是区域产业比较优势和竞争优势的综合体现，是区域参与国际产业链分工获取竞争优势的优势产业，应该重点培育发展。在五维度模型确定的重点产业基础上，结合实际，进一步量化分析这些重点产业在航空港经济区（郑州）及其经济腹地的发展优势和潜力，以及所处的经济地位，从而为下一步发展壮大、科学地选择培育模式和培育路径提供依据。本章主要选择五大高端制造业 [航空港经济区（郑州）"蘑菇云"产业体系的"顶端"产业] 作为量化分析对象，其他产业只做定性分析。

第一节 产业比较优势量化分析的指标设置、度量与测算

一 指标设置

本章所涉及产业包括航空航天制造业、电子及通信设备制造业、医药制造业、电子计算机及办公设备制造业、医疗仪器设备及仪器仪表制造业，这些产业的主营业务产值及营利性指标，包括利润和利税，以反映行业发展的增值能力和空间；这些产业包括大中型企业个数和企业单位数与其他地区的对比系数，反映出行业发展的基础能力与发展潜力；这些产业的研发人员、从业人数及各细类研发投入，表明该行业的科研实力和人才素质基础。

为保证数据的真实及可靠性，本书采用《中国高技术产业统计年鉴》的数据，数据来源皆有据可查，并以此为基础开展下一步的工作。考虑

到地理距离对经济联系的影响，越临近河南省的地区，对河南省的产业辐射力度越强，选取的周边省份为与河南省接壤的山东省、河北省、山西省、陕西省、湖北省和安徽省六个省份，以便更好地测度产业在河南省及周边接壤省份的发展情况，以测算河南省、郑州市的产业优势，为航空港经济综合实验区的产业选择和产业承接提供依据。

（一）产业在郑优势

产业在郑优势主要体现是某个产业在某个方面在河南省的优势程度，用以说明河南省承接此产业的可能性大小、承接方式以及承接规模大小。受数据收集的限制，这里用河南省的产业优势来反映在郑优势，数值大于零说明河南省有承接此产业的基础，数值越大说明优势越大，承接此产业的可能性就越大。其中，包括主营业务收入在豫优势（AS_1）、产业产值在豫优势（BS_1）、研发人员在豫优势（CS_1）、从业人员在豫优势（DS_1）和企业规模集中度（ES_1）。

（二）产业周边优势

产业周边优势主要反映某个产业在河南及与河南接壤省份中的发展状况，以此体现河南承接此产业的可能性大小、承接方式以及承接规模大小。此外，产业周边优势更进一步分析了河南省原有产业转移升级的方式，以及以河南省为中心形成的产业经济圈的规模大小，据此进一步进行河南省承接产业的选择。产业周边优势数值越大说明以河南省为中心的该产业优势越明显，河南省承接该产业的可能性越大；并且，结合上述产业在豫优势进一步说明承接产业的方式与产业规模。其中，包括主营业务收入周边优势（AS_2）、产业产值周边优势（BS_2）、研发人员周边优势（CS_2）、从业人员周边优势（DS_2）和企业规模集中度周边优势（ES_2）。

（三）企业集中优势度

企业集中优势度（CES）反映了一个地区的某个产业内企业的集中程度、发展规模以及分布情况，用一个地区某产业内部所含的企业数量来表示。企业集中优势度高说明这个地区的该产业内企业数量比较大，进一步可以反映出企业间的竞争比较激烈，优胜劣汰现象比较严重。通常用企业集中度指数来测算行业内企业的集中程度，集中度是衡量行业市场结构的一个重要指标。企业集中度指数一般以某一行业排名前4位（或前10位）的企业的销售额（或生产量等数值）占行业总的销售额的比例来度量，用 CR_4（或 CR_{10}）来表示。CR_4（或 CR_{10}）数值越大，说明这一行业的集中度越高，市场竞争越趋向于垄断；反之，集中度越低，市场竞争越趋向于完全竞争。对于企业来说，它的集中度指数的高低反映了该企业在市场上地位的高低或市场支配能力的强弱。但是，企业集中度指数也存在缺点，首先在于它没有指出这个行业相关市场中正在运营和竞争的企业的总数。例如，具有同样高达 75% 的 CR_4 在两个行业份额却可能是不相同的，因为一个行业可能仅有几个企业而另一个行业则可能有许多企业。另外，它在测算集中度时没有考虑企业规模分布的情况。假设某市场的四大企业各占 15% 的份额，那么企业集中度为 60%；但如果第一大企业的份额为 57%，后三家企业各为 1%，那么企业集中度仍然为 60%。我们知道，这两个市场中垄断竞争的程度是有本质区别的。因此，依据动态竞争理论，引入赫芬达尔—赫希曼指数（Herfindahl - Hirschman Index，HHI），简称赫芬达尔指数，它是综合测量产业市场集中度效果较好的一个指标。该指数计算的是行业中各个企业占该行业总收入（或总资产）百分比的平方和，它能够测算企业集中度的同时反映市场中企业规模的离散度，也是目前经济学界和政府管制部门使用较多的一个指标。

此外，企业集中优势度高同时说明这个地区该产业与其他地区此产业相比具有较高的优势，因为企业集中优势度高的地区竞争较为激烈，而激烈的竞争能够激发企业的创新行为，以获得市场经营中的某种成本或特点优势，占有更多的市场份额，获得更多的利润。因此，各个企业会投入大量的人力和物力资源去竞相开发和采用新的技术、生产新的产品、利用新的材料和设备等。正向的竞争能有效地促使行业内的各个竞争主体不断更新升级，从而依次推进该产业的不断发展。同时，地区产业的发展也会吸引相关企业进入，引起企业的不断集中，企业集中度的提高也有利于进一步推进本地区优势产业的形成。除此之外，具有较高的企业集中优势度也说明本地区具有吸引、支持企业发展所需要的人才支持、资源支持以及政策支持等条件，这些都会对本地区承接产业提供较大的帮助，会让承接产业迅速融入并与当地协同发展。

（四）产业转移优势度

产业转移优势度（ITS）反映了某个产业从一个地方转移到另一个地方的迫切需要性、可能性大小与难易程度，从而给产业转移提供一个量化的指标依据。产业转移优势度公式为：

$ITS = IV/L$

其中，ITS 为产业转移优势度；IV 为某地区产业产值（亿元）；L 为某地区离郑州市的直线距离（千米）。产业转移优势度指数越大，说明郑州市承接此产业的可能性越大、承接此产业越有条件；反之，指数越小，则说明郑州市承接此产业面临一定的风险。

承接产业转移，是指在产业转移过程中，主动做好承东启西、贯通南北的区位优势，充分发挥资源优势、巨大的发展空间和人力资源优势，积极建设综合配套改革试验区，抓住历史性重大机遇，促进产业聚集，增强经济总量，提升经济质量，推进新型工业化进程，最终实现本地区经济的全面提升与发展。根据历年《中国高技术产业统计年鉴》有关数据的计算结果，在全国范围医药制造业行业中，山东省的医药制造业的产业转移优势度最大，其指数为 8.3748，其次是江苏省，产业转移优势度指数为 4.3329。在周围省份医药制造业中，河北省的医药制造业产业转移优势度最大，其指数为 2.7398。在全国范围航空（航天）制造业中，陕西省的产业转移优势度最大，达到 2.4434。在全国范围电子及通信设备制造业中，江苏省的产业转移优势度最大，其指数为 18.9594，其次是广东省，其指数为 16.4572。在周围省份的电子及通信设备制造业中，江苏省的产业转移优势度最大，其指数达到 4.4580；在全国范围电子计算机及办公设备制造业中，江苏省的产业转移优势度最大，其指数为 3.2114；在周围省份的电子计算机及办公设备制造业中，山东省的产业转移优势度最大，其指数为 1.0968；在全国范围医疗仪器设备及仪器仪表制造业中，江苏省的产业转移优势度最大，其指数为 4.9583；在周围省份的医疗仪器设备及仪器仪表制造业中，山东省的产业转移优势度最大，其指数为 1.9165。

二　指标度量

（一）主营业务收入在郑优势与周边优势

$AS_{1n} = HD_{1n}/ZD_{1n}$

其中，AS_{1n} 为主营业务收入在豫优势；HD_{1n} 为河南省第 n 产业主营业务收入；ZD_{1n} 为周边省第 n 产业总主营业务收入（周边省包括湖北省、山东省、陕西省、山西省、河北省、安徽省，下同）[$n = 1, 2, 3, 4, 5$；$n = 1$，为航空（航天）制造业；$n = 2$，为电子及通信设备制造业；$n = 3$，为医药制造业；$n=4$，为电子计算机及办公设备制造业；$n=5$，为医疗仪器设备及仪器仪表制造业，下同]。

$$AS_{2n} = (HD_{1n} + ZD_{1n})/QD_{1n}$$

其中，AS_{2n} 为主营业务收入周边优势；HD_{1n} 为河南省第 n 产业主营业务收入；ZD_{1n} 为周边省第 n 产业总主营业务收入；QD_{1n} 为全国第 n 产业总主营业务收入。

根据历年《中国高技术产业统计年鉴》有关数据计算，结果表明，电子及通信设备制造业的主营业务收入在豫优势明显大于其他产业，其指数为 0.3811，紧接着，依次为医疗仪器设备及仪器仪表制造业、医药制造业、航空（航天）制造业，其主营业务收入在豫优势指数依次为 0.2787、0.2624 和 0.1252，而电子计算机及办公设备制造业的主营业务收入在豫优势最小，指数只为 0.0484。周边优势方面，医药制造业的主营业务收入周边优势比较明显，为 0.3695，紧接着为医疗仪器设备及仪器仪表制造业与航空（航天）制造业，分别为 0.2370 和 0.2276；而电子及通信设备制造业和电子计算机及办公设备制造业的周边优势较小，分别为 0.1767 和 0.1132；这表明相对于周边省份来说河南省电子及通信设备制造业发展飞速，在全国范围内来说，河南省以及周边省份的医药制造业、医疗仪器设备及仪器仪表制造业、航空（航天）制造业基础都比较好，这对河南省承接产业来说具有良好的基础。

（二）产业产值在郑优势与周边优势

$$BS_{1n} = HD_{2n}/ZD_{2n}$$

其中，BS_{1n} 为产业产值在豫优势；HD_{2n} 为河南省第 n 产业产值；ZD_{2n} 为周边省第 n 产业总产值。

$$BS_{2n} = (HD_{2n} + ZD_{2n})/QD_{2n}$$

其中，BS_{2n} 为产业产值周边优势；HD_{2n} 为河南省第 n 产业产值；ZD_{2n} 为周边省第 n 产业总产值；QD_{2n} 为全国第 n 产业总产值。

根据历年《中国高技术产业统计年鉴》有关数据进行计算结果，电子及通信设备制造业产业产值在豫优势比较明显，其指数为 0.3169；紧接着，为医疗仪器设备及仪器仪表制造业与医药制造业，其产业产值优势指数分别为 0.2496 与 0.2101；而航空（航天）制造业与电子计算机及办公设备制造业的产业产值在豫优势较小，指数分别为 0.1105 和 0.0736。产业产值周边优势方面，医药制造业的周边优势最高，达到

0.3169；紧接着依次为航空（航天）制造业、医疗仪器设备及仪器仪表制造业、电子及通信设备制造业，其产业产值周边优势指数分别为0.2742、0.2038和0.1959；而电子计算机及办公设备制造业的周边优势最小，只有0.0988。这表明医药制造业在河南具有比较好的优势，给河南省承接产业转移创造了一个良好的氛围与基础。

（三）研发人员在郑优势与周边优势

$$CS_{1n} = HD_{3n}/ZD_{3n}$$

其中，CS_{1n}为研发人员折合全时当量在豫优势；HD_{3n}为河南省第n产业研发人员折合全时当量；ZD_{3n}为周边省第n产业总研发人员折合全时当量。

$$CS_{2n} = (HD_{3n} + ZD_{3n})/QD_{3n}$$

其中，CS_{2n}为研发人员折合全时当量周边优势；HD_{3n}为河南省第n产业研发人员折合全时当量；ZD_{3n}为周边省第n产业总研发人员折合全时当量；QD_{3n}为全国第n产业总研发人员折合全时当量。

根据历年《中国高技术产业统计年鉴》有关数据进行计算结果，医疗仪器设备及仪器仪表制造业研发人员在豫优势明显大于其他产业优势，其指数为0.3446；紧接着依次为医药制造业、电子及通信设备制造业、航空（航天）制造业以及电子计算机及办公设备制造业，其研发人员在豫优势指数依次为0.1736、0.1486、0.1471以及0.0215；就周边优势方面，航空（航天）制造业与医药制造业的研发人员周边优势比较明显，其指数分别为0.3824和0.3194；紧接着为电子计算机及办公设备制造业与医疗仪器设备及仪器仪表制造业，这两个产业的研发人员周边优势指数为0.2859和0.1788，而电子及通信设备制造业的研发人员周边优势最低，只为0.1327。

（四）从业人员在郑优势与周边优势

$$DS_{1n} = HD_{4n}/ZD_{4n}$$

其中，DS_{1n}为从业人员在豫优势；HD_{4n}为河南省第n产业从业人员数量；ZD_{4n}为周边省第n产业总从业人员数量。

$$DS_{2n} = (HD_{4n} + ZD_{4n})/QD_{4n}$$

其中，DS_{2n}为从业人员周边优势；HD_{4n}为河南省第n产业从业人员数量；ZD_{4n}为周边省第n产业总从业人员数量；QD_{4n}为全国第n产业总从业人员数量。

根据历年《中国高技术产业统计年鉴》有关数据进行计算结果，电子及通信设备制造业与医疗仪器设备及仪器仪表制造业的从业人员在豫优势比较明显，其指数分别为 0.4881 和 0.4070；此后产业依次为医药制造业、电子计算机及办公设备制造业以及航空（航天）制造业，其在豫优势指数依次为 0.3374、0.1571 和 0.1480；从业人员周边优势方面，航空（航天）制造业与医药制造业的从业人员周边优势比较明显，其指数分别为 0.3720 和 0.3558；医疗仪器设备及仪器仪表制造业从业人员周边优势指数为 0.2286，而电子计算机及办公设备制造业的从业人员周边优势最小，指数只有 0.0758。

（五）企业集中度在郑优势与周边优势

$$ES_{1n} = HD_{5n}/ZD_{5n}$$

其中，ES_{1n} 为企业规模集中度在豫优势；HD_{5n} 为河南省第 n 产业企业数量；ZD_{5n} 为周边省第 n 产业总企业数量。

$$ES_{2n} = (HD_{5n} + ZD_{5n})/QD_{5n}$$

其中，ES_{2n} 为企业规模集中度周边优势；HD_{5n} 为河南省第 n 产业企业数量；ZD_{5n} 为周边省第 n 产业总企业数量；QD_{5n} 为全国第 n 产业总企业数量。

根据历年《中国高技术产业统计年鉴》数据的计算结果，医疗仪器设备及仪器仪表制造业的企业规模集中度在豫优势比较明显，其指数为 0.2592；此后产业依次为电子计算机及办公设备制造业、医药制造业、电子及通信设备制造业以及航空（航天）制造业，其企业规模集中度在郑优势依次为 0.2590、0.2186、0.1636 和 0.0818；这说明医疗仪器设备及仪器仪表制造业在河南省已有了坚实的基础，对承接此产业是大有帮助的。企业规模集中度周边优势方面，医药制造业与航空（航天）制造业的企业规模集中度周边优势比较明显，其指数分别为 0.3605 和 0.3115；其次为医疗仪器设备及仪器仪表制造业和电子及通信设备制造业，指数分别为 0.2582 和 0.1730；电子计算机及办公设备制造业的企业规模集中度周边优势最小，只有 0.1032（见表 7-1 和图 7-1）。

表 7-1　　　　　各个指标产业优势代码及数据来源

代码	名称	数据来源
AS_1	主营业务收入在豫优势	《中国高技术产业统计年鉴》
AS_2	主营业务收入周边优势	《中国高技术产业统计年鉴》

续表

代码	名称	数据来源
BS_1	产业产值在豫优势	《中国高技术产业统计年鉴》
BS_2	产业产值周边优势	《中国高技术产业统计年鉴》
CS_1	研发人员在豫优势	《中国高技术产业统计年鉴》
CS_2	研发人员周边优势	《中国高技术产业统计年鉴》
DS_1	从业人员在豫优势	《中国高技术产业统计年鉴》
DS_2	从业人员周边优势	《中国高技术产业统计年鉴》
ES_1	企业规模集中度在豫优势	《中国高技术产业统计年鉴》
ES_2	企业规模集中度周边优势	《中国高技术产业统计年鉴》
CES	企业规模集中度	《中国高技术产业统计年鉴》
ITS	产业转移优势度	《中国高技术产业统计年鉴》

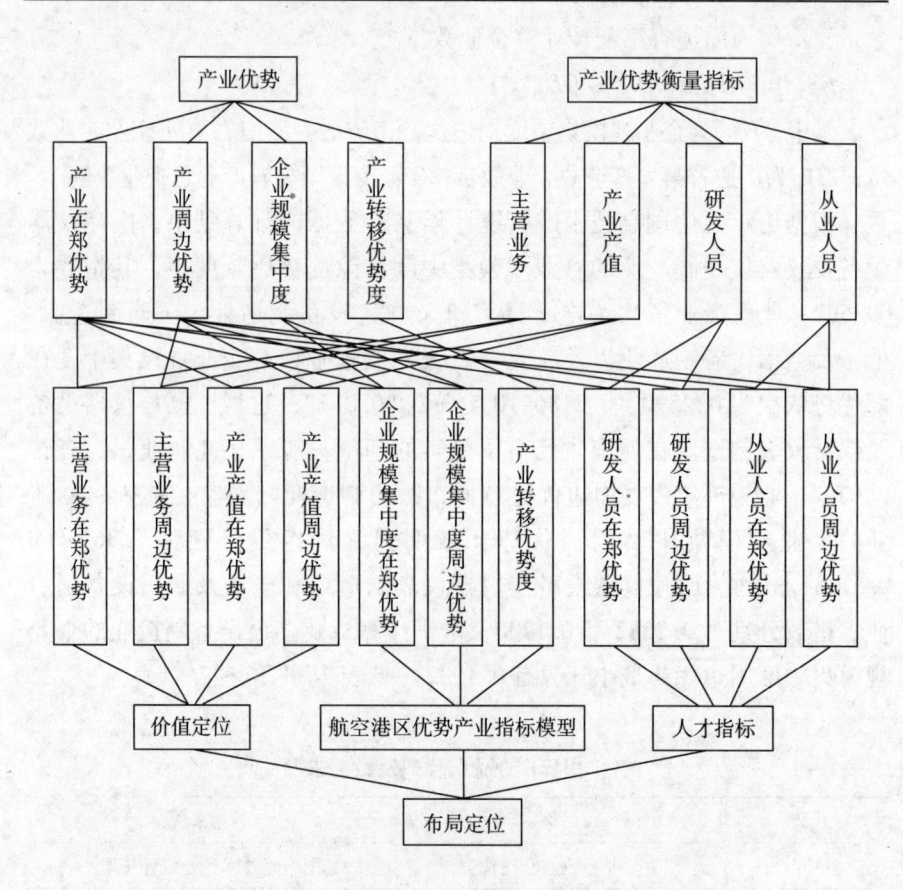

图7-1 航空港经济区（郑州）优势产业指标模型

三 重点"蘑菇云"产业比较优势测算

通过对选择出的五大重点产业进行对比和测算,分析这几大高新技术产业在河南省发展是否具有产业优势,从而为航空港经济区(郑州)产业选择做参考。五大产业为航空(航天)制造业、电子及通信设备制造业、医药制造业、电子计算机及办公设备制造业、医疗仪器设备及仪器仪表制造业。

定位测算的指标类别分为三大部分,第一部分是价值定位,即产业优势的体现,包括主营业务、产值及营利性指标(利润和利税),表征行业的发展增值能力和空间(见表7-2和表7-3)。第二部分是空间布局,通过企业集中度指标(大中型企业个数和企业单位数与其他地区的对比系数)和产业的空间布局图来反映(见表7-4)。第三部分是人才和高科技指标,包括研发人员、从业人数及各细类研发投入和人才匹配图,表征该行业的科研实力和人才素质(见表7-5和表7-6)。其中,科技研发投入分为研发经费内部支出、新产品开发的经费支出、技术改造经费支出、技术引进经费支出、消化吸收经费支出以及购买国内技术经费支出六个组成部分,以分析各行业产业发展的竞争潜力和产品的自主研发能力。

表7-2　　　　　　　　五大高新技术产业主营业务系数

产业名称	产业在豫优势	产业周边优势
航空(航天)制造业	0.1252	0.2276
电子及通信设备制造业	0.3811	0.1767
医药制造业	0.2624	0.3695
电子计算机及办公设备制造业	0.0484	0.1132
医疗仪器设备及仪器仪表制造业	0.2787	0.2370

注:周边省包括山东省、河北省、山西省、陕西省、湖北省、安徽省。
资料来源:根据《中国高技术产业统计年鉴》整理。

表7-3　　　　　　　　五大高新技术产业产值系数

产业名称	产业在豫优势	产业周边优势
航空(航天)制造业	0.1105	0.2742
电子及通信设备制造业	0.3169	0.1959

续表

产业名称	产业在豫优势	产业周边优势
医药制造业	0.2101	0.3169
电子计算机及办公设备制造业	0.0736	0.0988
医疗仪器设备及仪器仪表制造业	0.2496	0.2038

注：周边省包括山东省、河北省、山西省、陕西省、湖北省、安徽省。
资料来源：根据《中国高技术产业统计年鉴》整理。

表7-4　　　　　　　五大高新技术企业集中度系数

产业名称	产业在豫优势	产业周边优势
航空（航天）制造业	0.0818	0.3115
电子及通信设备制造业	0.1636	0.1730
医药制造业	0.2186	0.3605
电子计算机及办公设备制造业	0.2590	0.1032
医疗仪器设备及仪器仪表制造业	0.2592	0.2582

注：周边省包括山东省、河北省、山西省、陕西省、湖北省、安徽省。
资料来源：根据《中国高技术产业统计年鉴》整理。

表7-5　　　　　五大高新技术产业研发人员折合全时当量系数

产业名称	产业在豫优势	产业周边优势
航空（航天）制造业	0.1471	0.3824
电子及通信设备制造业	0.1486	0.1327
医药制造业	0.1736	0.3194
电子计算机及办公设备制造业	0.0215	0.2859
医疗仪器设备及仪器仪表制造业	0.3446	0.1788

注：周边省包括山东省、河北省、山西省、陕西省、湖北省、安徽省。
资料来源：根据《中国高技术产业统计年鉴》整理。

表7-6　　　　　　五大高新技术产业从业人员平均人数系数

产业名称	产业在豫优势	产业周边优势
航空（航天）制造业	0.1479	0.3720

续表

产业名称	产业在豫优势	产业周边优势
电子及通信设备制造业	0.4881	0.1660
医药制造业	0.3374	0.3558
电子计算机及办公设备制造业	0.1571	0.0758
医疗仪器设备及仪器仪表制造业	0.4070	0.2286

注：周边省包括山东省、河北省、山西省、陕西省、湖北省、安徽省。
资料来源：根据《中国高技术产业统计年鉴》整理。

第二节　重点"蘑菇云"产业比较优势量化分析

一　航空（航天）制造业

航空（航天）制造业是技术、资金密集，附加值高、风险高的产业，包括机械、材料、电子、冶金、仪器仪表、化工等众多工业门类，涉及空气动力学、人机工程学、项目管理等数百种学科，具有产业链条长、辐射面宽、连带效应强等特点。发展航空工业能够带动整个国家的工业水平。日本曾做过一次500余项技术扩散案例分析，发现60%的技术源于航空工业。根据日本统计的数据，按照产品单位重量创造的价值来计算，航空产品是各种交运产品中附加值最高的，若船舶的附加值系数为1，则小汽车为9，大型飞机为800，航空发动机为1400。[①] 航空（航天）制造业是高端装备制造业的先锋，其技术水平和生产能力更能体现一个国家或地区的制造业实力，并且基于其属性与空港飞机生产、设备维修等基本设施保障紧密相关，所以应考虑作为入驻港区的重点产业。

（一）价值定位

航空（航天）制造业是高端装备业的先锋，其技术水平和生产能力更能体现国家的制造业实力。随着中国经济的持续快速发展，我国航空

---

① 金子：《2010年航空动力（600893）的投资价值调研报告》，新浪博客，2010年12月17日，http://blog.sina.com.cn/s/blog_5cc71282010oo87o.html，2014年9月16日。

（航天）制造业也稳步增长。从全国范围来看航空（航天）制造业的价值，在营利性指标中，1995—2015年全国年均产业利润为48.74亿元，其中，飞机制造及修理为42.96亿元，航天器制造为5.78亿元，利税表现出一致性。这一指标要远低于其他四大类高新技术产业的数值，同样也反映出航空（航天）制造业目前主要的盈利环节集中在飞机制造及修理。根据中国商飞在珠海航展发布的《2010—2029年市场预测年报》，到2029年，全球共需要30230架干线和支线飞机，总价值近3.4万亿美元。中国航空运输市场对民用飞机的需求价值高达4568亿美元，中国客机机队占全球机队的比重将从现在的8%上升至14%。事实证明，近年来，我国航空市场增长迅速，中国已经成为世界上机场数目增长最快的国家。

另外，根据《2011—2015年中国航空航天设备行业发展趋势与投资咨询报告》可知，从更长的时间维度来看，在下游整机厂商压缩成本、增加业务外包比重的推动下，国内厂商凭借雄厚的航空工业基础、完善的工业配套体系、相对低廉的人力和原材料成本等国际比较优势将更有可能从行业发展中长期受益。航空（航天）制造业的未来发展机会有大飞机项目、发展支线飞机、低空开放等，前景十分广阔。

航空（航天）制造业在豫优势主营业务系数为0.1252，低于该产业的周边优势系数的0.2276，同时产值也表现出一定的一致性。高新技术五大类产业中，航空（航天）制造业是主营业务系数排名第四位的产业，反映了其在郑州的发展优势并不突出，由于其周边优势明显，因此具有产业转移的可操作性和现实意义。

航空（航天）制造业整个产业链条上游的原材料和零部件生产可为飞机总装提供基本的零部件和基础材料。航空物流运输及航空燃料的基本配备则可作为航空（航天）制造业的保障，机场设备与空管配套为其提供雷达系统、导航系统等基本机场设备，后端的6S服务以及通航运营与维修则作为航空（航天）制造业的延伸产品，具有巨大的发展潜力。通关要素是航空（航天）制造业发展的制度保障（见图7-2）。

1. 航空原材料及零部件制造

航空原材料及零部件生产主要包含航空发动机和机载设备的制造。其中，航空发动机是飞机的核心部件，由于我国航空发动机的整体实力较弱，国产航空发动机技术落后、寿命短、维护性较差，国内除了军用飞机配套国产航空发动机外，民用飞机一般都是选装国外的发动机。我国

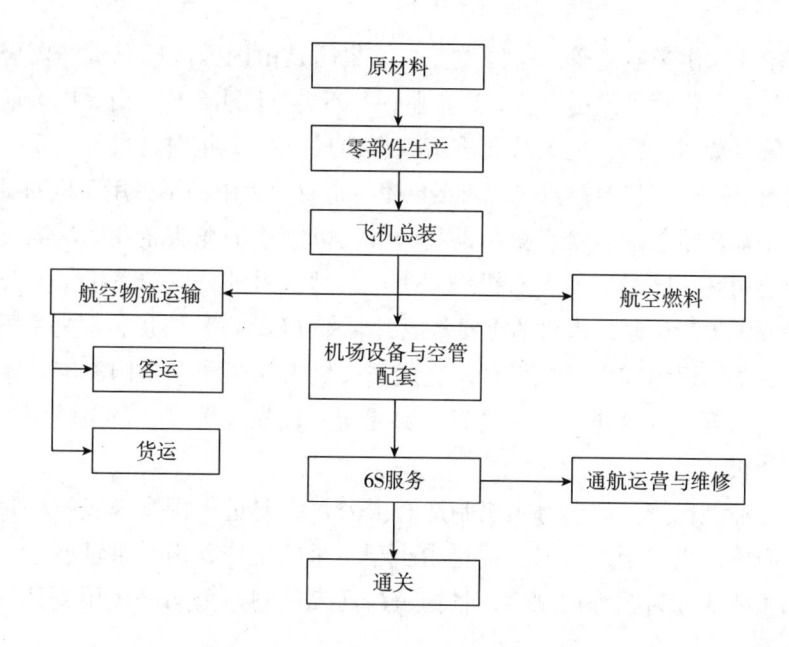

第七章 航空港经济区(郑州)重点"蘑菇云"产业比较优势量化分析 | 155

```
原材料
  ↓
零部件生产
  ↓
飞机总装
  ↓
航空物流运输 ──→ 机场设备与空管配套 ──→ 航空燃料
  ↓  客运
  ↓  货运
       ↓
     6S服务 ──→ 通航运营与维修
       ↓
      通关
```

图 7-2 航空(航天)制造业产业链

航空发动机资产主要集中在中国航空工业集团。2009 年 3 月，中国航空工业集团和北京市政府共同出资组建了中发动机有限责任公司，成为我国唯一的航空发动机研制集团。我国主要商用飞机装置发动机情况如表7-7所示。

表7-7　　　　　我国主要商用飞机装备发动机

商业飞机型号	发动机	发动机类型	研制公司
新舟60	PW127J	涡桨发动机	惠普
ARJ21	CF34-10A	涡扇发动机	GE
C919	LEAP-XlC	涡扇发动机	CFM

资料来源：中国航空工业集团研究所。

2. 飞机总装

目前，飞机总装是航空(航天)制造业增值最多的环节。鉴于飞机总装投资多、规模大，出于国防安全和经济独立等因素的综合考虑，我国很多飞机总装生产的大型航空公司都隶属于中国航空工业集团，如西飞和哈飞、洪都航空等。中国航空工业集团是由国务院国有资产监督管理委员会监督管理的国有特大型企业，2008年11月6日，由原中国航空工业第一集团、第二集团公司重组整合而成，2012年财富世界500强排行榜第250位。其中，西安的西飞集团，是我国大中型军民用飞机的研制生产基地。哈尔滨的哈飞集团是我国直升机制造的龙头企业。沈阳飞机制造公司是我国最大的歼击机研制生产基地。另外，成都飞机工业公司也是我国生产研制歼击机的重要基地，枭龙（FC-1）飞机，即是中国航空工业集团组织成都飞机设计所、成都飞机工业公司和中国航空技术进出口公司等单位合作，自主研制开发的新一代先进单发、单座轻型多用途战斗机。

专业性比较强的上海飞机制造有限公司主要进行国家大飞机项目研制，石家庄飞机制造公司主要是中小型飞机的生产，南昌洪都航空工业集团主要业务为教练机制造，景德镇昌河飞机制造公司是民用直升机生产基地。

2006年6月，空中客车公司A320中国总装飞机总装线落户天津即空客天津总装厂，位于天津滨海新区空港物流加工区的空客A320系列飞机总装线是亚洲第一条、全球第四条民用飞机总装线，也是空中客车公司欧洲以外第一条总装线。该项目于2007年5月15日开工，2008年9月28日投产。空客用"技术换市场"，也给天津滨海新区发展带来了快速提升。

关于航空港经济区（郑州）飞机制造的引进方面，2013年10月，穆尼飞机落户港区，利用综合保税区进行零部件和大部件的组装生产，标志着航空港经济区（郑州）首次成功引入飞机制造企业进驻。2014年3月22日上午，"苏霍伊SSJ-100飞机项目"签约仪式在郑举行，俄罗斯苏霍伊SSJ-100与欧贝将合作组建SSJ-100绿皮飞机交付中心和总装线，填补了河南省无喷气式飞机整机制造业的空白。而郑州也有望成为继天津、上海之后，国内第三个拥有100座级客机总装线的城市。① 交付中心和总装线落户航空港经济区（郑州），结束了河南省没有飞机整机制造业的历史，对于打造航空港经济区（郑州）高端装备制造业，带动河南产

---

① 张维平、李豫闽：《欧贝："迎娶"苏霍伊，郑州要建"大飞机"！》，《东方今报》2014年3月24日。

业转型升级具有重要意义。

3. 航空物流运输

航空物流包括人员、货物以及邮件的运输，是现代旅客运输，尤其是远程旅客运输的重要方式，一般采用航空运输的物品都具有较高的航空偏好度，表现出快速、机动的特点，例如，国际贸易中的贵重物品、鲜活货物和精密仪器的运输。

我国航空物流业的发展将进入快车道。根据2008年《全国民用机场布局规划》（不包括通用航空机场），到2020年，我国民航运输机场总数将达到244个，新增97个。同时，我国民航客、货飞机机队规模也将持续增长。民航总局预计，到2027年，客机机队规模约为4250架；货机机队规模将从2008年的67架增长至2027年的604架，年均复合增长率达12%。

近年来，航空港经济区（郑州）货运吞吐量保持较高速度的增长态势，客运吞吐量也在逐年稳步增长。从实际发展看，航空港经济区（郑州）的主要发展还是货运中转的增加，突出了港区作为货物周转地的重大枢纽作用，同时表明客运的发展也有较大的空间。河南省地处中心枢纽地带，近年来，承接东部沿海产业转移带来了稳定的基础货量，最突出的当属2010年富士康入驻郑州后，直接带动了航空港经济区（郑州）物流业的飞速发展，可见，高价值产品制造业是航空物流业发展的基础，是形成航空港枢纽地位的关键，只有稳定的高附加值的本地产品输出与流通，才能保障航线的正常运营，进而扩大在国内国际上的辐射力（见图7-3和图7-4）。

区位和综合交通优势为港区物流发展提供了得天独厚的优势。作为国际航空货运机场，航空港经济区（郑州）已经成为连接世界重要枢纽机场和主要经济体的航空物流通道，它的现代综合运输体系提升了货运中转和集疏能力，正在逐步成为全国重要的国际航空物流中心，为中原经济区经济融入全球价值链奠定了良好的基础。航空港经济综合实验区（郑州）国际航空物流中心的地位正在形成，其功能作用正在发挥，航空物流业在航空港经济区（郑州）的产业发展中起到重要的提升和带动作用。

图 7-3 航空港经济区（郑州）货运吞吐量

资料来源：中国民用航空局。

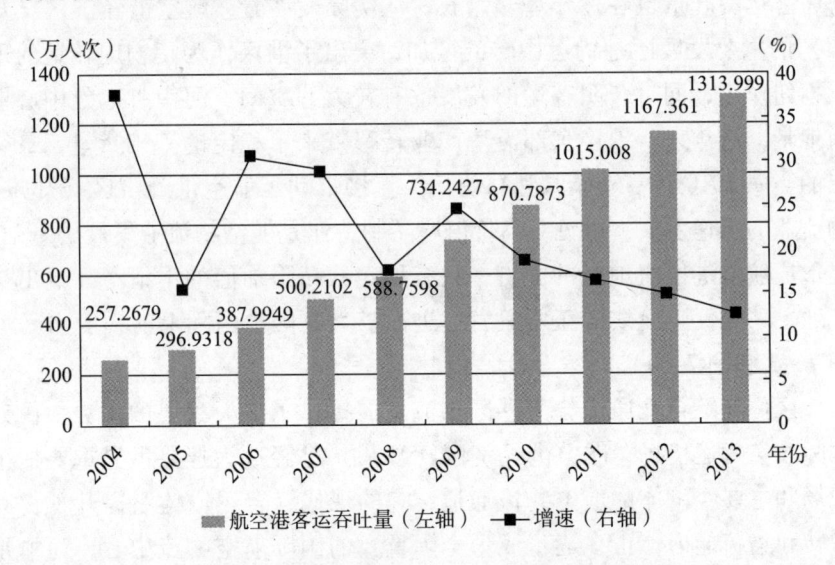

图 7-4 航空港经济区（郑州）客运吞吐量

资料来源：中国民用航空局。

4. 机场设备与空管配套

航空（航天）制造业的发展需要大量的机场设备和空管配套产品，机场设备主要包括通信系统、导航系统、雷达系统、机场地面车辆等，而空管配套产品主要包括空管系统的自动化。涉及机场设备和空管配套产品的公司主要是四川大智胜软件股份有限公司和安徽四创电子股份有限公司。四川大智胜软件股份有限公司是我国空中交通管理领域具有自主知识产权的软件和重大装备供应商，目前已形成了空管自动化系统和空管仿真模拟训练系统两大系列的重大技术装备；安徽四创电子股份有限公司是一家以提供雷达、通信等设备、工程和服务的企业，气象雷达是公司主营产品。气象雷达以及航管雷达是民用航空的必要装备。此外，机场地面车辆领域还有威海广泰空港设备股份有限公司和航天晨光股份有限公司两家公司。

5. 航空运营与维修

维修是航空发展不可缺少的一环，高超的维修能力和服务水平能够保障运营安全，对整个航空（航天）产业的发展起到积极的促进作用。近年来，航空（航天）产业发展迅速，规模持续扩大。截至2013年年底，我国共有189家通航企业，比2008年增加了100家；通用航空器总数达到1654架，年均增长17%；公务航空机达到178架，5年内增加了51架；通航从业人数达到了11100人，年均增长7%；飞行总量达57万小时，年均增长14.5%。

航空（航天）产业的发展必将带动航空维修业的发展。据民航资源网资料，2017年，中国国内民航运输机队规模增长迅速，全年引进飞机424架，含货机17架。截至2017年年底，在运营机队总规模达到3261架，其中，客机3118架、货机143架，运营宽体机的航空公司数量达到了13家（以上数据未包含我国港、澳、台地区航空公司）。随着航空公司的飞机维修需求大幅上升，中国航空维修业将迎来巨大的发展机遇。到2018年年底，中国航空维修市场规模将达700亿元左右，年均复合增长率高于13%（见图7-5）。

因民航维修业属于技术、资金密集性行业，具有相当高的进入壁垒。国外知名企业如波音、汉莎、通用GE、斯奈克玛德等均以与国内民航公司合资的方式进入国内民航维修市场。在高端的飞机机体和发动机维修领域，外资企业和合资企业占主导，主要企业有北京飞机维修工程有限公司、广州飞机维修工程有限公司、厦门太古飞机工程有限公司等。另外，在机载设备维修领域，主要企业有四川海特高新技术股份有限公司、广州航新航空工程（集团）有限公司、西安翔羽航空科技股份有限公司和武汉航达航空科技发展有限公司等。

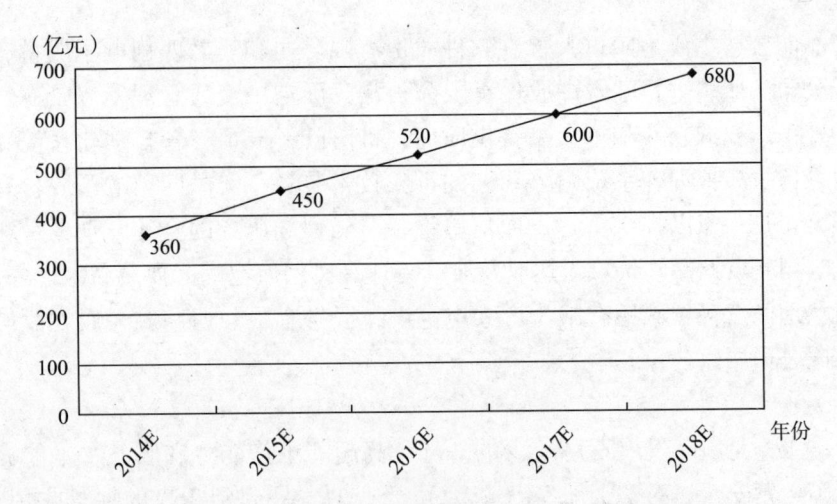

图 7-5 2014—2018 年中国航空维修市场规模及预测

资料来源：前瞻产业研究院整理。

航空维修本质上属于服务性行业，直接为航空公司的飞机服务，作为机场基本的设施配置，是必须在航空港经济区（郑州）入驻的产业，对于保障飞机飞行安全，提升飞机制造产业链条价值具有重要意义。目前，港区已有飞机制造及组装线进驻，因此，对于航空维修企业的进驻需求更为迫切。

（二）空间布局

我国航空（航天）制造业发展的空间主要布局如表 7-8 所示。陕西西安阎良区的西飞集团，东北以中航工业的哈飞集团、沈阳飞机制造公司为代表的飞机总装，是我国航空制造业的中坚力量，与成都飞机工业公司一道成为波音"787"项目相应部件唯一的供应商，也是波音公司首次选择中方合作伙伴作为唯一供应商。京津地区以天津为代表的空客组装线负责总装空客 A320 系列飞机中的 A319 和 A320 两个机型及河北的小型飞机制造。渤海地区有山东威海广泰空港设备股份有限公司为代表的机场设备与空管配套制造，主要产品有飞机平台车、大型飞机牵引车、交流电源车、飞机加油车、飞机客梯车等。中部地区有江西省的飞机总装、安徽省的机场设备制造、湖北和湖南省的零部件制造与生产等，也都占有重要的地位。西南地区则有四川省成都为代表，在飞机总装、机场设备与空管配套、通航运营与维修等方面，产业链条相对完整。另外，还有长三角地区以上海市为代表的大飞机项目研制。珠三角地区以中信海洋直升机股份有限公司为代表的通航运营与维修，中信海直直升飞机股份有限公司总部设在广东省深圳市，下辖深圳基地、哈尔滨基地和上海、天津、湛江三个分公司。在海南东方和浙江舟山设有直升机起降场，业务遍及我国南海、东海、渤海海域及大中城市。

表 7-8　　　　　航空（航天）制造业产业链中代表企业

产业链	代表企业	地点	主营业务
飞机总装	沈阳飞机制造公司	沈阳	中国最大歼击机研制生产基地
	哈飞集团	哈尔滨	我国直升飞机制造龙头企业，中航直升机系统唯一的上市平台
	西飞集团	西安	我国大中型军民用飞机研制生产基地
	成都飞机工业公司	成都	我国生产、研制歼击机重要基地
	上海飞机制造有限公司	上海	国家大飞机项目研制
	石家庄飞机制造公司	石家庄	中小型飞机专业生产
	贵州航空工业公司	贵阳	贵航集团上市平台
	洪都航空工业集团	南昌	主要业务为教练机制造
	昌河飞机制造公司	景德镇	民用直升机生产基地
	空客天津总装厂	天津	飞机总装
零部件	凌云航空装备制造总公司	武汉	工装设备、橡胶制品、零配件加工
	西安航空动力股份有限公司	西安	公司是中国航空工业集团航空发动机整机整合平台
	中航动力控制股份有限公司	株洲	航空发动机控制系统、航空配件转包业务和其他相关产品
机场设备与空管配套	威海广泰空港设备股份有限公司	威海	公司为国内最大的航空地面设备制造企业
	四川川大智胜软件股份有限公司	成都	公司在空管重大软件和装备领域的市场占有率位居国内第一
	安徽四创电子股份有限公司	合肥	公司是通航细分行业雷达龙头公司，为中国电子科技集团下的一类军工研究所
通航运营与维修	厦门太古飞机维修工程有限公司	厦门	飞机机体维修，中外合资
	北京飞机维修工程有限公司	北京	飞机机体维修，中外合资
	广州飞机维修工程有限公司	广州	飞机机体维修，中外合资
	珠海摩天宇航空发动机维修有限公司	珠海	发动机维修，中外合资

续表

产业链	代表企业	地点	主营业务
通航运营与维修	四川海特高新技术股份有限公司	成都	机载设备维修
	中信海直直升机股份有限公司	深圳	我国通用航空业第一家上市公司
	广州航新航空工程（集团）有限公司	广州	航空机载设备附件维修、航空软件开发
	武汉航达航空科技发展有限公司	武汉	航空机载设备附件维修

资料来源：中国民用航空维修网。

　　航空（航天）制造业产业集中度指标中，在豫企业单位系数为0.0818，远低于该产业的周边企业单位系数0.3115，同时也低于其他四大产业在河南省的企业单位系数，说明航空（航天）制造业在河南省的单位数量少，企业集中度低，集聚效应不明显，但是，具有很大的产业转移可能性。可将周边发展较好的企业转移入驻航空港经济区（郑州），加强港区建设及航空（航天）制造业的发展。由产业转移优势度指标可知，湖北省系数为0.2796，陕西省为2.4434，高于其他周边省份数值，表明这两个省的航空（航天）制造业具有比较优势。

　　湖北省的优势主要体现在飞机零部件的生产及维修，如中港二航六公司生产航空器材，中国人民解放军第5713工厂进行飞机零部件的维修，湖北襄樊航空航天工业园是飞机零部件制造等企业，主要有中国航空工业集团、中国航天科技集团、中国人民解放军5713工厂、襄阳超卓航空技术有限公司、湖北追日电气股份有限公司等。

　　陕西省航空（航天）的产业优势非常明显。2009年，陕西省航空（航天）制造业总产值达到269.57亿元，位居全国第一，占陕西省高技术产业总产值的比重超过1/3。2015年，陕西省航空（航天）产业完成总产值1049.7亿元，相比2009年增长289.40%。近年来，陕西省与中国航空工业集团、中国航天科技集团密切合作，相继规划建设了西安阎良国家航空高技术产业基地和西安民用航天产业基地。西安阎良国家航空高技术产业基地入驻的企业有西安艾普特精密制造有限公司、西安西捷飞机有限公司、陕西蓝太航空设备有限公司等，西安民用航天产业基地入驻的公司有中国航天科技集团第四研究院、第六研究院、第五研究院 504 所及中国航天时代电子公司第 771 研究所等。

河南省 2015 年航空（航天）制造业的当年价总产值仅为 90.1 亿元，对比可知河南省的航空（航天）制造业不具备产业优势。相对来说，河南省的航空（航天）制造业企业主要集中在洛阳和郑州、新乡以及南部的信阳（见表 7-9）。洛阳的工业基础雄厚，早在"一五"计划时期，洛阳有大型的重工企业，得到了快速发展，为高端制造、精密装备的航空航天制造业提供了良好的产业发展基础。代表企业有洛阳航空电器厂、中国空空导弹研究院和洛阳电光设备研究所。其中，洛阳电光设备研究所是我国唯一的机载火控和光电系统专业研究所，是航空火控系统和光电系统产品重点研制生产单位。中国空空导弹研究院，始建于 1961 年，隶属中国航空工业第一集团公司，是国家专业从事空空导弹、发射装置、地面检测设备、光电设备及其他派生产品科研设计开发及批量生产的研究发展基地。洛阳航空电器厂也是中国航空工业第一集团公司直属企业，是研制和生产高可靠光、电连接器的专业厂。

表 7-9　　河南省航空（航天）制造业代表性企业及分布

代表企业	所在地市
河南航天压力元件有限公司	郑州
郑州航天电子技术有限公司	郑州
航天信息河南有限公司	郑州
洛阳航空电器厂	洛阳
中国空空导弹研究院	洛阳
洛阳电光设备研究所	洛阳
新乡航空工业集团	新乡
河南航天精工制造有限公司	信阳

郑州龙湖开发区设立有河南航天科技园，其中的河南航天压力元件有限公司，隶属于中国航天科工集团河南航天工业总公司，是航天系统从事阀门研制与生产的专业厂家，自 1979 年建厂以来，主要承担战略战术武器、运载火箭、卫星等航天型号产品配套阀门的研制与生产任务，是航天

工业阀门类行业标准（QJ）的起草单位之一。同时，位于河南省郑州市高新技术产业开发区的郑州航天电子技术有限公司，是航天电子仪器和电连接器专业研制生产单位，也是中国军用电子元器件重点骨干企业。

信阳地区的河南航天精工制造有限公司，研制生产的各类紧固件在系列卫星、火箭、导弹、飞船及其他国防型号上得到了广泛应用，配套范围涉及航天、航空、兵器、电子、船舶、核工业、机械制造等行业，"神舟"系列载人飞船的钛合金紧固件均为六九四厂研制生产。

新乡航空工业集团是中国航空工业集团所属，主要从事航空机载设备的研制和生产，其下的军品公司承担了十大项、共计48件神七飞船配套产品，是河南省工业百强企业和新乡市六家标志性企业之一。

航空港经济区（郑州）建设应该大力地吸引周边省份尤其以湖北和陕西省为代表的航空航天企业入驻园区，集聚相关配套产业，完善航空航天产业链条，进而推动整个航空港经济区（郑州）的发展建设。

（三）人才指标

全国范围内航空（航天）制造业的从业人员主要集中于飞机制造及修理环节，并且呈现逐渐递减的趋势，至2005年开始才逐步缓慢上升，主要原因有两个方面：一是技术的进步和制造工艺的转型升级，航空（航天）制造业中高端精密加工环节，对技艺的要求比较高，而且随着新技术的发明和引进，可以大规模地代替人力劳动，从而使劳动力从业数量锐减。二是外包的兴起，部分公司将低端制造的环节外包到全球其他劳动力成本低廉、土地租金便宜的地方，降低生产成本，因此，该产业在国内的从业人员数目不断减少。另一方面，研发人员数量在逐年波动中呈现上升趋势，这是由航空（航天）产业的属性决定其人员投入的专业性、科技性。同时，随着自主研发水平的提高，该指标应该会随之继续增加（见图7-6）。

航空（航天）制造业各省市人才及研发投入分布反映了各省份的劳动力就业数量和科研人员及经费投入的差异大小。从业人员密集的省份主要为陕西省、辽宁省和贵州省，其中，2015年陕西省航空（航天）制造业从业人员为98212人，占全国从业人数总量的1/4，反映出陕西省良好的航空（航天）产业基础。另外，四川、北京、天津等省份人数相对集中，河南省的从业人数及研发人员投入居于全国中等偏上水平，但相较于周边的湖北省、江苏省并无明显优势。

第七章　航空港经济区(郑州)重点"蘑菇云"产业比较优势量化分析 165

----- 从业人数(人/年)　-·-·- 研发人员折合全时当量(人/年)

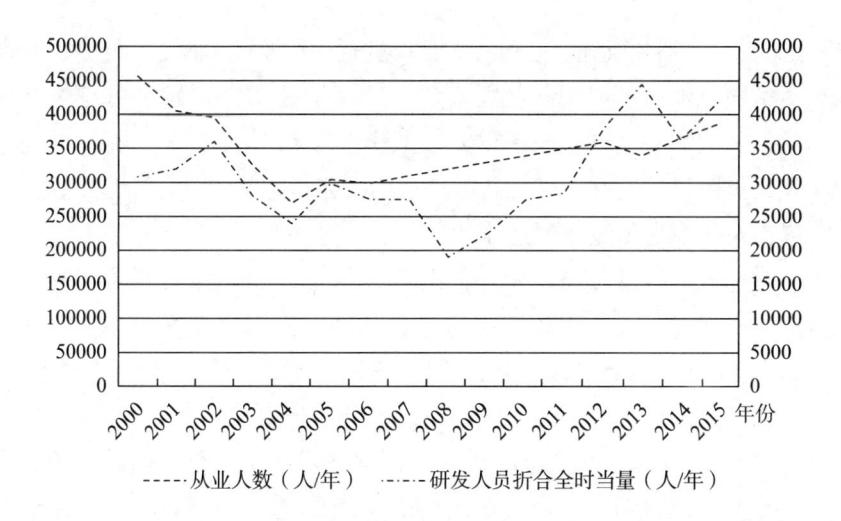

图 7-6　航空(航天)制造业研发及从业人员趋势

资料来源:《中国高技术产业统计年鉴》。

另外,科技研发投入属于高科技方面的考核指标。从全国范围来看,居前两位的是陕西和上海,2015 年,陕西省研发投入 110.7 亿元,上海投入 53 亿元,而河南省只有 12.3 亿元的投入。各个省份的航空(航天)制造业的主要投入为新产品开发,研发经费内部支出以及技术改造支出。说明航空(航天)制造业目前的技术开发与研制仍处于对已有产品技艺进行改造创新阶段。

由图 7-6 可知,行业的人员就业分布,科技研发投入与产业布局和定位存在一定的正相关关系,某地区的行业发展基础较好,相对来说,相应省份的从业人员及研发投入数额会较大。但是,研发人员的投入情况更趋向于反映产业的专业化,更契合高新技术产业的发展要求和属性。例如,陕西和江西省的研发人员投入占比较高,表明这两个省份的航空(航天)产业的人员专业化程度较高。

由空间布局分析可知,周边省份尤其是湖北省和陕西省的航空(航天)制造业发展优势明显,从业人员数目相对也表现出一定的优势。人员指标显示,研发人员折合全时当量的在豫系数为 0.1471,与电子及通信设备制造业系数接近,在五大产业中排名第四,周边研发人员折合全时当量的系数为 0.3824,表现出周边研发人员数量方面的优势。另外,从业人员的平均人数系数也表现出一致性。例如陕西省,目前陕西航空

(航天）制造业拥有企业 68 家，从业人员近 10 万人，研发人员 1.3 万余人，新增固定资产超过 169 亿元。航空港经济区（郑州）在引进航空优质企业入驻的同时，也应该注重人才的引进，在扩大航空（航天）制造业就业人员数目的基础上，提高劳动力的技艺水平。

二 电子及通信设备制造业[①]

全球已进入信息化高速发展的时代，信息产业正深刻地影响着世界经济的发展格局。作为信息产业的重要基础、创新的支撑和长远发展的关键，电子及通信设备制造业对信息产业的发展起着至关重要的作用。各种新兴产业的快速发展以及传统产业的升级改造，4G 和 5G 通信技术的发展以及 WiFi 和有线宽带的新一代通信技术在全国范围内的覆盖，大大拓展电子及通信设备制造业的应用领域，起到了前所未有的推动作用。[②]

电子及通信设备制造业作为我国国民经济基础性、战略性产业，已成为国民经济的重要组成部分。近年来，我国电子信息产业发展迅速，国际地位日趋稳固，产业规模多年位居世界第一，2013 年，达到 12.4 万亿元，是 1978 年的 8550 倍。彩电、计算机、手机等产品出货量占据了全球半壁江山，软件业务的增幅明显高于全球平均水平，对国民经济的支撑作用不断增强。另外，民族品牌影响力逐渐增强，华为、联想、海尔等企业多次入围世界财富 500 强，彰显了中国企业的国际竞争力；企业自主创新意识浓厚，研发水平日益提高；产业集群发展，信息技术迅速普及。云计算、物联网等战略性新兴领域发展迅速，电子商务等新型业态和新兴模式不断出现。值得关注的是，信息技术领域硬件、软件、内容、服务的创新步伐依然迅速，融合化、集成化、智能化、绿色化特征更趋突出，成为引领新一轮技术创新浪潮的重要动力。[③]

河南省电子信息产业规模也呈现快速增长的趋势。2012 年，河南省规模以上计算机、通信和其他电子设备制造业增加值达到 283.84 亿元，

[①] 电子及通信设备制造业为《中国高技术产业统计年鉴》的概念，与电子计算机制造业统归为电子信息产业，《河南统计年鉴》归类为计算机、通信和其他电子设备制造业。
[②] 温学礼：《我国电子元件行业面临的发展机遇》，《中国电子商情》2014 年第 5 期。
[③] 陈艳敏：《集成电路政策出台中国电子信息产业迎跨越式发展》，电子工程网，2014 年 6 月 30 日，http://ee.ofweek.com/2014 – 06/ART – 8120 – 2816 – 28842567_ 2. html，2014 年 9 月 31 日。

增加值指数为406.8%。2010年,富士康进驻航空港经济区(郑州),迅速成为港区电子及通信设备制造产业的龙头企业,也快速带动了港区物流运输以及其他产业的进步。目前,航空港经济区(郑州)手机制造产业的集聚效应已开始显现。除富士康科技园外,还新入驻了天宇、创维、百豪、西特、神阳、志远、华世基、百纳威、中兴等多家手机整机生产及配套企业。

(一)价值定位

电子及通信设备制造业包括通信设备制造、通信系统设备制造、通信终端设备制造、雷达及配套设备制造、广播电视设备制造、电子器件制造、电子真空器件制造、半导体分立器件制造、集成电路制造、电子元件制造、视听设备制造以及其他电子设备制造等。增值主要体现在通信设备制造、通信系统设备制造、电子器件制造和电子元件制造四个环节。其中,通信设备制造1995—2015年年均利润为426.18亿元,通信系统设备制造年均利润为202.68亿元,电子器件制造年均利润为248.89亿元,电子元件制造年均利润为313.60亿元。河南省的电子及通信设备制造业的主营业务系数为0.3811,明显高于该产业的周边优势系数的0.1767和产值系数的0.3169,同时也明显高于周边产值系数的0.1959,反映出河南省该产业的地域优势比较明显(见图7-7)。

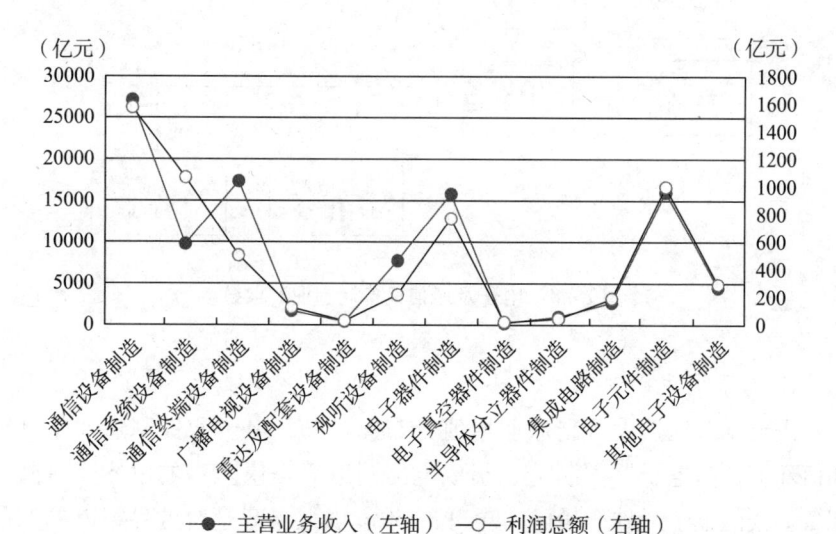

图7-7 电子及通信设备制造产业增值分布

资料来源:根据《中国高技术产业统计年鉴》整理。

从电子及通信设备制造业整条产业链来看，前端产业为材料及零部件生产，进而培育电子元件产业，电子元件制造为集成电路和电子器件制造提供基本的电阻、电容和晶体管等，其中，电子器件制造又可分为半导体分立器件制造和电子真空器件制造。核心环节为通信设备制造，包括通信传输设备制造、通信交换设备制造和雷达及配套设备制造三个组成部分。产业链末端为电子及通信设备应用产业，即整机领域，包括广播电视设备制造及家用试听设备制造（见图7-8）。

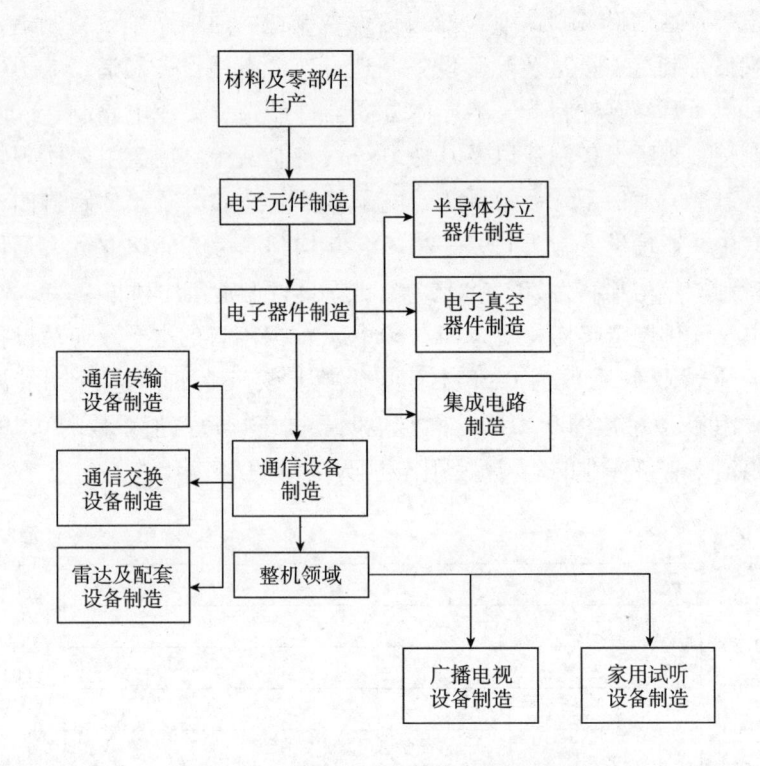

图7-8 电子及通信设备制造业产业链

1. 电子元件制造

由电子及通信设备制造业增值分布图可知，电子元件制造属于高附加值环节，为电子器件制造、集成电路制造等提供基本的电容、电阻等配备。我国电子元件产量已占全球的39%以上。产量居世界第一的产品有电容器、电阻器、电声器件、磁性材料、压电石英晶体、微特电机、电子变压器、印制电路板等。近几年来，在国际金融危机和欧债危机的影响下，但我国电子元件产业依然取得了巨大的成绩。2016年，我国电子元件制造行业规模总资产达到12907.19亿元，行业销售收入为17362.32亿元，行业利润总额为1104.88亿元。

电子元件生产比较具有代表性的省份为江苏省。苏州是江苏省第一经济大市，也是工信部首批国家电子信息产业九大基地之一，电子信息产业作为苏州的支柱产业，其战略性和先导性拉动了苏州的经济增长。2017年，苏州实现规模以上工业总产值3.2万亿元，其中，电子信息产业等高新技术产业产值1.53万亿元，比上年增长10.5%，占规模以上工业总产值的47.8%，比上年提高0.9个百分点。苏州已形成以6个省级电子信息产业基地为载体的电子信息产业集群，包括苏州工业园区、苏州高新区、昆山开发区、吴江开发区、吴中开发区和常熟东南开发区。其中，昆山开发区电子信息产业年产值超过4000亿元，昆山地区有金茂工业园区、风雷工业园区、富士康城北工业园区等。据统计，昆山聚集台资企业4100多家，投资总额超过500亿美元，其笔记本电脑产量占全球产量的1/3以上。

2. 电子器件制造

电子器件制造包括半导体分立器件制造和电子真空器件制造以及集成电路制造，电子器件制造属于高附加值环节。中国目前的电子器件制造主要分布在长三角和珠三角地区。电子器件行业，对外贸易的依存度比较高，再加上沿海地区科技、资金以及人才优势，也产生了规模集聚效应，比较优势明显。据CCID提供的数据，2017年，中国集成电路产业销售收入为5355.2亿元，同比增长23.5%，再创历史新高。集成电路设计业近十年年均增长超过40%，成为拉动产业增长的主要动力。

然而需要注意到的是，集成电路行业是资金密集型产业，工艺的提升、产能扩充以及技术研发的突破，都需要长期连续的、大规模的资金支撑。集成电路行业近年来的发展经验显示，市场份额正在加速向优势企业集中，投资不足将直接影响到集成电路企业的产能和技术能力，导致本土企业在严峻的竞争形势中与国际企业差距进一步拉大。

3. 通信设备制造

通信设备制造为电子及通信设备制造业各个环节中最大增值的组成部分，包括通信传输设备制造、通信交换设备制造、通信终端设备制造、移动通信及终端设备制造及其他通信设备制造。其中，最强劲以及竞争最为激烈的当属移动通信及终端设备制造业。

在全球电信市场蓬勃发展的早期，国际通信设备市场上强手如林，爱立信、摩托罗拉、诺基亚、西门子、阿尔卡特、朗讯、北电、西门子等，每一个名字都是西方发达国家顶尖通信科技的代名词。近年来，国内外经济形势波澜起伏，所有通信厂商都经历了非常严酷的考验。经过多年的大浪淘沙，通信制造业发生了翻天覆地的变化。从最早的爱立信、摩托罗拉等国际传统电信设备巨头独领风骚，到今天，中兴、华为等中国龙头企业逆势上扬、挺立潮头，世界通信制造业的格局被一次又一次地改写。

4. 整机领域

整机领域包括广播电视设备制造及家用试听设备制造，电子信息终端设备应用领域主要为家用试听设备制造。近年来，整机领域转型步伐加快。一是彩电领域高端产品比重提升。液晶电视占彩电产量比重达97.1%，4K液晶电视、智能电视、4G、LED背光源电视比例大幅提升。二是新型产品产量提升。我国网络机顶盒品牌已达近百种，电视厂商、互联网企业、视频服务企业等企业纷纷推出自有品牌网络机顶盒产品。在智能手机领域，64位处理器逐渐成为主流。高通、联发科、英特尔等厂商纷纷推出了各自的64位移动智能终端应用处理器产品，三星的下一款智能手机也将具备64位处理功能。

（二）空间布局

随着全球化的深入及国际生产片段化的发展，跨国公司将电子通信设备的标准化部门转移到中国，同时国内对电子信息产品的需求也不断提高，电子通信设备制造业发展迅速。电子及通信设备制造业是典型的智力密集型产业，具有产业技术密集度高、产品生产周期短、产品间依赖性强等特点，因此，通信设备制造业比一般的产业更具有地理集聚性。阿尔弗雷德·马歇尔（1890）在《经济学原理》一书中首次提出了产业聚集及内部聚集和空间外部经济的概念，他指出，同一产业越多的企业聚集于一个空间，就越有利于企业所需生产要素的聚集，这些要素包括劳动力、资金、能源、运输以及其他专业化资源等。伴随我国电子信息产业规模的扩大，产业集中度不断提升，产业区域聚集效应日益凸显。

电子及通信设备制造企业主要集中分布在珠三角、长三角、环渤海湾地区以及部分中西部地区，沿海地区的产业链较完整，具有相当的规模和配套能力,便于信息交流和技术协作,共用基础设施和降低生产成本以取得规模效应。目前,我国已形成了以9个国家级信息产业基地、40个国家电子信息产业园为主体的区域产业集群。首批国家级电子信息产业基地有9个城市和地区,它们是北京、天津、上海、青岛、苏州、杭州、深圳、福厦沿海地区、珠三角地区。

随着技术研发创新,市场结构具有频繁变动性,表7-10所列企业只是目前在市场竞争中处于优势地位的企业。通过表7-10可以看出,电子及通信设备制造业的地理分布具有集聚效应,对发达国家电子通信设备制造业或高技术产业区位的实证研究也证实了科研院所、市场规模、交通基础设施等因素对电子通信设备制造业的重要性。

表7-10 电子及通信设备制造业产业链中代表企业

产业链	代表企业	所在地区
电子元件制造	富晋精密工业（晋城）有限公司	山西晋城
	广东依顿电子科技股份有限公司	广东中山
	健鼎（无锡）电子有限公司	江苏无锡
	四海电子（昆山）有限公司	江苏苏州
	正鹏电子（昆山）有限公司	江苏苏州
	宁波韵升高科磁业有限公司	浙江宁波
	中达电子（江苏）有限公司	江苏苏州
	可利科技苏州工业园区有限公司	江苏苏州
	潮州三环（集团）股份有限公司	广东潮州
	富港电子（昆山）有限公司	江苏苏州
电子器件制造	乐金显示（广州）有限公司	广东广州
	达富电脑（常熟）有限公司	江苏常熟
	南海奇美电子有限公司	广东佛山
	纬创资通（中山）有限公司	广东中山
	日立显示器（苏州）有限公司	江苏苏州
	乐金电子部品（烟台）有限公司	山东烟台
	常州天合光能有限公司	江苏常州
	富钰精密组件（昆山）有限公司	江苏苏州
	大连大显集团有限公司	辽宁大连
	威讯联合半导体（北京）有限公司	北京

续表

产业链	代表企业	所在地区
通信设备制造	华为技术有限公司	广东深圳
	中兴通讯股份有限公司	广东深圳
	达丰（上海）电脑有限公司	上海
	联想集团	北京
	摩托罗拉（中国）电子有限公司	天津
	上海广电（集团）有限公司	上海
	长城国际信息产品有限公司	广东深圳
	戴尔计算机（中国）有限公司	福建厦门
	北京北大方正集团公司	北京
	明基电通信息技术有限公司	江苏苏州
	京东方科技集团股份有限公司	北京
家用试听设备	海信集团有限公司	山东青岛
	四川长虹电子集团公司	四川绵阳
	深圳创维集团有限公司	广东深圳
	TCL王牌电器（惠州）有限公司	广东惠州
	康佳集团股份有限公司	广东深圳
	广州盛科电子有限公司	广东广州
	南京夏普电子有限公司	江苏南京
	仁宝光电科技（昆山）有限公司	江苏昆山
	索尼精密部件（惠州）有限公司	广东惠州
	苏州冠捷科技有限公司	江苏苏州
	上海松下等离子显示器有限公司	上海

资料来源：中国产业信息网。

产业集中度指标中，电子及通信设备制造业在豫企业单位系数为 0.1636，接近该产业的周边企业单位系数 0.1730，说明河南省与周边地区的产业发展程度不相上下。河南省在多晶硅、光伏电池、锂离子电池、镍氢电池、电池材料、信息安全等领域具有一定产业优势，形成了洛阳中硅高科技有限公司、河南中光学集团有限公司、凯瑞数码、天空能源等一批骨干企业。这些条件都为电子及通信设备制造产业往港区的转移提供了近距离的可能。

洛阳中硅科技有限公司成立于2003年，简称洛阳中硅，现有两个生产基地（洛阳新区、偃师）和一个国家级重点工程实验室。主要经营高纯多晶硅、气相白炭黑、高纯四氯化硅、高纯硅化合物产品、无水氯化氢等产品，是拥有自主知识产权的多晶硅生产企业。2012年下半年，受国内产能过剩、欧洲市场需求急剧萎缩等因素影响，加之欧美对我国光伏产品实施"双反"关税，洛阳光伏产业经过了一段低迷期，但是，目前全球光伏市场重心正在向中国、日本、美国等国转移，国内光伏产业发展趋稳。2014年年底，工信部出台了支持光伏产业发展的重要文件——《关于进一步优化光伏企业兼并重组市场环境的意见》，市场全面回暖。2017年年初，洛阳9564个光伏扶贫项目全面开工，这有助于洛阳市硅光伏企业抢抓多晶硅行业战略结构调整和国家政策机遇期，占领产业制高点，盘活并延伸带动洛阳市乃至河南省整个硅光伏产业链条的发展。

河南中光学集团有限公司，简称中光学集团，是中国南方工业集团公司直属的大型光电企业，国家机电产品出口基地和河南省高新技术企业，在光、机、电等领域都有较强的生产研发实力，是国际著名的光学冷加工基地，也是目前我国最大的光学薄膜生产企业。现在南阳有三个产区以及广东一个厂区，资产达23亿元人民币。

另外，许昌市也是我国重要的电力电子装备行业生产基地。近年来，通过积极扩大开放，着力加强自主创新，推进重大项目建设，电力电子装备行业综合实力显著提升，具备了加速发展的基础和条件。目前，区域内拥有许继集团、森源电气、阳光电缆、美特桥架、爱迪德电力设备公司等50多家规模以上电力电子装备制造企业，是我国最大的电力二次设备和高压开关研发制造基地。

电子及通信设备制造业具有明显的产业集聚效应，航空港经济区（郑州）的产业建设可以在区域内寻找良好的产业依托，通过富士康带动手机等高端电子类产业的组装生产，同时，在省域内找寻如洛阳硅电子等产业的企业入驻，促使软件产业迅速兴起并形成产业集聚效应。

（三）人才指标

从人才指标来看，电子及通信设备制造业研发人员折合全时当量2015年在全国的值为344 997人/年，远高于其他四类产业，其中，通信设备制造环节137 376人/年，通信系统设备制造环节108 548人/年，为主要的人才投入组成。然而，由图7-9可知，近年来，尽管从业人数表现出上升的趋势，然而，研发人员投入却是在大幅度波动中逐渐趋于缓慢增加。高端人才短缺，已成为电子通信设备企业特别是设计企业的发展"瓶颈"，高端技术人才不足影响到新产品的推出进度。高端管理人才和国际化经营人才不足，劳动力不稳定极大地制约了企业产能的发挥和效益增长，影响到企业的国际化运作和对国际市场的开拓，使本土企业与国际企业的竞争处于劣势地位。

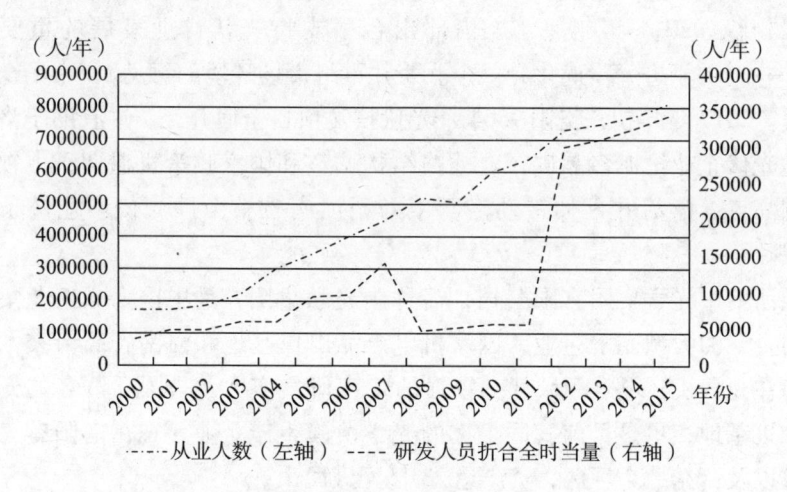

图7-9 电子及通信设备制造业研发及从业人员趋势

资料来源：历年《中国高技术产业统计年鉴》。

从各省市人才及科研投入分布中可以看出，电子及通信设备制造业的地区分布也存在较大差异，主要集中于沿海产业基础良好的珠三角、长三角和环渤海地带，其中，广东2015年从业人数达312万人，河南省44万人，虽然远低于广东省，但是，高于周边省份的从业人数，在全国也居于中等偏上的水平。另外，河南电子及通信设备制造业的从业人员平均人数系数为0.4881，远高于周边从业人员平均人数系数的0.1660，也高于其他四类高新技术产业的在豫从业人员的系数值，同样，印证了河南省从业人数上的优势。

然而，对比从业人数相差不大的山东省，山东省研发人员折合全时当量2015年为12789人，而河南省只有6910人。在豫的电子及通信设备制造业研发人员投入，2015年，其折合全时当量系数为0.1486，与航空（航天）制造业系数接近，低于医药制造业系数的0.1736以及医疗仪器设备及仪器仪表制造业系数的0.3446，略高于周边省份研发人员折合全时当量的系数的0.1029。说明在河南省内，从事该产业的人员投入数量大、占比高，然而真正的研发活动人员投入比例小，表现出在豫的电子及通信设备制造业相对低端，且附加值低的加工组装发展模式。

从全国范围看，高科技指标中，电子及通信设备制造业的研发投入明显高于其他四大高新技术产业的科研投入。科技研发七大组成部分的投入，主要集中于四个方面，其中，研发经费内部支出总计180.59亿元，新产品开发经费支出177.20亿元，技术改造经费支出156.69亿元，研发经费外部支出93.90亿元。较高的研发经费内部支出以及新产品开发经费支出比例，说明电子及通信设备制造业处于研发资金投入比重大、前期科研成本投入比较高的发展阶段，并且大部分投入集中在通信设备制造、通信交换设备制造、电子器件制造等附加值高的环节。

研发投入具有地理集聚性，沿海地区占比绝对优势，其中，广东省2015年科技开发总支出约887亿元，江苏省为251亿元。湖北省从业人数虽然少于河南省，但是，研发支出80亿元远高于河南省20亿元的支出，这也解释了河南省的电子及通信设备制造业的要素投入低级、附加价值小的现状，河南省电子及通信设备制造业的科技水平与其他地区相比仍然存在很大差距。

三 医药制造业

医药制造业是高技术密集的行业，具有高投入、高产出、高风险、高技术密集型的特点，世界各国都把医药制造业作为重点产业。我国医药行业进入发展的黄金时代已经毋庸置疑。刚性需求的增加、人口老龄化的加剧、药品和诊疗方式的升级换代带来医药行业的内生增长，财政投入不断加大、消费升级和产业转移等因素都给我国医药行业带来了加速度。医药制造业作为国民经济行业分类GB/T4754—2002中的大类行业，包括化学药品原药制造业、化学药品制剂制造业、中药饮片加工业、中成药制造业、兽用药品制造业、生物生化制品制造业、卫生材料及医药用品制造业七个中类行业。

（一）价值定位

依据《中国高技术产业统计年鉴》的行业划分，医药制造业，包含化学药品制造、中成药生产、生物药品制造三个分行业，其中，化学药品制造为增值最多的环节。我国医药制药业总体规模在五大高新技术产业中排在第2位,在国民经济36个行业中排名中间位置,医药制造业整体呈现出良好的发展趋势(见图7-10)。

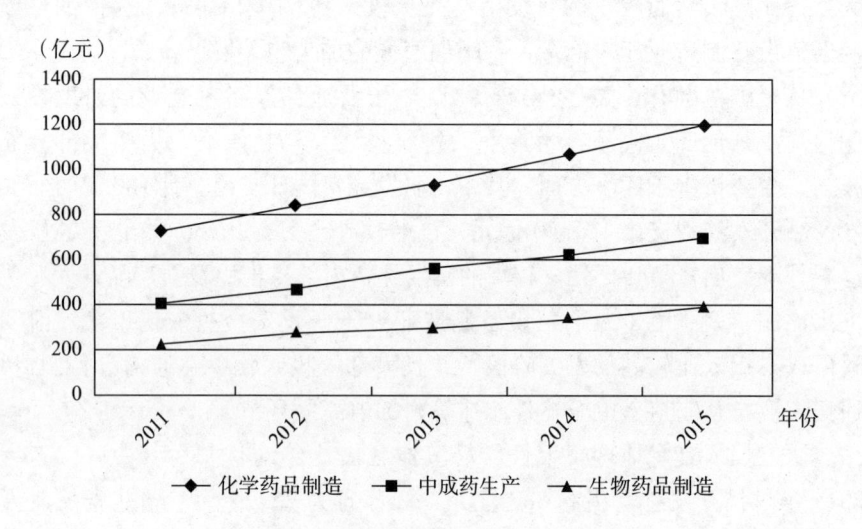

图7-10 医药制造业各环节历年利润值

资料来源:历年《中国高技术产业统计年鉴》。

医药制造业在河南省的价值优势体现为,主营业务系数为0.2624,接近医疗仪器设备及仪器仪表制造业系数的0.2787,低于电子及通信设备制造业系数的0.3811,高于其余两类高新技术产业,但低于该产业的周边优势系数的0.3695。同样的产值系数为0.2101,低于周边产值系数的0.3169。由此可见,河南省医药制造业有相对比较好的产业基础,同时周边的产业优势也表现明显,可以强强联合,促进周边医药制造业的聚拢集中,促进规模集聚效应。

医药制造业是整个医疗产业中的重要一环。从整个医疗产业角度来看,医药制造业产业链结构为:药材种植为医药原材料提供来源,医药原材料的生产和研发活动辅助医药产品的制造,核心环节包括化学药品制造、中成药生产和生物生化三个组成部分,产业链末端为医药的商业流通和医疗保健服务(见图7-11)。

1. 化学药品制造

化学药品制造业一直以来都是我国医药工业中的优势子行业,具有高技术含量、高资金投入、高风险、高收益和相对垄断的行业特征。由前分析可知，化学药品制造为增值最多的环节。从价值链来讲，化学药品制剂处于价值链高端，按价值递增依次为通用名药（非专利药）和专利药，专利药是整个价值链的顶端。

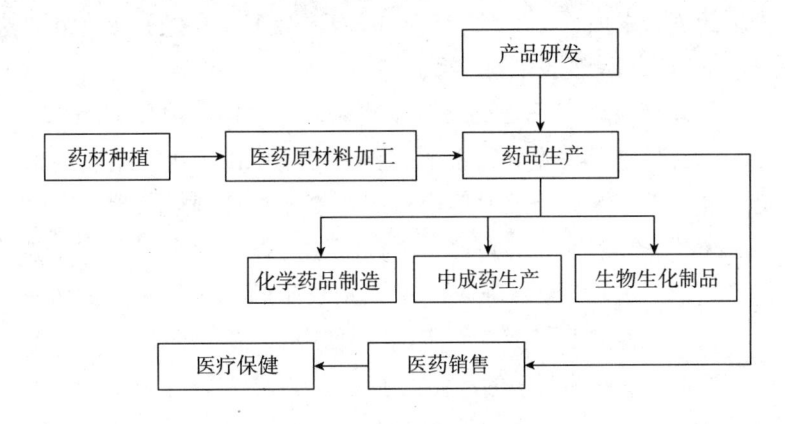

图 7-11　医药制造业产业链

《2013—2017 年中国化学药品制剂行业产销需求与投资预测分析报告》显示，改革开放以来，我国化学药品制剂行业的发展驶入快车道，近几年来，工业总产值增长率都保持在 18% 以上，销售收入增长率基本保持在 20% 以上。从发展趋势看，化学药品制剂行业仍处于快速发展期，未来发展空间巨大。同时，行业利润分配将更加不均衡，行业集中度将进一步提高，具有研发、规模和产品优势的企业将强者更强。

近年来，国际医药市场重心向仿制药转移，我国化学制剂行业产能快速增长，成为化学制剂出口的重要推力，制剂产品出口有所升温。目前，国内已经有多家制药企业的制剂生产线通过了美国和欧盟的 GMP 认证，具备向这些高端市场输出制剂产品的资格，显示出良好的发展前景。有关数据显示，2011 年，我国化学制剂行业出口金额达到 21.74 亿美元，同比增长 40.2%。

2. 中成药生产

中成药也属于医药制造业的一个重要环节。中成药主要是指以中草药为原料、经过不同炮制方法及加工制备成丸、散、丹、膏等不同类型的剂型。随着现代医疗技术的不断发展，中成药的种类及用药方式逐年增多。值得一提的是，部分名优中成药通过现代技术创新和临床再评价研究，进行"二次开发"，提高了临床疗效及药品质量，打造成了中成药

"精品",为名优中成药注入了新的活力,如金水宝、养血清脑颗粒、保心丸、藿香正气软胶囊、安神补脑液等。

随着中成药市场的稳步扩大,中药治本的疗效逐渐被人们重视,加上《中医药创新发展规划纲要(2006—2020年)》等一系列政策的扶持和促进,中成药制造业发展进入跃升期。2011年,中成药制造业当年价总产值为3543.8亿元,占医药制造业的23.7%,同比增长33.67%。

从医药制造业产业链中代表企业空间分布可以看出,中成药生产的这些企业分布并不像电子及通信设备制造产业那样规模集聚,也没有表现出集中在经济发达区域的特征,并且临近河南省的中部省份优势比较明显,例如,山东省的东阿阿胶股份和步长制药、河北的神威药业、陕西的步长制药,再加上河南省南阳的宛西制药,可以通过优势互补,进而增强河南省的中成药制造的产业竞争力。

3. 生物生化制品

生物制品是指以微生物、寄生虫、动物毒素、生物组织作为起始材料,采用生物学工艺或分离纯化技术制备,并以生物学技术和分析技术控制中间产物和成品质量制成的生物活性制剂,批准文号为"国药准字S"开头,如乙肝疫苗、人血白蛋白等。生化药品是指从动物、植物和微生物等生物体中经分离提取、生物合成、生物—化学合成、DNA重组等生物技术获得的一类防病、治病的药物,批准文号一般为"国药准字H"开头,如胰岛素、18种氨基酸注射液等。

由《中国高技术产业统计年鉴》可知,生物生化制品在整个医药制造业中占比并不高,但呈现出逐年增长的趋势,作为医药制造业必不可少的组成部分,为后期的医药销售以及临床治疗提供了基本的药物辅助功能。

4. 医药销售及生疗保健

近年来,医药销售及医疗保健作为医药制药行业的下游环节发展迅猛,尤其是医疗保健,具有广阔的市场空间。根据国家统计局的统计,2016年,我国医药制造业(规模以上企业)实现主营业务收入28062.90亿元,较上年同期增长9.7%;2016年,实现利润总额3002.90亿元,较上年同期增长13.9%。[①] 与2012年医药制造业产品销售收入、利润总额

---

① 中国产业信息网:《2017年我国医药行业发展现状分析》,中国产业信息网—行业频道,2017年7月21日,http://cache.baiducontent.com/c? m=9d78d513,2018年3月16日。

第七章 航空港经济区(郑州)重点"蘑菇云"产业比较优势量化分析 179

等指标相比，2016年的销售收入增幅和利润增幅双双放缓。收入、利润放缓的主要原因是医保控费、行业整体仍然处于降价周期内、企业的费用水平较高以及企业成本上涨等（见图7-12）。

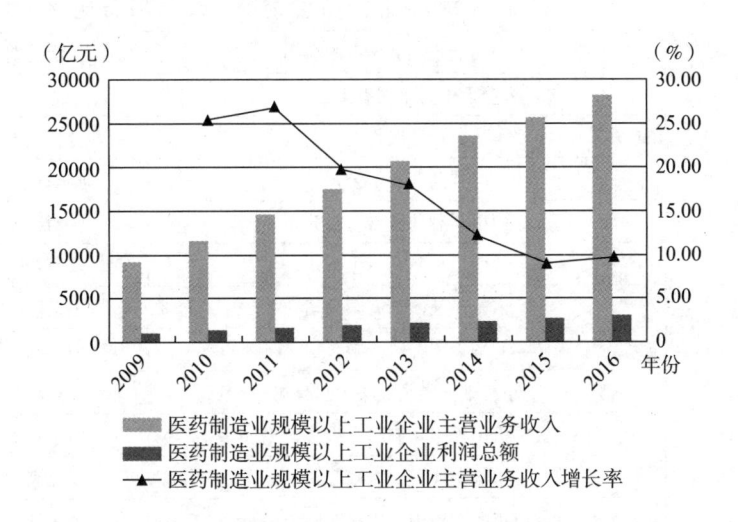

图7-12 2009—2016年医药制造业企业经营情况

资料来源：根据公开资料整理。

（二）空间布局

医药制造业产业链中代表企业及空间分布如表7-11所示。

表7-11 医药制造业产业链中代表企业及空间分布

产业链	代表企业	所在地区
化学药品制造	扬子江药业集团有限公司	江苏泰州
	哈药集团有限公司	黑龙江哈尔滨
	西安杨森制药有限公司	陕西西安
	拜耳医药保健有限公司	北京
	上海罗氏制药有限公司	上海
	诺和诺德（中国）制药有限公司	天津
	仁和（集团）发展有限公司	江西樟树
	辉瑞制药有限公司	北京
	江苏恒瑞医药股份有限公司	江苏连云港

续表

产业链	代表企业	所在地区
中成药生产	吉林敖东药业集团股份有限公司	吉林敦化
	山东省东阿阿胶股份有限公司	山东东阿
	云南白药集团股份有限公司	云南昆明
	天津天士力集团有限公司	天津
	修正药业集团股份有限公司	吉林长春
	神威药业有限公司	河北石家庄
	广西梧州制药股份有限公司	广西梧州
	陕西步长制药有限公司	陕西西安
	山东步长制药有限公司	山东菏泽
生物生化制品	升华集团控股有限公司	浙江湖州
	山东三维油脂企业集团总公司	山东临沂
	临沂山松生物制品有限公司	山东临沂
	中牧实业股份有限公司	北京
	龙口市龙丰田力宝肥料有限公司	山东烟台
	宝鸡阜丰生物科技有限公司	陕西宝鸡
	诺维信（中国）生物技术有限公司	天津
	浙江鑫富生化股份有限公司	浙江临安
	深圳赛诺菲巴斯德生物制品有限公司	广东深圳
	兰州生物制品研究所	甘肃兰州
医药销售及医疗保健	国药控股国大药房有限公司	上海
	中国北京同仁堂（集团）有限责任公司	北京
	重庆桐君阁大药房连锁有限责任公司	重庆
	云南鸿翔一心堂药业（集团）股份有限公司	云南昆明
	大参林医药集团股份有限公司	广东广州
	辽宁成大方圆医药连锁有限公司	辽宁大连
	深圳市海王星辰医药有限公司	广东深圳
	湖北同济堂药房有限公司	湖北武汉
	上海华氏大药房有限公司	上海

资料来源：中商情报网。

目前，我国生物医药产业集群化分布进一步显现，已初步形成以长三角、环渤海为核心,珠三角、东北等中东部地区快速发展的产业空间格局。产业规模集中指标中,医药制造业在豫企业单位系数为0.2186,相对来说,河南省区域范围内具备比较好的产业基础,河南是医药大省,高技术企业有41.6%集中在医药制造业,并且河南已经具备了建设中医药强省和生物医药强省的基础条件——具有完善的医药医疗、教育和科研体系;以河南省宛西制药股份有限公司、河南羚瑞制药股份有限公司、辅仁药业集团有限公司、天方药业有限公司和华兰生物技术股份有限公司为代表的制药工业基本形成体系即医药制造业代表企业及分布(见表7-12)。从各子行业构成来看,化学制药企业的产值仍然占据着河南省医药制造业的大半江山,生物制药企业的规模目前最小。医药制造业尤其是中医药制造业和生物医药制造业是河南今后发展高技术产业的重要力量。

表7-12 河南省医药制造业代表企业及分布

代表企业	所在地市
辅仁药业集团有限公司	周口
河南省宛西制药股份有限公司	南阳
河南福森药业有限公司	南阳
河南新乡华星药厂	新乡
开援生制药股份有限公司	信阳
天津市药业集团新郑股份有限公司	郑州
南阳利欣药业有限公司	南阳
河南省新谊药业股份有限公司	新乡
河南雅康药业有限公司	商丘
南阳市新生制药有限公司	南阳

资料来源:企领网,根据2015年河南省医药企业收入排名整理。

河南省目前大型的医药制造企业主要分布在周口、南阳、郑州、商丘以及信阳几个典型地区,其中,商丘和郑州的医药制造企业对航空港经济区(郑州)医药制造业的影响力度最大。医药制造业的产品属于航空度偏高的品类,适合在港区布局产品的销售及物流渠道。因此,河南省各大型医药企业都可以抓住港区建设的机遇,加快入驻港区,在自身进步的同时,进一步提升港区的高端制造业水平。

产业转移优势度指标中,系数排名前五的省份分别为山东省、江苏省、河北省、浙江省和湖北省。山东省的东阿阿胶股份有限公司和步长制药有限公司发展突出。江苏省的医药制造业产业优势表现为地处长三角地区，拥有最多的跨国生物医药企业，在研发与产业化、外包服务、国际交流等方面具有较大优势，已逐步形成以上海为中心的生物医药产业集群。河北省以神威药业集团有限公司为代表，神威药业集团有限公司是重要的现代中药研发、生产基地，是我国现代化水平最高、产销量最大的中药注射液专业生产企业。医药制造业是浙江省重点发展的战略新兴产业，得到了政策扶持，近年来，发展十分迅速。武汉城市群聚集了各类研发机构及知名企业300余家，已形成支撑创新、产业化发展，较为完善的平台和环境。另外，长株潭地区拥有长沙高新区、浏阳生物医药园等多个生物医药产业基地，产业基础雄厚。同时，河南省周边企业单位系数为0.3605，高于其他四类高新技术产业，表明医药制造业在河南省以及河南省周边省份的产业基础都比较好，具备往航空港经济区（郑州）产业转移的可能条件和支撑要素。

（三）人才指标

从人才指标来看，医药制造业研发人员折合全时当量在全国的值为92414人/年，居于高新技术产业平均水平，其中，化学药品制造环节53487人/年，中成药生产环节19801人/年，生物药品制造11088人/年，因此，化学药品制造是医药制造业目前主要的人才投入组成，也是目前增值最大的环节。

从就业人员及研发人员分布来看，山东省2015年医药制造业从业人数为25万人，位列榜首，第二是江苏，其医药制造业从业人数为21万人，河南省以20万人位列全国第三。同时，河南省周边湖北省、河北省的就业人数也处于全国中上水平。从业人员的平均人数系数表现出一致的趋向。医药制造业的从业人员平均人数系数为0.3374，略低于周边从业人员平均人数系数为0.3558，在五大高新技术产业从业人员平均人数系数中名排第三。在豫的医药制造业研发人员投入也表现出一致性。其折合全时当量的比较优势系数为0.1736，低于医疗仪器设备及仪器仪表制造业的0.3446，但高于其他三类产业。周边研发人员折合全时当量的系数为0.3194，表现出周边研发人员数量的优势。说明在河南省及周边区域内，从事该产业的人员投入数量大、占比高，表现出劳动力方面的优势条件（见图7-13）。

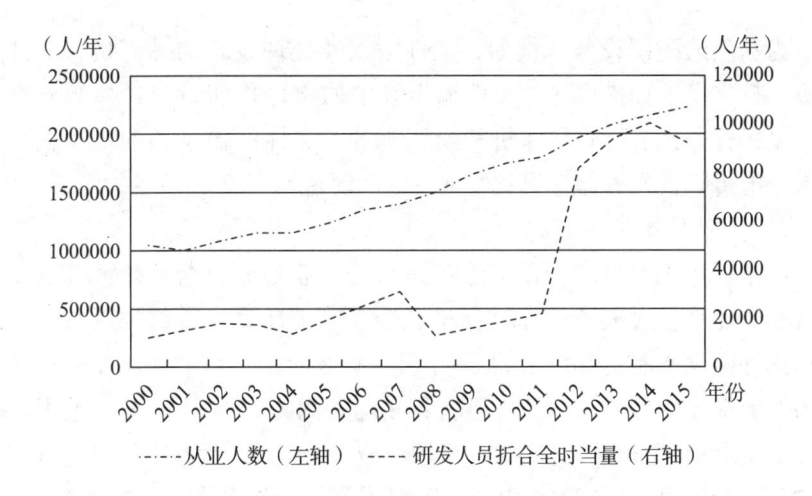

图 7-13　医药制造业研发及从业人员趋势

资料来源：历年《中国高技术产业统计年鉴》。

高科技指标从全国范围内来看，医药制造业的研发投入与五大类高新技术产业平均水平持平，主要集中于三个部分，其中，研发经费内部支出总计 441.46 亿元，新产品开发经费支出 427.95 亿元，技术改造经费支出 115.88 亿元。较高的研发经费内部支出以及新产品开发经费支出比例，表明医药制造业处于研发资金投入比重大、前期科研成本投入比较高的发展阶段，并且大部分投入集中在附加值高的化学药品制造环节。

从研发投入的地理分布来看，各地差异并不突出。2015 年，山东省和江苏省研发投入分别为 199 亿元和 162 亿元，列全国前两名，其次是浙江省和广东省，分别为 92 亿元和 89 亿元。河南省研发投入为 30 亿元，低于湖北 44 亿元的科研经费支出。因此，河南省有待于提高科研投入力度，以加强河南省相对发展占据比较优势的医药制造业。

四　电子计算机及办公设备制造业

电子计算机及办公设备制造业是五大高新技术产业之一，属于附加价值高、知识和技术密集的产业。随着信息化时代的来临，电子计算机及办公设备制造业的产品作为信息内容的硬件，应用日益广泛，与人们的生产联系日益紧密。其中，计算机制造业是生产各种计算机系统、外围设备、终端设备以及其他有关装置的产业，作为一个有形产品的生产制造业，与计算机服务业一起构成计算机产业。大多数办公设备属于以机电为基础的耐用设备，例如，文件输入及处理设备的计算机、文件处理机、打字机、扫描仪等，文件输出设备的文件打印设备，如激光打印机、喷墨打印机、针式打印机和绘图机等，文件传输设备的传真机、计算机、电传机、文件储存设备的微设备、硬盘等。

（一）价值定位

依据《中国高技术产业统计年鉴》的产业划分，电子计算机及办公设备制造业，包含电子计算机整机制造、电子计算机零部件制造、电子计算机外围设备制造和办公设备制造4个分行业，其中，计算机整机制造为增值最多的环节，1995—2015年年均利润为138.53亿元，电子计算机外围制造1995—2015年年均利润为137.96亿元，远高于办公设备制造业的27.81亿元。目前国内沿海地区尤其是珠三角地带的外围设备厂商发展迅速。

2015年，电子计算机及办公设备制造业总营业收入为19320.1亿元，该产业具有明显的地区集聚效应，东部地区经济发达，产业基础好，该产业主营业务收入为13676.1亿元，占70.80%。由于西部大开发战略和"一带一路"倡议对相关产业的财税和政策支持，西部地区该产业主营业务收入为4485.7亿元（占23.2%），反而要高于中部地区的1158.3亿元（占6.0%）。中部地区多为价值链低端的整机制造组装部分，获利水平低，因此，中部地区的该产业不具备产业优势。

河南省电子计算机及办公设备制造业的主营业务系数为0.0484，远低于其他三大类高新技术产业，也低于该产业的周边优势系数的0.1132。同样，其产值系数为0.0736，略低于周边产值系数的0.0988。反映出河南省电子计算机及办公设备制造业产业基础相对薄弱，周边的产业优势也表现不明显。

电子计算机整机制造业的竞争在很大程度上体现为整条产业链的竞争，首先是技术研发形成新产品，大多数企业致力于新产品研发，为零部件制造、外围设备制造以及整机生产环节提供持续的竞争能力。对比计算机整机制造环节，外围设备制造相对来说具有高附加值。计算机整机制造在价值链中的地位日益下降，外包现象更为普遍。价值链末端为产品的市场销售和售后服务，计算机服务软件和计算机制造硬件的结合，共同组成计算机产业的发展（见图7–14）。

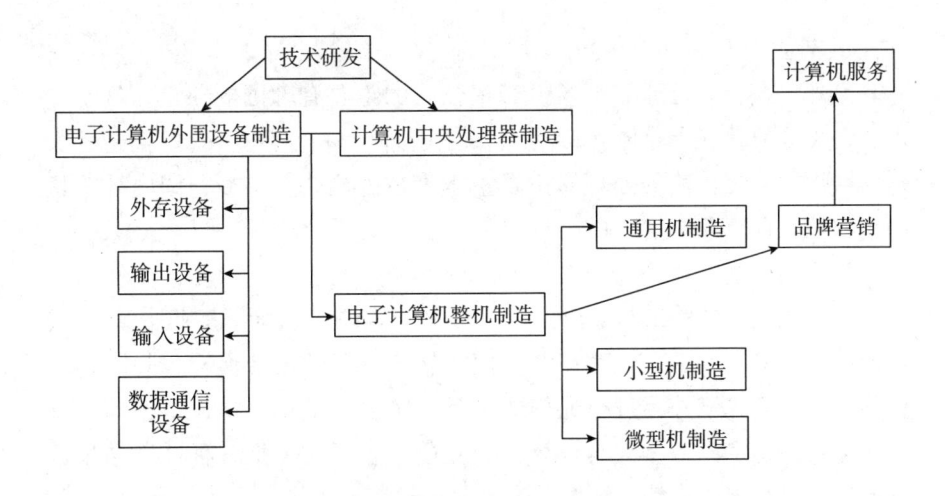

图 7-14 计算机及办公设备制造业产业链

1. 计算机中央处理器制造

计算机中央处理器（CPU）是解释和执行指令的功能单元，是计算机的中枢神经系统，也称为中央处理器或 CPU，与处理器和内存周围被称为外设的设备形成对比，如键盘、显示器、磁盘、磁带机等都是外设。自 1946 年第一台计算机问世以来，计算机的发展已经历了电子管、晶体管中小规模集成电路、大规模集成电路和超大规模集成电路 4 个阶段。中央处理器正是现代计算机系统的核心和引擎，计算机日新月异的发展在很大程度上归结为 CPU 技术的发展。通常，计算机的发展是以 CPU 的发展为表征的。根据摩尔定律，我们知道，微处理器集成度每隔 18 个月翻一番，芯片的性能也随之提高一倍左右。

目前，世界上生产 CPU 最强的公司是美国著名的英特尔公司。2017 年《财富》美国 500 强排行榜发布，英特尔公司排在第 47 位。英特尔凌动系列低能耗处理器已经被应用在多款平板电脑和混合本中，其性能与 ARM 架构处理器相当。英特尔酷睿系列处理器处理能力非常强大，能耗也高，主要用于超级本，以及以微软 Surface Pro3 为代表的高端平板电脑中。英特尔公司在中国（大陆）设有 13 个代表处，分布在北京、上海、广州、深圳、成都、重庆、沈阳、济南、福州、南京、西安、哈尔滨、武汉。公司的亚太区总部在香港特别行政区。英特尔公司在中国设有研究中心，即英特尔中国实验室，由 4 个不同研究中心组成，于 2000 年 10

月宣布成立。

另外,在中国处理器市场占有率较高的主要有韩国的三星,日本的东芝,美国的超威半导体(AMD)、英伟达半导体(NVIDIA)、高通、德州仪器等。我国目前的处理器市场基本上被外国企业垄断,国内计算机制造的核心环节和技术还很薄弱。

2. 计算机外围设备制造

除主机之外的输入与输出设备、外存储器等统称为计算机外围设备,包括输入和输出设备、外存储器、模数转换器、数模转换器、外围处理机等,是计算机与外界进行通信的工具。键盘和鼠标器是最常用的两种输入设备,输出设备是人与计算机交互的一种部件,把各种计算结果数据或信息以数字、字符、图像、声音等形式表示出来。常见的有显示器、打印机、绘图仪、影像输出系统、语音输出系统、磁记录设备等。外存设备的种类很多,目前常用的有磁盘存储器和光盘存储器,磁盘存储器又可分为软盘存储器和硬盘存储器。数据通信设备是指利用有线、无线的电磁或光,发送、接收或传送二进制数据的硬件和软件系统组成的电信设备。包括:数据终端、帧中继设备、ATM 交换机、综合业务交换系统、软交换设备、路由设备、IP 电话网关与网守、网络接入服务器、局域网管理、数字交叉连接设备、DDN 设备、以太网交换设备、媒体网关设备等(见图 7-15)。

整个计算机及通信设备制造业大中型企业 1995—2015 年年均为 400 多家,其中计算机外围设备制造 236 家,远高于计算机整机制造的 99 家。并且依据价值指标中的分析,电子计算机外围制造为计算机制造业增值最多的环节,1995—2015 年,年均利润为 142.98 亿元,高于计算机整机制造的 109.94 亿元,远高于办公设备制造业的 20.86 亿元,发展态势良好。

计算机外围设备制造主要集聚于经济发达的珠三角、长三角和环渤海地区,具有明显的规模集聚效应。这些地区天然具有外商入驻的良好经济和科技条件,能够为国际计算机龙头企业的外围设备制造提供发展空间和需求市场(见表 7-13)。

3. 计算机整机制造

计算机整机制造分为通用机制造、小型机制造和微型机制造三个组成部分。20 世纪 50 年代初是计算机制造业的萌芽期。那时,计算机产品性能价格比很低,市场很小,计算机制造业是单一结构,只有通用机制造

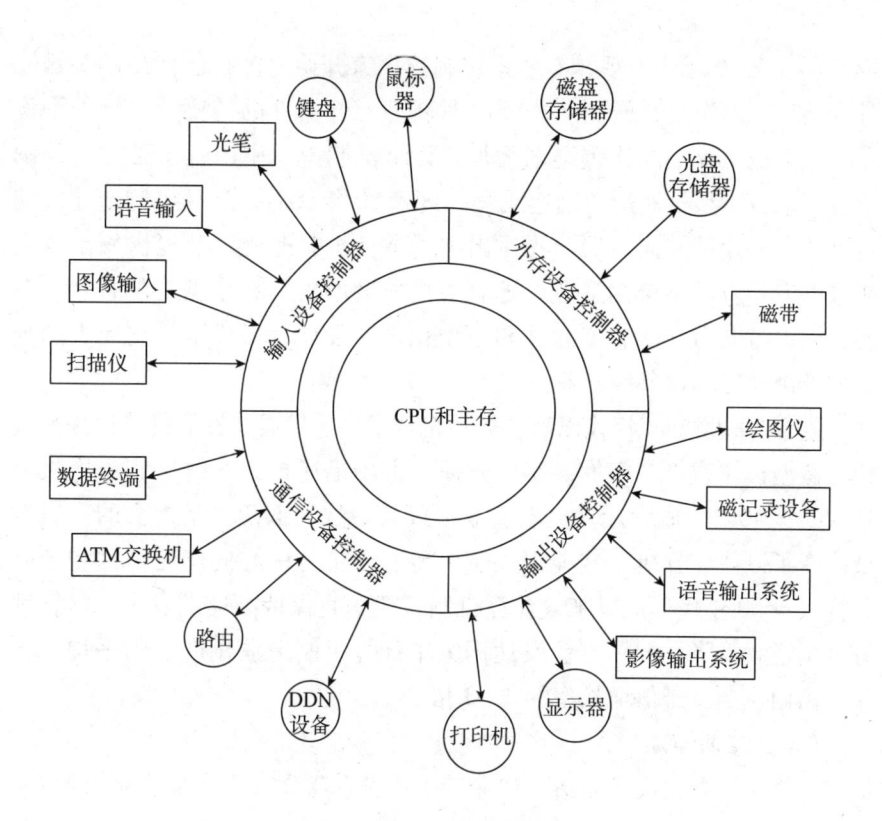

第七章 航空港经济区（郑州）重点"蘑菇云"产业比较优势量化分析

图 7-15 计算机外围设备

表 7-13　　　　　　　　计算机外围设备制造地区集聚情况

区域	占国内总产量的比重（%）	主要城市	主要生产产品
珠三角	45.5	以深圳为龙头，包括珠海、东莞、中山、惠州、顺德	东莞PC机、电脑磁头、机箱、扫描仪、电路板、光盘驱动器及键盘
长三角	23.3	以上海为龙头，包括苏州、无锡、杭州、宁波	上海笔记本、苏州鼠标器、主机板、显示器、扫描仪和液晶板
环渤海地区	17.4	以北京为龙头，包括天津、烟台	京津的显示器

资料来源：郑勇军、汤筱晓：《集群间产业链整合：提升产业竞争力的重要途径——以中国沿海地区计算机制造业集群为例》，《工业技术经济》2006年第7期。

厂家。进入60年代以后，有些系统制造厂家开始生产自己使用的关键元件和器件，以满足在研制新机器时对新型元件器件的需要。由于外围设备在计算机系统中的比重逐渐增加，计算机制造业中出现了独立的外围设备厂家，小型机制造业迅速成长。进入70年代后，计算机制造业的结构继续向多业种方向发展，先后出现了微型机制造业以及提供用于特定领域的专门应用系统制造业。随着主机速度的提高和小型机的普及，各种外围设备向高性能、多品种和小型化方向发展，形成了一支庞大的独立的外部及终端设备制造业。

进入20世纪80年代以后，微型机技术迅速发展，性能价格比提高极快。微型机体积小、廉价，使用方便，市场迅速扩大。销售额年增长率达35%—40%，成为计算机制造业中成长最快的部门。微型机的高速发展改变了以往计算机制造业以大、中型通用机为中心的产业结构和产品结构。自50年代形成以来，计算机制造业一直保持高速度发展，尽管硬件成本连续下降，但在工业发达国家中计算机制造业年产值的平均增长率为国内生产总产值增长率的2—3倍。

（二）空间布局

计算机及办公设备制造业产业链中代表企业及空间分布情况如表7-14所示。

表7-14　计算机及办公设备制造业产业链中代表企业及空间分布

产业链	代表企业	所在地区
计算机外围设备制造	北京清华紫光电子公司	北京
	武汉艾德蒙科技股份有限公司	湖北武汉
	广州昂达电子有限公司	广东广州
	深圳市漫步者科技股份有限公司	广东深圳
	惠科电子（深圳）有限公司	广东深圳
	世和资讯七彩虹科技发展有限公司	广东深圳
	蓝宝石科技有限公司	广东梅州
	深圳市嘉威世纪科技有限公司	广东深圳
	宁波中嘉科贸有限公司	浙江宁波
	晟碟半导体（上海）有限公司	上海
	双飞燕科技股份有限公司	广东东莞
	香港剑桥国际科技集团	香港

续表

产业链	代表企业	所在地区
整机制造	鸿富锦精密工业（深圳）有限公司	广东深圳
	达功（上海）电脑有限公司	上海
	达丰（上海）电脑有限公司	上海
	英顺达科技有限公司	上海
	联想信息产品（深圳）有限公司	广东深圳
	联想（北京）有限公司	北京
	达业（上海）电脑科技有限公司	上海
	上海惠普有限公司	上海
	戴尔（厦门）有限公司	福建厦门
	伟创力实业（珠海）有限公司	广东珠海
计算机品牌营销	苹果公司	北京
	三星集团	
	联想集团	
	中国惠普有限公司	北京
	北大方正集团有限公司	北京
	海尔集团	北京
	清华同方股份有限公司	北京
	神舟电脑股份有限公司	广东深圳
	中国长城计算机深圳股份有限公司	广东深圳
	TCL电脑科技（深圳）有限公司	广东深圳

资料来源：中国产业信息网。

由表7-14可知，我国计算机及办公设备制造业主要集聚在珠三角、长三角、环渤海及我国台湾地区。产业转移优势度指标进一步可以印证，排名前五的省份为江苏省、广东省、北京市、上海市和山东省。虽然距离河南省都较远，但是，产业优势依然很明显，表明计算机及办公设备制造业在沿海经济发达地区的规模集聚效应明显。

珠三角以计算机外围设备制造为主，这一区域汇集了包括华为技术有限公司、富士康科技集团、神舟电脑股份有限公司在内的多家大型信息技术企业，地理位置十分优越。尤其是深圳企业密集，拥有提供音响制品的深圳市漫步者科技股份有限公司，生产显卡的世和资讯七彩虹科技发展有限公司，主导产品为LCD显示器的惠科电子有限公司等，具有明显的产业集聚效应。另外，神舟电脑股份有限公司作为国内创立自有品牌的代表近年来迅速崛起，2001 年，神舟电脑股份有限公司进入电脑整机市场，到 2007 年已成长为中国电脑产业的领导厂商之一。

中国台湾的精密机械非常发达，著名的电脑品牌有宏碁、明基和华硕，在大陆沿海尤其是上海和苏州工业园布局有大量的台商电脑组装厂，占据中国市场的重要地位。如目前全球第一大笔记型电脑研发设计制造公司，中国台湾的广达电脑，2000 年在上海松江出口加工区投资 1.7 亿美元，建立了以达丰（上海）电脑有限公司为首的八个子公司和达研、达威两个兄弟企业构成的 QSMC 广达上海制造城。

环渤海地区以北京为代表，中关村的信息技术发展基础良好。中国本土的电脑品牌代表为联想。从 1996 年开始，联想电脑销量一直居中国国内市场首位，2013 年联想电脑销售量升居世界第一位，成为全球最大的 PC 生产厂商。联想集团 2004 年以 12.5 亿美元正式收购 IBM 全球 PC 业务，2014 年 1 月 30 日，联想集团又以 29 亿美元的价格从谷歌手中收购了摩托罗拉移动，以期形成更强大的品牌效应，进一步迈向国际市场。

电子计算机制造业具有明显的地理集聚性，它不同于航空（航天）制造业或者是医药制造业，对于地理位置和自然资源的依赖性不高，主要受资本、高级劳动力和技术的影响，同时绝大部分的计算机制造产业尤其是 CPU 的生产主要还是依赖进口，整机制造大多也是外资企业在华设厂或者是国内代加工的形式。因此，中国在计算机及办公设备制造业整个产业链条上仍处于低端的弱势地位。

值得注意的是，目前国内计算机市场多为国外品牌，除了中国台湾，还有大量的美国企业在华设厂或者外包，例如苹果公司、惠普公司、戴尔公司、韩国的三星集团和日本的索尼公司等，这些大品牌往往整个产业链条呈现分离状态，在多个地区有不同环节的布局。如在上海以品牌营销为主，在苏州以产品组装为主。跨国企业在中国的投资布局影响了当地的产业结构和发展情况，由此形成了沿海地区大规模的计算机生产制造业集聚。

河南省产业规模集中系数显示，计算机及办公设备制造业在豫单位数集中系数为 0.2590，远高于产业周边单位集中度系数的 0.1032，同时也高于其他三个高新技术产业指数（医疗仪器设备及仪器仪表制造业 0.2592 除外），表明河南省在中部地区相对来说具有集中程度的比较优势。这主要是缘于2010年富士康科技集团入驻航空港经济区（郑州），迅速带动本地的劳动力市场（仅2014年富士康科技集团吸纳20万—30万人）和计算机产业发展实力。因此，借助广阔的市场需求和综合保税区的优惠政策，吸引更多的国内外科技经济实力雄厚的计算机制造龙头企业进驻港区，对弥补河南省乃至中部地区弱势的计算机产业来说，是一大盛举。

（三）人才指标

从人才指标来看，电子计算机及办公设备制造业研发人员折合全时当量的值为57035人/年，在五大高新技术产业中排名第四，其中计算机整机制造环节27812人/年，电子计算机零部件制造环节6682人/年，电子计算机外部设备制造环节7297人/年，办公设备制造5312人/年，表明电子计算机及办公设备制造业目前研发人员投入仍然是比较低的水平，其中，整机制造环节为简单的加工组装，附加值低，研发人员投入也比较滞后。从电子计算机及办公设备制造业研发及从业人员趋势（见图7-16）可以看出，电子计算机及办公设备制造业从业人数和研发人员折合全时当量每年均显著上升，但在2012年分别达到峰值，从业人数接近200万人，研发人员折合全时当量将近5.8万人，在随后的三年都呈逐年下降的趋势。主要原因是全球经济危机后世界经济缓慢复苏，国内经济增

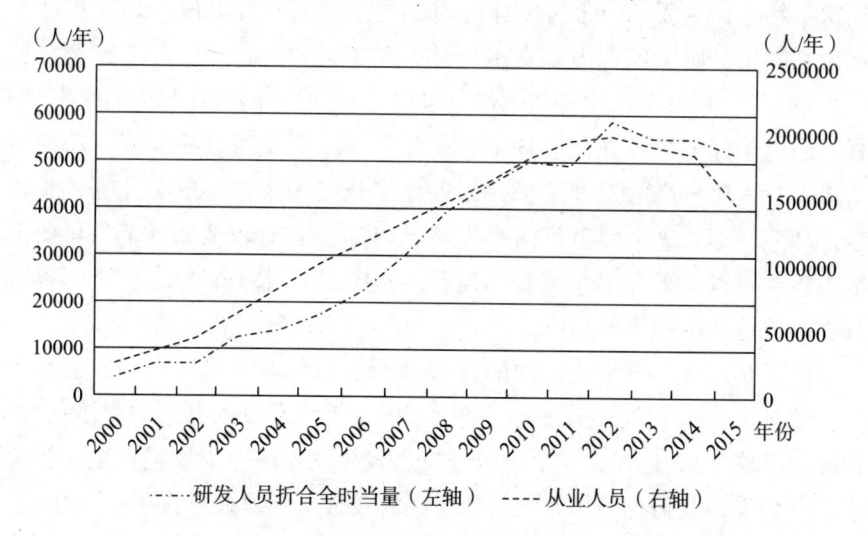

图7-16 电子计算机及办公设备制造业研发及从业人员趋势

资料来源：历年《中国高技术产业统计年鉴》。

速也不断放缓，全球经济衰退和经济形势的变化带来宏观经济的波动风险，受外部环境不利、自身经济结构调整的双重影响，宏观经济带来的主要风险是需求的减少。计算机制造行业对出口的依存度较高，而当时世界经济进入衰退期并持续低迷，对我国出口产生了一定的影响。

从电子计算机及办公设备制造业各省市的人员投入来看，广东、江苏两省表现出明显的人员优势，广东2015年从业人员平均人数达到47万人，江苏达到33.5万人，遥遥领先于其他省份。另外，山东省研发人员数量在全国也居于领先水平，达到17219人，超过广东省的15566人和江苏省的11174人。而河南省从业人数和研发人员数量仅为1.5万人和434人。再从系数来看，在豫的电子计算机及办公设备制造业研发人员投入也表现出相对弱势的水平，研发人员折合全时当量比较优势系数为0.0215，远低于其他四类高新技术产业在豫的比较优势，同时其周边优势系数为0.2859，在豫优势和周边优势都不明显。另外，从业人员平均人数在豫系数为0.1571，周边系数为0.0758，也都远低于其他四类高新技术产业的系数值。反映出河南省的电子计算机及办公设备制造业的人员数量比例少，而且劳动力素质水平不高，研发投入更是较少，因此，属于河南省应重点增加科研人员投入的产业。

电子计算机及办公设备制造业的研发投入与五大类高新技术产业平均水平持平，主要集中于研发经费内部支出和新产品开发经费支出两个部分，其中，研发经费内部支出总计158.8亿元，新产品开发经费支出173.9亿元。较高的研发经费内部支出以及新产品开发经费支出比例，同样说明电子计算机及办公设备制造业处于研发资金投入比重大，前期科研成本投入比较高的发展阶段，并且大部分投入集中在电子计算机整机制造环节，尽管这个环节目前来说属于附加值相对较低的环节。科研的大力投入可以改善其工艺流程，提升制造的技术水平和效率，进而提升其在产业链条上的价值和地位。

高科技指标从全国范围内的分布来看，与从业人员的密集程度分布是一致的，产业发展比较好的广东省2015年研发投入高达800多亿元，而河南省仅为43亿元，在全国居于投入较少的水平，对于港区电子计算机及办公设备制造业的科技创新和产业发展难以起到很好的推动作用。

五 医疗仪器及仪器仪表制造业

医疗仪器设备及仪器仪表制造业作为高新技术产业的五大类产业中

不可或缺的组成之一，具有重要的经济贡献和地位。由于河南省的医药制造产业基础较好，鉴于航空港经济区（郑州）优势产业选择的考虑，这里重点对医疗仪器设备制造业进行分析。医疗仪器设备制造业是知识密集、资金密集型的高技术产业，是医学、机械、电子、塑料多种技术相交叉的领域，其核心技术涵盖医用高分子材料、检验医学、血液学、生命科学等多个学科，其发展水平代表了一个国家和地区的综合实力和科学技术发展水平。

医疗仪器设备制造业产业链如图 7-17 所示，产业链上游的产品研发为零部件医疗器械的生产提供技术支撑，核心医疗器械共有 6 个细类组成，分别为医疗诊断、监护及治疗设备制造，医疗实验室及医用消毒设备和器具制造，口腔科用设备及器具制造，医疗、外科及兽医用器械制造，机械治疗及病房护理设备制造和假肢、人工器官及植（介）入器械制造等。产业链末端仍然为医疗器械销售，主要是与医院门诊等医疗机构进行对接。

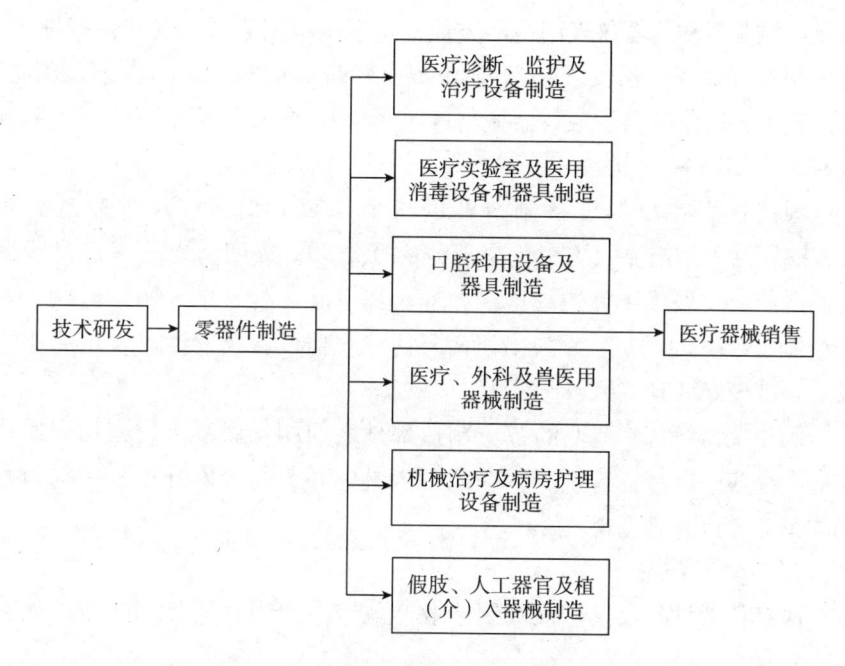

图 7-17 医疗仪器设备制造业产业链

鉴于《中国高技术产业统计年鉴》中医疗仪器设备制造业、仪器仪表制造业这两个产业合并在一起，以下采用的数据分析为综合分析。

（一）价值定位

医疗仪器设备制造市场是当今世界经济中发展最快、国际贸易往来最为活跃的市场之一。美国、欧洲、日本共同占据超过 80% 的全球医疗仪器设备制造市场，处于绝对领先地位，其中，美国是世界上最大的医疗仪器设备生产国和消费国，其消费量占世界市场的 40% 以上。我国医疗仪器设备制造市场迅速壮大，已成为世界第二大医疗仪器设备制造市场，已经成为带动全球市场增加的主要区域。

中国医疗仪器设备制造业的蓬勃发展原因有二：一是中国是制造业大国，国际上对医疗仪器设备的巨大需求为中国医疗器械制造企业提供了大量的订单；二是中国自身医疗仪器设备制造市场的日益增长。随着医疗卫生改革的逐步推进，基层和农村医疗服务体系的建立，为医疗仪器设备制造业的增长提供了新的生长空间。另外，人均可支配收入的提高和人民对自身保健意识的提高也为医疗器械的增长增加了助动力。

医疗仪器设备及仪器仪表制造产业的价值体现主要包括医疗仪器设备及器械制造和仪器仪表制造两方面，从全国范围来看，营利性指标中，医疗仪器设备及仪器仪表制造业 1995—2015 年年均总利润为 292.02 亿元，其中，医疗仪器设备及器械制造业利润为 74.62 亿元，仪器仪表制造业利润为 217.41 亿元。

河南省医疗仪器设备制造业的价值体现方面，主营业务系数为 0.2787，高于该产业的周边优势系数的 0.2370。表明河南省医疗仪器设备制造产业发展优于周边地区。同样，其产值系数为 0.2496，也高于周边产值系数的 0.2038。反映出河南省医疗仪器设备及仪器仪表制造业的发展基础较好，具有区域比较优势。

医疗仪器设备制造业的各个制造部件之间相互联系比较密切，往往在一个企业中进行复合生产，在此不做具体环节的价值分析，在空间布局的企业分析时有显现。

（二）空间布局

医疗仪器设备及仪器仪表制造业产业链中代表企业及空间布局如表 7-15 所示。

由表 7-15 可知，我国医疗器械制造业已经形成京津环海地区、长三角及珠三角三大区域的产业集聚区。京津环海地区是以北京为主中心的，以科技、临床、人才资源为核心的医疗诊断、监护及治疗设备制造，口腔

表 7-15　医疗仪器设备及仪器仪表制造业产业链中代表企业及空间布局

产业链	代表企业	所在地区
医疗诊断、监护及治疗设备制造	飞利浦（中国）投资有限公司	上海
	通用电气医疗系统（中国）有限公司	江苏无锡
	西门子（中国）有限公司	北京
	沈阳东软医疗系统有限公司	辽宁沈阳
	北京万东医疗装备股份有限公司	北京
	日立医疗器械（北京）有限公司	北京
	东芝医疗系统（中国）有限公司	北京
	深圳迈瑞生物医疗电子股份有限公司	广东深圳
	江苏鱼跃医疗设备有限公司	江苏丹阳
	邦盛医疗装备（天津）有限公司	天津
医疗实验室及医用消毒设备和器具制造	山东新华医疗器械集团	山东淄博
	青岛颐中生物工程有限公司	山东青岛
	常州医疗器材总厂有限公司	江苏常州
	青岛澳柯玛股份有限公司	山东青岛
	成都润兴消毒药业有限公司	四川成都
	胶南市华青卫生材料有限公司	山东青岛
	沈阳消毒设备制造公司	辽宁沈阳
	山东康宝净化设备有限公司	山东济南
	湖南共创衡阳医疗器械有限公司	湖南衡阳
	沈阳恒通实验室装备有限公司	辽宁沈阳
口腔科用设备及器具制造	北京安杰龙科技有限公司	北京
	北京中西远大科技有限公司	北京
	大连垠艺生物材料研制开发有限公司	辽宁大连
	圣犹达医疗用品（上海）有限公司	上海
机械治疗及病房护理设备制造	佛山市东方医疗设备厂有限公司	广东佛山
	先健科技（深圳）有限公司	广东深圳
	山东育达医疗设备有限公司	山东济宁

资料来源：中国产业信息网。

科用设备及器具制造的产业集群；长三角洲是以上海为核心的医疗诊断、监护及治疗设备制造的产业集群；珠三角是以深圳为中心，以机械治疗及病房护理设备制造为核心的产业集群。

另外，山东省的医疗仪器设备制造业表现突出，淄博和青岛的医疗实验室及医用消毒设备和器具制造业在全国名列前茅。四川省和湖南省的医疗仪器设备制造业也占据全国重要地位。

产业规模集中程度指标中，医疗仪器设备及仪器仪表制造业的全国大中型企业1995—2015年年均企业为610家，其中，医疗仪器设备制造148家，仪器仪表制造业462家。与电子计算机及办公设备制造业规模接近，但远低于医药制造业的1309家和电子及通信设备制造业的2633家。产业转移优势度指标中，排名前五的省市为江苏省、山东省、浙江省、北京市、广东省。另外，通过主要医疗器械品牌产品可以看出，国外医疗设备制造占据很大比例，同时，在京津沪地区和珠三角形成医疗设备制造集聚。值得一提的是，毗邻河南省的山东省医疗器械生产具有明显的产业优势。

此外，医疗仪器设备及仪器仪表制造业在豫企业单位系数为0.2592，略高于其他四类高新技术产业，相对来说，河南省区域范围内具备比较好的产业基础，同时，其周边企业单位系数为0.2582，表明医疗仪器设备及仪器仪表制造业在河南省以及河南省周边省份的产业基础都比较好，可以通过进一步的优势产业集中，壮大专业集聚优势。

电子计算机和医疗器械制造都表现出外商品牌在市场上高度垄断的产业特征，一方面，国外的大型企业进驻国内，带动相关地区产业的集聚，劳动力的就业，推动经济进步；另一方面，对于国内的相关企业发展来说，面临低端锁定的境地，只能充当跨国公司的代加工厂，产业附加值低，创新能力弱，在市场上很难与外资企业品牌竞争，高新技术产业基于产业特质，更应该具备自主创新的能力，目前的市场集中程度堪忧。

（三）人才指标

从人才指标来看，医疗仪器设备及仪器仪表制造业研发人员折合全时当量为83523人/年，低于高新技术产业平均水平的145397人/年，其中，医疗仪器设备制造业为19172人/年，仪器仪表制造业为64349人/年，表明目前国内医疗仪器设备制造仍处于低端加工环节，不具备研发人员投入优势，如图7-18所示。综前所述，目前国内大型的医疗仪器设备制造业主要为跨国企业，深受经济波动风险影响，同时也反映出中国的医疗仪器设备对国外的依存度高，存在攀附型增长的风险。

从医疗仪器设备及仪器仪表制造业各省市人才分布可知，江苏省2015年医疗仪器设备及仪器仪表制造业就业人数将近29万人，研发人员134748人，远远高于其他省份。这是由于江苏省的产业基础良好，同时跨国公司的投资带动效应明显，其中，位于江苏无锡国家高新技术产业开发区的通用电器医疗系统（中国）有限公司，是医疗影像、信息技术、医疗诊断、患者检测监护、疾病研究、药物研发以及生物制药等领域的全球领先者，拥有23项国际专利，其自行开发的高档笔记本彩超居世界领先水平。

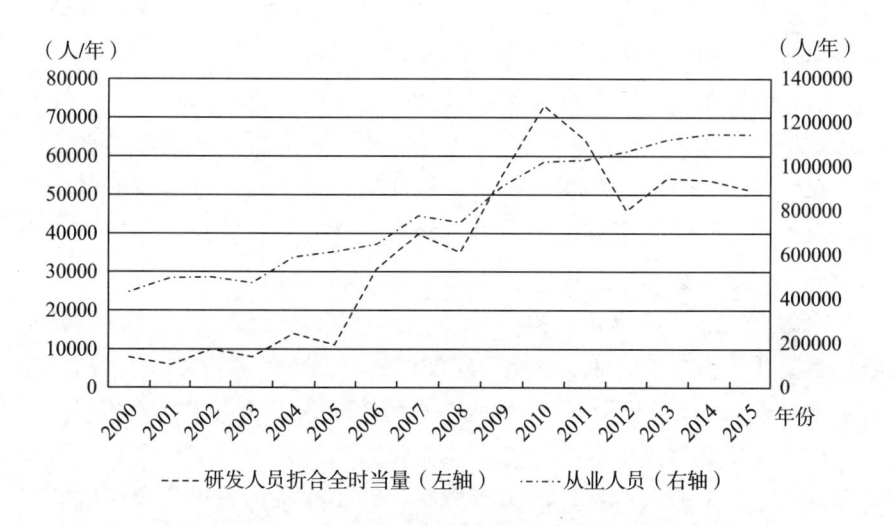

图7-18　医疗设备仪器制造业研发及从业人员趋势
资料来源：历年《中国高技术产业统计年鉴》。

在郑的医疗仪器设备及仪器仪表制造业研发人员投入表现出较高的产业优势，其折合全时当量系数为0.3446，远远高于其他三类产业，也高于自身周边系数的0.1788。河南省医疗仪器设备及仪器仪表制造业从业人员平均人数系数为0.4070，高于其周边从业人员平均人数系数的0.2286。说明在河南省从事该产业的人员投入数量大，占比高，表现出劳动力方面的优势条件。受宏观背景的影响，随着医保体系的覆盖范围不断扩大，消费者支付能力逐渐提升，政府基层医疗体系建设投入的持续增加，医疗器械行业未来增长潜力巨大。另外，河南省本身具有良好的医药制造产业优势，医药制造业良好的产业基础加上工业技术水平的进步，可以有力地促进医疗器械行业的发展。

第三节 重点"蘑菇云"产业选择小结

一 重点产业在郑发展优势分析

通过上述分析，大致可知五大高新技术产业都是资金技术密集，附加价值高的产业，符合航空港经济区（郑州）对产业选择的基本要求，应考虑在港区布局相关企业。但是，由于河南省的这五个产业优势情况不尽相同，不同产业应考虑不同的发展战略。

医药制造业、医疗设备及仪器仪表制造业产业基础相对良好，并且周边诸如山东、河北的产业链条也比较完善，可以首先注重培养本地的企业在航空港经济区（郑州）布局，进而带动整个河南省区域的医药及医疗设备制造产业的产业链条转型升级。其次，可以通过合作协议，积极争取相关企业资源，配套产业所需的基础设施，做到互惠共赢。

河南省的电子计算机及办公设备制造业产业基础最为薄弱，其中，整机制造环节为简单的加工组装，附加值低，低于计算机外围设备制造，研发人员投入也比较滞后。该产业在沿海经济发达地区集聚效应明显，并且该产业受全球经济影响较大，存在较高的对外依存度，沿海一些计算机制造龙头企业的科技经济实力雄厚，如果有条件合作洽谈，借助广阔的市场需求，争取入驻航空港经济区（郑州），对弥补河南省乃至中部地区弱势的计算机产业来说，是快速培育产业基础的重要条件。

电子及通信设备制造业稍强于电子计算机及办公设备制造业，在多晶硅、光伏电池、锂离子电池、镍氢电池、电池材料、信息安全等领域具有一定产业优势，形成了洛阳中硅、中光学集团、凯瑞数码、天空能源等一批骨干企业。航空港经济区（郑州）的产业建设可以在区域内寻找良好的产业依托，通过富士康科技园建设带动手机等高端电子类产业的组装生产，同时在省域内找寻如许昌电力电子和洛阳硅电子等产业的企业入驻，为电子及通信设备制造产业往港区的转移提供近距离的可能，从而促使软件产业迅速兴起并形成产业集聚效应。另外，尽管其从业人员平均人数占有绝对比较优势，但是，研发活动人员投入低于高新技术产业平均水平，也低于周边地区的投入系数，表现出对研发及高技术人员投入的需求。

河南省航空（航天）制造业的发展处于平均水平，优势并不突出。航空（航天）制造业在郑州的企业数量少，企业集中度低，集聚效应不明显，然而，由产业转移优势度指标可知，毗邻的湖北省和陕西省的航空（航天）制造业具有明显的比较优势，具有很大的产业转移可能性，可将周边发展较好的企业转移入驻航空港经济区（郑州），加强港区建设及航空（航天）制造业的发展。

值得注意的是，五大高新技术的高科技指标一致地反映出，主要的科技研发投入都集中在研发经费内部支出、新产品开发经费支出和技术改造经费支出三个部分，技术引进、消化吸收和购买国内技术经费只占很小的比例，说明这五大高新技术产业的科技研发环节都是以自主研发为主，具有良好的远期发展前景。

二 具有产业比较优势的周边地区

江苏省距离河南省较近，产业区位优势明显。五大高新技术产业中，江苏省的产业转移优势度指数大都位列第一〔航空（航天）制造业陕西省名列第一〕，尤以电子及通信设备制造业的优势最为突出。江苏省的电子信息产业是江苏省最大的支柱产业之一，规模集中，区域集中，有五大特色产业基地，南京的通信设备制造特色产业基地，淮安的新型电子元器件高技术特色产业基地，苏州的集成电路高技术特色产业基地和光缆特色产业基地，无锡的物联网高技术特色产业基地，可以为航空港经济区（郑州）相对弱势的电子及通信设备制造产业提供良好的地缘支持。

山东省与河南省经济实力、人口数量条件相当，产业优势可以实现共同促进。山东省的医疗制造业、医疗仪器设备及仪器设备制造业都表现出良好的产业优势，其代表企业有山东东阿阿胶股份有限公司和山东步长制药股份有限公司，可以与河南省的优势共赢，形成优势产业规模效应。

湖北省的优势主要体现在飞机零部件的生产及维修，如中港二航六公司生产航空器材，中国人民解放军第5713工厂进行飞机零部件的维修，2009年开园的湖北襄樊航空航天工业园主要是飞机零部件制造的企业，如中国航空工业集团、中国航天科技集团、中国人民解放军5713工厂、襄阳超卓航空技术有限公司、上海追日电气有限公司等。

另外，陕西省航空航天的产业优势也非常明显。近年来，陕西省与中国航空工业集团、中国航天科技集团密切合作，相继规划建设了西安阎良国家航空高技术产业基地和西安民用航天产业基地。航空港经济区（郑州）对航空（航天）制造业的发展要求迫切，可以吸引陕西省和湖北省相关企业入驻，同时加强航空港经济区（郑州）产业配套建设。

第八章　航空港经济区（郑州）"蘑菇云"产业培育对策

在五维度指标模型选择重点产业基础上，通过产业转移优势度、产业在郑优势、产业周边优势、企业规模集中度等方面的产业综合优势分析，明确重点产业的现有发展优势和发展潜力，同时结合航空港经济区（郑州）建设规划任务和目标要求，选取航空（航天）制造业、电子及通信设备制造业、医药制造业、电子计算机及办公设备制造业、医疗仪器设备及仪器仪表制造业五大重点高端制造业进行培育。主要从重点突破环节、培育时序、发展手段等方面给出培育方向和培育对策。同时，高端物流业（以航空物流业为引领）、大数据、金融业等现代服务业，也是航空港经济区（郑州）需要重点培育发展的产业。

第一节　重点"蘑菇云"制造业培育对策

一　航空（航天）制造业培育对策

航空（航天）制造业作为资金和技术高度密集型产业，是一个国家和地区先进制造业的重要标志，也具备技术外溢效应强、产业关联度高的特点，航空（航天）制造业在航空港经济区（郑州）的布局，将有力地带动其他高端制造业发展。特别是在十九大以后，河南省更应该抢抓战略新机遇，顺应供给侧改革和产业发展新方向，加快推进航空（航天）制造业发展。

根据前面分析，航空（航天）制造业是发达国家重点发展的产业之一，具有高国际化生产程度、转包生产竞争激烈、高度集聚发展等特征。航空（航天）制造业从原来的本国自主生产和出口为主向转包生产转型的趋势更为明显，且转包生产呈现大批量、长期化和规模化发展，风险合作和联合研发成为新的发展趋势，作为主系统集成商的大型航空（航天）制造企业推动航空（航天）制造业国际转移的作用更加显著。

从国内来看，对于我国这样的国内航空产品市场大而又将发展本国独立的航空（航天）制造业国家来说，承接航空（航天）制造业国际转包生产仍然是国内航空（航天）制造业参与国际合作的主要形式，转包能够在短时间内获取关于这方面先进的技术和关键的设备等。因此，国际上航空（航天）制造业转包生产市场的竞争非常激烈。目前，我国国内航空（航天）制造业也通过集聚发展形成了一定规模，但布局过于分散、产学研联系不紧密、技术储备不足、缺乏高素质人才仍是现阶段的主要特征。随着航空（航天）制造业市场规模进一步扩大和航空（航天）制造业的市场化转型加速，航空（航天）制造业需要进一步调整以抓住发展机遇。

河南省航空（航天）制造业的发展处于平均水平，优势并不突出。航空（航天）制造业在郑州的企业数量更少，企业集中度低，集聚效应不明显，航空港经济区（郑州）航空（航天）制造业基础较为薄弱，但随着郑州航空港经济综合实验区的建设加速，航空（航天）制造业面临巨大的发展机会，由产业转移优势度指标可知，毗邻的湖北省和陕西省的航空（航天）产业具有明显的比较优势，具有很大的产业转移可能性，可通过承接式转移发展航空（航天）制造业，即将周边发展较好的企业转移入驻航空港经济区（郑州），加强港区建设及航空（航天）制造业的发展。

根据航空产业的发展特征，飞机制造的产业链相对较长，涉及的产业部门比较多，比如，电子信息产业、医药制造业、高新材料产业等。基于现在港区航空（航天）制造业基础薄弱，在规划发展航空（航天）制造业需要更为注重产业链构建。根据《郑州航空港经济综合实验区发展规划》，航空（航天）制造业将以航空设备制造维修为主，引进国内外航空（航天）制造和维修企业，引导当地装备制造业向航空（航天）制造领域发展，重点发展机载设备加工、航空电子仪器、航空设备维修等产业，把航空港经济区（郑州）打造成国内重要的航空（航天）制造维修基地。考虑到产业链可进入性和其价值链环节定位，在全球航空（航天）制造业国际转包生产加速和产业模块化发展趋势下，需要基于模块化原则构建航空（航天）制造业产业链，以推动港区航空（航天）制造业发展。港区应选择部分产业关联度大、产品附加价值高、具备引进可能和较好发展前景的产业链模块重点支持企业进入，着力培育关联性强、辐射面广、技术含量高的企业，打造企业作为模块供应商或集成商的核心能力，推动航空（航天）制造业产业竞争力的提升和产品附加值的提高。

航空（航天）制造业是典型的合作型工业，一架飞机从最初设计、生产到最后的组装和系统集成需要多个部门的合作。从模块化角度来看，零部件和子模块（如部分航电、机电等机载设备模块）的研发设计和制造环节，机体部件制造、部分航电和机电设备制造、中小型飞机总装等生产制造环节，航空租赁、销售和飞机维修等营销与服务环节等可以纳入《郑州航空港经济综合实验区发展规划》中，适合在港区落地布局。港区可重点发展整机配套、零部件、机载设备、飞机维修改装、航空租赁和航空服务等产业模块。在整机配套方面，着手引进民用飞机配套项目，通过主动与国际航空（航天）制造业巨头合作，引进适合港区的大型项目；积极进入通用飞机制造领域，与国内外航空（航天）制造企业合作开发生产通用飞机。在零部件制造方面，可主攻机体部件、航电设备、导航系统等配套产品，成为航空业重要部件及配套设备的生产基地。在飞机维修方面，吸引有实力的维修企业入驻港区，培育一些专业化程度高、维修能力强的企业，争取成为重要的飞机整机、机载设备、发动机及其他部件的维修基地。引入各类金融服务机构开展航空租赁服务，鼓励港区发展各类航空服务业，即以业务融合式模式发展航空（航天）制造业。

在航空港经济区（郑州）企业准入方面，可以适当对这类企业予以优先入驻的便利。航空（航天）制造业系统集成商通过实施全球采购，形成了具有显著网络特征的全球航空（航天）制造业模块化产业链体系，港区航空（航天）制造业也可借助航空港的便利条件，努力培育本土化的航空（航天）制造业系统集成商，充分利用全球资源，构建以己为主的全球化的航空（航天）制造业产业链网络体系。

航空（航天）制造业的培育模式还可借鉴政府主导模式和市场化培育模式的做法，要同时考虑政府和市场的作用，以政府作引导、市场为主导，实施创新驱动，依靠企业自身核心竞争力的提高，逐步实现航空港经济区（郑州）制造业的蓬勃发展。[①] 为做好港区航空（航天）制造业的培育工作，需要在资金扶持、高端人才培育、加强专业技术培训、提高产业信息化和标准化水平、建立创新导向的激励机制、完善基础设施和公共服务体系、建立官产学研相结合的体制机制、提高对外开放水平等方面予以综合考虑。

二 电子及通信设备类产业培育对策

电子信息产业是国家统计局对产业分类时所使用的概念，是对专门从事信息技术开发，设备、产品的研制生产以及提供信息服务的产业部门的统称。包括电子计算机制造、电子与通信设备制造、电子元器件制造等。由于我们研究时数据取自《中国高技术产业统计年鉴》，所以，我们前期使用的是"电子及通信设备制造业"这个概念。《河南统计年鉴》归类为计算机、通信和其他电子设备制造业。决策研究是为了从宏观上给出航空港经济区（郑州）电子及通信设备类产业发展对策，因此，这里在产业发展对策上使用了"类"概念。

电子信息产业自身所具备的高价值、小体积等特征，使其成为融入国际生产分割体系最深的产业之一，也相应地具备了高度的航空指向性特征，成为最适于在航空港经济区（郑州）发展的产业之一。全球化分工使电子信息产业最终品生产需要大量中间品的投入，在对中间品需求量不断增多，以及电子信息产业同其他产业的关联程度逐渐加深的前提下，电子信息产业集聚于港区发展成为必然选择。

电子信息产业现已成为全球许多国家和地区经济发展的重要支撑，并成为现代高技术产业中的主导产业，在信息时代，仍继续保持着高速增长态势，成为许多发达国家的支柱产业。随着经济全球化的快速发展，电子信息产业分工进一步细化和深化，其水平型分工正在加速，并形成了全球生产分工体系。与此同时，其垂直型分工结构也不断强化，当下电子信息企业在技术、品牌、资本和市场等方面的竞争进一步加剧，竞争也由原材料和产品的竞争转向技术、品牌等方面的竞争，拥有核心技术和高端产品成为获得竞争优势的关键，同时大型公司继续主导产业发展方向，产业链环节向亚太地区转移的速度正在加

---

① 周柯、曹东坡：《航空港经济区（郑州）重点产业培育研究》，中国社会科学出版社2015年版，第70页。

快。电子信息产业也是我国国民经济的战略性、基础性和先导性产业。

近年来，郑州市电子信息产业取得较快发展，现已发展成郑州市的战略性支柱产业之一。到 2016 年，电子信息产业基本形成了以新一代信息通信产品制造、新型显示设备为重点，以应用电子、信息安全为特色，以物联网、云计算等为新增长点的全面快速发展格局。郑州一直在全力构建以航空港经济区（郑州）、郑州高新区为核心的高端电子产品制造和研发"两大基地"和以金水区科教新城、郑州高新区为核心的高端软件和信息服务业"两大园区"。[①]

根据前面的分析，在电子信息产业中，河南电子计算机及办公设备制造业产业基础最为薄弱，其中，整机制造环节为简单的加工组装，附加值低，低于计算机外围设备制造，研发人员投入也比较滞后。因此，在航空港经济区（郑州）建设一批研发中心和技术平台，为企业的技术创新提供平台支撑和公共服务至关重要。同时，企业内部特别是中小型企业更要积极地加大创新投入，充分利用公共研究机构的人才、设备和科研资源等优势。电子信息产业在沿海经济发达地区集聚效应明显，并且该产业受全球经济影响较大，存在较高的对外依存度，沿海一些计算机制造龙头企业的科技经济实力雄厚，如果能够有条件合作洽谈，借助广阔的市场需求，争取入驻航空港经济区（郑州），对弥补河南省乃至中部地区弱势的计算机产业来说，是快速培育产业基础的重要条件。航空港经济区（郑州）内部的电子信息企业应有一定的合作意识，组件技术联盟，鼓励这些企业进行合作交流，建立合理的人才流动机制和知识共享机制。这样，既可以充分利用人才资源，也可以提高研发效率。[②]

电子及通信设备制造业稍强于电子计算机及办公设备制造业，在多晶硅、光伏电池、锂离子电池、镍氢电池、电池材料、信息安全等领域具有一定产业优势，形成了洛阳中硅、中光学集团、凯瑞数码、天空能源等一批骨干企业。航空港经济区（郑州）的产业建设可以在区域内寻找良好的产业依托，将电子信息产业作为率先发展的重点产业，积极参

[①] 韩晶：《基于模块化的中国制造业发展战略研究——以电子信息产业为例》，《科技进步与对策》2009 年第 19 期。

[②] 周柯、曹东坡：《航空港经济区（郑州）重点产业培育研究》，中国社会科学出版社 2015 年版，第 106 页。

与全球电子产品供应链的整合，大力发展智能终端新型显示设备、计算机、云计算、物流网等一代信息技术产业，重点围绕智能手机产业，加强与全球领先的设计研发及代加工企业的合作，促进智能手机品牌商、代加工商、运营商、物流商等多商并进，着力打造全球重要的智能手机生产基地与国际电子信息产业基地。通过富士康科技园建设带动手机等高端电子类产业的组装生产，同时在省域内找寻如许昌电力电子和洛阳中硅电子等产业的企业入驻，为电子及通信设备制造产业往港区的转移提供近距离的可能，从而促使软件产业迅速兴起并形成产业集聚效应。另外，尽管其从业人员平均人数占有绝对比较优势，但是，研发人员投入低于高新技术产业平均水平，也低于周边地区的投入系数，表现出对研发及高技术人员投入的需求。

电子信息产业也是郑州市及航空港经济区（郑州）的战略性支撑产业之一，产业基础较好，在部分领域也已具备一定的竞争优势。但是，港区电子信息产业发展在高端要素供给、产业链完整度、大型企业带动、产业服务支撑体系、相关政策等方面还受到很大制约。因此要积极探索适宜的路径和模式，才能促使其发展。

随着信息技术的快速发展，知识经济的兴起和经济全球化的深入，电子信息产业链创新整合能力越来越成为提高产业核心竞争力的关键，价值链转移，使产业或企业的成长进入了模块化阶段。模块化视角下，电子信息产业链创新整合的本质是纵向关系模式的重新界定，也就是产业链中产品、价值和知识的再造，其核心是知识的整合，目的在于实现价值创造和知识创新。模块化推动了电子信息产业在港区集聚，基于模块化关系的网络效应将为电子信息产业集群带来降低成本、拓展市场和增强创新能力等方面的效益。零部件在模块化生产的基础上实现快速供货是电子信息产业链模块化整合的一个重要表现，其本质上是通过零部件的模块化设计，在标准化的前提下实现快速生产和快速交货，对研发设计、规模化生产和终端销售服务等一系列环节进行整合，使之具备了快速供货、成本缩减和质量控制等方面的竞争优势，大幅提高产业价值。这一转变也意味着电子信息产业在国际生产分割深入发展条件下对"时效性"要求越来越高的响应，这也正是电子信息产业适宜于集聚在更具"速度经济"特点的航空港周边发展的重要原因。

结合航空港经济区（郑州）在国内、国际上的竞争优势，需要进一步做强移动通信终端、新型电子元器件等优势产业模块，需要加快电子元器件产品升级，壮大软件、微处理器等高端产业模块，培育光电子、显示设备、电子视听、现代信息服务等新兴产业模块，支持显示芯片设计、显示模组企业的纵向整合，推动数字视听产品和新型消费电子产品快速发展，实现电子视听产业链升级，需要继续做大做强本地优势产业，提高本地企业自主创新能力。[1] 在产业培育模式上，对于模块化产业链的两类企业——核心模块企业和普通模块供应商，需要分别采取不同的培育方式——核心型企业要注重参与标准设计，提升创新能力；普通模块供应商要注重拓宽网络组织数量，构筑核心能力。在具体措施上，要通过在港区建立技术联盟和区域创新网络、加快企业科技创新平台、构筑专利网络、构建创新导向的投融资体系等途径，建立并完善电子信息产业创新网络，整合全球科技资源以提升产业技术水平，加大产业链整合力度，建立并完善电子信息产业服务支撑体系，同时，还要在全球化背景下实施基于模块化价值链的新型产业政策。

三 医药制造业培育对策

生物医药产业是现代经济中比较有代表性的高技术产业，其产品具有体积小、附加值高的特点，有一些还要求运输距离长、时间短，因此具有明显的航空偏好性特征。目前已入驻航空港经济区（郑州）生物医药产业有后羿制药、新生好生物工程、迪冉生物科技、河南普尔泰、牧翔动物药业等企业，这些企业都为航空港经济区（郑州）生物医药产业的做大做强提供了坚实基础。但目前看来，航空港经济区（郑州）的生物医药企业用于新产品开发的研发投入比重低，产业链体系还不够完善，同时，航空港经济区（郑州）发展环境也存在很多不足，相关基础设施、相关支持政策等都还不完善。[2]

如前所述，医药制造业，包含化学药品制造、中成药生产和生物生化制品制造三个分行业。其中，生物医药产业作为高新技术产业和战略性新兴产业而备受关注。生物医药产业作为高端制造业重要组成部分，成为国内外典型航空港经济区产业布局的重要一环。产业优势分析的结

---

[1] 宋晓明：《区域电子及通信设备制造业升级模式与对策》，《中国科技论坛》2016年第1期。

[2] 陈建民：《河北省医药产业人才需求预测与培养研究》，硕士学位论文，河北科技大学，2011年，第47页。

果显示，河南是医药大省，高技术企业有57.6%集中于医药制造业，并且河南已经具备建设中医药强省和生物医药强省的基础条件——具有完善的医药医疗、教育和科研体系，龙头企业形成了制药工业体系。医药制造业尤其是其中的中医药制造业和生物医药制造业是河南今后发展高技术产业的重要力量。医药制造业无论是河南省还是周边城市都有良好的发展基础，在基础投入和研发投入上都有雄厚的实力。劳动力供应也很充分，承接产业转移具备良好条件。在航空港经济区（郑州）发展医药制造业应考虑以下思路：

第一，重点布局生物医药。生物医药产品具有体积小、重量轻、产品附加值大、单位产品运费承担能力高等特点，特别适合于航空运输，除此之外，生物医药产品生命周期不断缩短、消费日趋多样化和复杂化等特点，也要求企业生产要尽可能提高原材料、零部件和产品的运输速度。因此，机场以其独特的区域优势、便利的交通条件、完善的基础设施以及丰富的航空运输资源，吸引着众多的生物医药产业在此聚集，从而使生物医药产业成为航空港经济区（郑州）的主导产业。生物医药产业同时也是知识和资本密集型产业，新药研发除要进行广泛深入的技术创新外，也需要大量的产业资本支持。布局于航空港经济区（郑州）周边为港区生物医药企业与外界研发机构进行技术合作提供了更大的便利条件。此外，生物医药产业技术创新很大程度上也要依靠与航空港经济区（郑州）内部及其周围高校、科研机构的合作。[①]

第二，航空港经济区（郑州）生物医药产业发展模式应以科技园区建设为载体，"围绕重点产业，拓展产业链条；选择关键技术，寻找突破环节；科技创新，大力发展配套产业；产业关联，做大做强产业集群"。航空港经济区（郑州）以中药制剂为代表的生物医药产业，需针对现有重点产业链条不完善、不合理的现状，要以重点产业为中心，向上下游拓展和延伸产业链条；选择产业链条中的关键技术，结合航空港经济区（郑州）的各种资源优势，确定产业链条上的突破环节；实施科技创新战略，形成政府企业创新驱动平台，提高关键性配套产业的竞争实力。与此同时，创新活动所产生的新技术、新产品的积累可以提高生物医药产

---

① 陈建民：《河北省医药产业人才需求预测与培养研究》，硕士学位论文，河北科技大学，2011年，第47页。

业的市场主导权,以吸引新的企业加入;通过配套产业与重点产业间的关联作用,促使重点产业集群的形成,以更多地发挥重点产业对整个区域经济的辐射带动作用。

医药制造产业价值链呈现出类似"微笑曲线"的哑铃形结构,研发和销售阶段附加值较高,生产阶段相对较低。其技术壁垒、资本壁垒和专利权限制等因素的存在使医药制造业尤其是生物医药产业进入门槛较高,但技术进步推动了合同研究、合同生产、合同销售等各类组织开始出现,医药制造业从研发、生产到销售等产业链环节都出现了外包发展模式。在此基础上,重构的生物医药产业链与传统医药产业链不同之处主要在于,通过各类合同研究、合同生产和合同销售组织建立起大型生物医药企业和生物医药科研机构、生物技术公司和小型生物医药企业之间的联系,实现药物研发、药物生产和药物销售各环节合理分工。航空港经济区(郑州)生物医药企业、研发机构通过参与到该类型的产业链中,可以避免普遍嵌入价值链低端和沦为大型跨国医药企业的原料药基地的现象,能显著改善自身的价值链地位,加入这一产业链后,可以充分借助协作创新和集群学习进一步优化港区医药产业链。

第三,医药制造业,尤其是生物医药制造业产业的基本培育模式包括创新驱动型培育模式、"领导企业+追随企业"集聚发展模式、产学研合作培育模式等。创新驱动培育模式要求航空港经济区(郑州)内已有企业具备一定的创新能力,企业家也要有强烈的创新精神,在产业链体系中构建发达的内部网络,方便创新活动的开展;"领导企业+追随企业"集聚发展模式很大程度上是产业集聚发展的体现,而产业集聚通常能够提高生产率和激活创新活动,因此也被称为高技术产业发展模式;产学研合作培育模式能促进生物医药企业和高校、科研院所形成紧密联系的产业网络,为生物医药产业的发展壮大提供更多机会。[1]

第四,为培育发展港区医药制造产业,需要构建多元化的投融资体系。建立产业发展基金或产业创投基金,支持精英企业成长和优秀项目成熟,启动创新药物研究开发综合性平台支持企业研发和产业化,建立面向国内外的医药(生物)产业的融资平台,吸引国内外资金共同投入

---

[1] 周柯、曹东坡:《航空港经济区(郑州)重点产业培育研究》,中国社会科学出版社2015年版,第162页。

航空港经济区（郑州）生物医药产业；推进和完善公共服务体系建设，服务内容涵盖基础研究、药物发现、临床前试验、临床试验到产业化等阶段，建设包括工程中心、公共实验室、GMP中试基地、GCP临床试验基地等设施。

第五，以集群培育模式快速壮大医药（生物）产业集群。从产业链的互补性角度出发，对申请入园的企业进行筛选，形成相互关联和支撑的产业群优势；建立并完善知识产权保护机制，弥补外部发展环境的短缺；培育创新氛围，实施人才引进政策，吸引国内外高端生物医药专业人才，吸引一批创业投资、科技中介等创业服务团队，集聚一批创业领军人物和创业团队；探索建立政府和企业共同管理模式，寻找一套适合航空港经济区（郑州）的生物医药产业园区发展的运营管理机制，推动园区的招商引资和开发建设；构建以研发创新为核心的产学研合作创新机制，在航空港生物医药产业园区内建立企业、大学和科研机构合作机制，充分利用现有的科研设施和人才资源，在利益与风险共担的前提下推动合作创新。

四　高新材料产业培育对策

材料是制造业的基础，高端材料是指等级、档次、价位等在同类中较高的材料。高端材料主要包括超硬材料、核电材料、高端电子信息材料、碳纤维材料、各种稀有金属合金材料等。新材料是新出现的，具有原有材料不具有的优异性能和特殊性能的材料，是高端材料之一。《中国高技术产业统计年鉴》中统计口径使用的是高新材料。因此，本书也采用高新材料概念。高新材料对医药、生物科技、电子信息、新能源、航空航天等领域的发展具有不可替代的作用。长期以来，中国制造业已经成为世界制造工厂，但"制造业大而不强"，如汽车、船舶等一直比较落后，其主要原因就是高新材料的缺乏。在航空港经济区（郑州）产业选择时，这一产业处在第三区域，是"蘑菇云"顶盖产业之一。航空港经济区（郑州）建设中要扩展顶盖，就要大力发展高新材料产业。这是其他顶盖产业和梗干产业发展的支撑和保障。虽然由于各地统计年鉴统计口径不一致，导致无法从数据上分析其与周边相比的优势所在。但高新材料产业因其技术密集型特征和作为制造业原料投入的基础性产业地位，现已成为衡量一国和地区经济综合竞争力水平的一项重要指标。高新材料产业同时具备显著的航空指向性特征，适宜在航空港周围布局，并可因为其广泛的产业关联效应而推动港区其他产业发展和升级。因此需要重点培育。

河南省作为国家重点发展的装备制造业基地,高新材料产业的发展对于国家级装备制造业基地的建设具有重要作用。目前,从河南省高新材料产业自身条件来说,高新材料产业作为河南省发展战略性新兴产业的重点产业之一,具有较好的发展基础,如超硬材料的生产及研发已经形成了规模及品牌效应,各级政府的支持也会使高新材料产业形成支撑未来河南省国民经济和社会发展新的支柱产业和主导产业。新材料产业也是河南省确定的四个先导产业之一。早在2012年河南省规模以上新材料产业企业就完成产值3700亿元,实现增加值610亿元,占河南省战略性新兴产业增加值的26.7%。郑州市新材料企业有200多家,实现销售收入约300亿元,近几年来,销售收入年均增长率保持在20%以上。已形成先进储能材料、先进硬质材料、金属新材料、化工新材料、先进复合材料5大优势领域。

但是,由于科技资源缺乏,自主创新能力较弱,在河南,以高校和研究所(院)为代表的科研机构数量太少,仅有一所国家重点大学;新材料生产企业在能源消耗、资源利用和环保方面还不够完善,新材料企业普遍存在产品规格少、质量水平低等缺点;高性能材料、关键技术、高端产品研发较慢,高新技术产业发展缓慢;多层次的科技创新体系不完善,产学研一体化发展体系尚未完全建立,整体自主创新能力较弱,产业规模小,与国内发达地区和省份相比,河南新材料产业企业规模小,集中度不足,发育程度低,除高新区超硬材料产业基地外,新材料企业地域分布比较散,没有形成完整的产业链和产业带,大部分新材料企业以生产中间产品为主,后续精深加工不足。

此外,人才、技术、资金实力偏弱,服务体系不够健全。高新材料产业由于主要作为其他行业的原料投入,从产业链角度来看,其基本处于其他产业的产业链上游,但其自身也有上中下游之分。高新材料产业的进入壁垒主要体现在资金壁垒和技术壁垒上,在资金壁垒方面,新材料产业除规模化生产环节的大量资金投入外,还需要巨额的前期科研经费;在技术壁垒方面,新材料产业具有较高的技术风险,主要表现为技术可行性、技术经济效果和技术生命周期的不确定性,其价值链驱动主要体现为生产者驱动型特征。在此分析基础上,航空港经济区(郑州)

布局高新材料时,要将重构高新材料产业链重心放在新材料产业关键技术研发环节,强调在协同创新、共同研发的基础上建立新材料企业研发联盟,纳入专利申请、技术交易和创新平台支持等环节。同时,引入高新材料应用企业,进一步扩展产业链。

为培育港区新材料产业,可借鉴研发—生产—销售一体化发展模式、产业集聚模式和政府引导模式。研发—生产—销售一体化发展模式是一种存在反馈机制的网络状体系,其中研发和产业化不能脱节,技术成果需要及时转化为产业化生产并进入市场,新材料企业和相关科研机构可以根据双方的实际需要和资金、技术等方面的实际状况,选择在某些产业链环节进行合作;产业集群模式是推动新兴产业特别是新材料产业这种历来靠创新驱动的产业培育的有效途径,它有利于企业吸引关键资源,获取知识外溢,并通过集群学习机制提升创新能力;政府引导发展模式是通过政府采取产业政策、汇率政策等吸引外部投资者,但可能会造成不同地区的重复建设,所以,在政府引导模式中,应注重通过打造适合港区特色的新材料产业,引导进而强化新材料企业之间互动。总之,这三种模式可以通过推动企业自主创新、完善投入体系[①]、引进和培养新材料专业人才、推动产业集聚发展、完善基础设施和中介机构建设、强化国际合作、积极参与国际标准体系建立等措施,促进港区新材料产业发展。

在推动新材料企业自主创新方面,要强化研发平台建设,建立集技术研发、专利申请、技术产权交易以及相关科技服务为一体的开放型公共创新平台;优化新材料产业投入结构,以各类专项资金支持核心技术研发和平台建设,通过财政资金、资本市场和企业投资等多种途径支持新材料产业发展,以多元化的融资模式和多层次资本市场支持高新材料企业创新和创业;利用国内外两种资源,引进和培养高新材料产业高层次专业人才;以港区新材料产业园为主要载体,加强产业基础设施和公共服务设施建设,推动现有产业集群与新材料产业融合集聚发展;完善港区暂时缺失的基础设施和中介服务机构,提升产业链竞争力;强化国际合作,在港区建设高水平的研发中心、生产中心、运营中心,完善产

---

① 周柯、曹东坡:《航空港经济区(郑州)重点产业培育研究》,中国社会科学出版社2015年版,第139页。

业链配套体系，开拓国内外两个市场，建立与国际新材料产业接轨的运行机制，做大做强港区高新材料产业；在行业领先的领域，积极参与制定新材料国际标准，争取对高新材料产业价值链的控制权和主导权。

五 医疗仪器及仪器仪表制造业培育对策

医疗仪器制造业是知识密集、资金密集、多学科交叉、竞争挑战激烈的高科技产业，它是一个国家制造业和高科技尖端水平的标志之一，是当今全球科技发展最活跃的领域之一，是继信息技术和生物医药之后，又一引人关注的投资领域，是关系到民生的健康产业，是快速发展的朝阳产业。

在人类社会进入知识经济时代、信息技术高速发展的背景下，医疗仪器及仪器仪表制造业高速发展。仪表仪器制造业随着市场需要的不断扩大，以及人类生活水平提高，必需的"咽喉"行业超前发展的战略性意义，已经成为国际社会各个国家争相提高生产水平及产品高科技产业重要的国际性战略行业。我国医疗设备及仪器仪表制造业是一个高度集中的产业，但呈现出明显的东西部差距，该产业产值最高的5个城市有3个来自长三角地区，中西部地区则发展水平比较低。[1]

现在，河南整个医疗仪器及仪器仪表制造业呈现"多、小、杂、散"的特点，即生产企业多、企业规模小、产品杂乱和厂商在生产和销售领域集中度低。虽然该产业整体发展势头迅猛，但还是无法满足市场需求，大型高端设备还是依赖进口，与世界医疗器械工业强国甚至中国中东部地区还有很大差距。因此，为企业航空港经济区（郑州）内医疗仪器及仪器仪表制造业制定进一步培育对策刻不容缓。

近年来，在国家新医改的大背景下，国家相继出台了一系列重要的产业政策，促进了医疗仪器制造业的发展。当前，整个社会对医疗仪器的需求不断增加，这是一个很好的发展机遇，可以根据"行业整合，进口替代"模式推动行业高增长，加上技术创新和政策导向，基层市场放量以及技术创新都可以直接拉动医疗仪器制造业加速发展。同时，加大国家政策扶持力度，根据国务院《国家中长期科学和技术发展规划纲要（2006—2020年）》（国发〔2005〕44号文），长期科学和技术发展的重

---

[1] 陈红川：《医疗设备及仪器仪表制造业竞争力评价实证研究》，《广州大学学报》2011年第4期。

点领域及其优先主题中,"人口与健康"成为重点和优先发展的主要领域之一,通过国家一系列的政策支持和制度保障,可以为医疗仪器及仪表器仪表制造业进一步发展提供强大动力;完善行业监管制度,如境内外生产产品强制性注册制度、生产企业或经营企业实施质量体系认证或考核制度等,这些监管措施有效地促进了医疗行业发展的规范有序和整体效率,同时也为有自主产权、技术骨干的企业提供了良好的发展平台。①

第二节 重点"蘑菇云"现代服务业培育对策

一 高端物流业培育对策

高端物流业是通过应用先进的信息化技术和先进的物流管理系统等现代化措施,使传统物流业在提高物流效率、技术含量和附加值方面得到极大的改善,从而为支撑贸易扩展和推动经济发展提供强大的动力。高端物流业服务于高端产业,航空港经济区(郑州)以其临空经济的特性,要求布局的是高端产业,同时,在航空港经济区布局高端物流业将是高端产业快速发展的重要条件。因此,研究高端物流业的培育具有十分重要的现实意义。

当前,在全球供应链逐步形成和扩展的大背景下,全球高端物流业发展迅速,供应链物流逐步发展壮大;物流业技术进步推动了管理水平的提升,并且开始向共同配送转变,目前已经形成以物流信息系统为核心、以信息化和智能化为支撑的高端物流技术体系;物流企业的集约化和全球化发展成为重要特点,主要表现在建设物流园区和物流业中广泛的并购与合作,物流企业之间通过建立战略联盟,实现集约化发展,新组成的物流企业,充分发挥并购所构建的全球性物流网络的优势,可以准确地掌握全球范围内的物流信息,从而减少产品的流通时间和物流费用;电子商务支撑了全球电子物流的迅速发展,而对物流人才的需求也推动了相关培训体系的发展。航空港经济区(郑州)的强大吸引力集聚发展以航空物流为代表的高端物流业,将进一步推动其全国交通枢纽地

---

① 郭爱英:《中国医疗设备及仪器仪表制造业创新效率及影响因素研究——基于 SFA 方法的实证分析》,《石家庄经济学院学报》2015 年第 5 期。

位的提升，促进当地尽快融入全球生产分工体系，实现以"大物流带动大产业"的战略目标。

但是，国内高端物流业仍发展缓慢，管理体系不完善，国内企业在商品保管、运输、包装和回收方面的行业标准不足，环保等方面的标准更需要抓紧制定。同时，信息化和技术水平低下，物流业务条块分割严重，并且高端物流人才匮乏，特别是能够进行物流整体方案规划设计的高层次专业人员和熟悉具体业务操作流程的项目经理等应用型人才严重缺乏[1]，难以适应高端物流业发展的需要。航空港经济区（郑州）尽管拥有发展高端物流业的良好的产业基础条件，但同样受上述因素的制约。

航空物流是航空港经济区（郑州）高端物流的核心，应做重点培育，河南省又有明显的交通优势，打造现在综合交通枢纽、建设现代物流中心，是助推河南开放型经济转型发展的关键。航空物流涵盖仓储、地面运输、货物处理、航空运输等多种功能，其中，机场货运能力和航线网络结构是航空物流发展的基础。围绕航空货运这一核心服务，航空物流企业在机场附近布局，各关联企业在机场周边聚集，形成了航空港经济区（郑州）内的航空物流产业链。

通过整合物流产业链，可以解决物流产业链运行效率低下问题。主要是将物流企业与供应商、生产企业和个人消费者密切联系，物流企业通过采购物流、生产物流和销售物流的形式，把单一的运输配送服务拓展到与各种产业活动环节相关联的活动上来；引入物流综合信息平台，推动物流企业按"总公司—配送公司"模式进行分工协作，以利于物流企业寻求自身的合理定位，促进物流企业培育自身的核心能力，同时，实现了信息共享和业务协同，有利于降低物流成本和提高物流效率。航空港经济区（郑州）可以在此基础上进一步建设"航空（航天）制造业—航空物流业产业链"，培育与港区高端产业协同发展的高端物流业。

综合考虑高端物流业产业链和发展条件，航空港经济区（郑州）高端物流业培育可采用主导企业引导与物流产业园区相结合的模式。物流产业园区具有产业一致性、空间相对性等特征，主要以提供物流服务及相关增值服务为主，而主导产业模式主要是在市场化机制下对物流和产

---

[1] 周柯、曹东坡：《航空港经济区（郑州）重点产业培育研究》，中国社会科学出版社2015年版，第174页。

业资源进行合理配置，通过两种模式的结合，可以达到降低物流成本和提高效率的目的。因此，需要建设高端物流园区和物流枢纽，发展物流总部经济；同时，可以引进大型物流公司，重点支持具有先进信息技术、附加值大、国际化水平高等特点的高端物流项目入驻，特别要引入基地航空公司，整合货物资源；培养和引进物流专业人才，为此要尽快开展高端物流业专项人才培养计划，培养能够从事航空物流的专业人才，尤其是精通国际物流的复合型人才，还要大力引进航空港经济综合实验区发展所急需的特殊专门人才；积极培育本地高端物流提供商，完善港区供应链体系，要支持港区物流企业通过项目融资、股权投资等方式与国内外先进物流企业进行多层次合作，推动高端物流企业的专业化和规模化发展；加快建立园区物流信息平台，要积极推动航空港经济区（郑州）相关服务机构的信息化建设，以及港区物流运营的信息化和自动化程度。此外，提高物流企业自身的信息化水平也是必不可少的，要在物流企业中积极推广EDI系统、自动分拣系统等[①]；加强物流企业与上下游企业之间的信息共享和协作，优化供应链；通过"先行先试"，探索建立高效的物流管理体制，打破条块分割，推动港区"多式联运中心"的建设和顺畅运行，适应港区高端物流业（航空物流业）发展的需要。

二 大数据产业培育对策

随着云计算、物联网和移动互联网等新一代信息技术的普及，大量数据快速生成，数据的种类数量都极其庞大，更新速度也是不断加快，大产业数据带来了无限的商业价值，各个国家都开始制定战略规划，推动大数据产业发展，大数据产业已经成为新的经济增长点。

目前，我国政府高度重视并大力支持推动大数据产业的发展。在政策上，扶持大数据产业，优化发展环境，建立了发展平台，定时举办召开大数据共享开发、产业发展等主题研讨会，可以说市场空间持续扩大。但大数据产业快速发展的同时，也存在着一些问题，比如海量的数据无法实现有效整合，降低了数据的价值，并且在数据安全方面还存在着很大漏洞，如数据的安全防护力度低、网络信息监管体制还不够完善等问

---

① 尹猛基：《加快航空港经济区（郑州）航空物流产业发展的对策》，《经营与管理》2014年第6期。

题。因此，大数据产业发展需要进一步完善。①

大数据产业所面临的数据安全问题、产业体系不完善等问题，首先，需要完善大数据产业战略规划，优化产业布局，明确产业发展重点，制定发展目标，完善各种政策，为产业发展提供良好的环境。其次，要提高创新能力，优化创新环境，充分发挥大众创新。大众创新一定要注重市场导向，同时要加以政府的引导，才能更好地促进企业在数据安全等相关领域的发展。再次，要建设数据安全保障体系和共享平台。没有安全保障会带来重重风险，在数据安全方面，要出台相关法律法规政策，提高防火墙技术、加密技术，建立集数据监测、防范、预警、处理为一体的安全机制；没有共享就无法整合和增值数据，数据共享上可建立公共信息资源共享平台，在法律法规的保护下做到数据资源的共享。最后，要积极培育专业人才。解决大数据产业中人才短缺问题，可以通过让大学与企业合作，共同培养高精尖大数据人才。②

三 其他现代服务业培育对策

现代服务业主要是依靠新兴技术和现代化的经营管理方式所发展起来的知识密集型产业，如金融服务业、商务服务业、信息服务业和综合性技术服务业等，具有人力资本含量高、技术含量附加值高三个重要特征。如今，现代服务业已成为发达国家经济增长的重要支撑，在全球产业结构逐步向服务型经济转型的背景下，其重要性更是不言而喻。而且，现代服务业具有航空指向性特征，在航空港经济区发展壮大的现代服务业主要属于航空关联产业和引致产业，对航空运输带来的大量客流物流都具有很高需求。因此，现代服务业作为郑州航空港经济综合实验区规划发展的一项重要产业，对港区集聚发展现代服务业具有重要意义。

当前，随着世界经济表现出越来越明显的知识经济特征，现代服务业已成为许多国家经济发展的支柱。对于我国来说，现代服务业近些年来发展较快，但仍滞后于制造业，而且地区差异比较大，发展层次偏低，传统的消费性服务业比重过高，技术密集型和知识密集型特征的生产性服务业发展滞后等问题日益凸显。另外，现代服务业高层次人才短缺，本来政府在发展服务业方面动力就不足，又存在忽视服务业管理人才培

---

① 彭程：《中国大数据产业发展态势及政策体系构建》，《改革与战略》2015 年第 6 期。
② 陈立枢：《中国大数据产业发展态势及政策体系构建》，《改革与战略》2015 年第 6 期。

养的概念，使现代服务业很难聚集人才。

从郑州市和河南省现代服务业发展来看，近年来，河南省现代服务业增加值迅速增长，但郑州市包括港区在内的现代服务业发展比较滞后，且其内部结构也需要进一步分化，高素质人才资源匮乏，分工专业化程度还需要提高，产业关联度还不是很高，现代服务体系也还不够健全，服务质量和服务效率的整体水平较低，在一定程度上制约了企业竞争力的进一步提高。[①]

现代服务业作为产业价值链的高端部分，只有加快发展，才能获得更多的价值链主导权。现代服务业和制造业的发展具有投入产出上的关联关系，因此，需要从制造业与现代服务业互动角度重构产业链，港区要根据市场需求承接外包转移，引进现代服务业项目，实现生产要素的合理流动和优化组合，同时企业要根据企业的核心竞争力和自身能力进行合理定位并据此制定发展规划，最重要的是要遵从竞争合作原则，合作使产业链关系更加紧密，竞争使企业保持足够的发展动力，在市场竞争中逐步发展壮大。

基于现代服务业—制造业产业链模式的现代服务业培育，需要进一步放宽服务业的市场准入，积极探索由政府引导、市场主导的现代服务业投资机制，提高金融支持力度，鼓励港区现代企业进行兼并重组，培育一批大型现代服务业企业和跨国公司；为加速航空港经济区（郑州）现代服务业的发展，必须进一步扩大对外开放，进一步推进非基本公共服务领域的市场化，提升企业的综合竞争力；在产业融合基础上，发展特色型现代服务业，培育并引进高端人才。一方面，要充分发挥港区所属高校、科研机构的作用，培养一批适合现代服务业发展需要的人才；另一方面，可以从国内外引进一批既熟悉国际规则又具有创新创业能力的优秀服务业人才。此外，要提高现代服务业创新能力，才能使港区现代服务业实现快速发展与升级，逐步成为现代化航空大都市。[②]

---

① 赵早：《郑州航空港经济综合实验区现代服务业发展策略研究》，《黄河科技大学学报》2014年第3期。

② 李玉先：《航空港经济区（郑州）综合实验区视域下的河南现代服务业发展》，《全国商情》2015年第13期。

第三节 强化制度支撑：以通关为例

一 企业关注入驻港区通关要素的制度分析

（一）企业关注入港区通关因素的目的

当前，在世界经济一体化的大背景下，国家和地区间经济贸易的往来日益频繁，制约国际贸易的各种关税及非关税壁垒正在逐渐减少或者受到一定程度的限制，国际贸易已经步入了"后关税时代"。相比之下，国际贸易过程中的各种烦琐的手续及通关监管等"贸易的非效率"问题正成为新的贸易壁垒，并且受到国际社会的广泛关注，贸易便利化的要求也越来越高。因此，企业在选择地址及其进出口货物的便利化程度时会把通关作为主要要素来考虑，以有利于企业能够持续发展。企业把通关要素纳入选址中的目的主要有以下几个方面：

1. 为了保证其进出口货物顺利快速通关

进出口货物的通关一般可分为申报、查验、征税、放行和结关五个基本环节，每一个通关环节都需要一定的时间进行相关文件及程序的办理，这就会造成货物不能及时快速地通关放行。对于鲜活生物来说，通关时间的快慢关系到其市场价值的高低，有的甚至会因为通关时间过长导致腐烂变质，给企业带来严重的损失，进而影响企业的可持续发展，所以，大多数进出口企业在选择厂址时都会把通关要素考虑在内，以保证其进出口的货物能够及时地通关放行。在各地方招商引资政策相同或相近的情况下，进出口企业往往会选择当地的通关口岸效率比较高的地区。2012年年底，郑州启动了E贸易通关模式，河南保税物流中心作为跨境E贸易的核心试验田[1]，启动仅一年，在进口方面，截至2014年1月15日，郑州的商品进口货值已达74.8万美元，验放包裹达9060件[2]，E贸易通关模式使物流成本不仅比快件邮寄的方式要低，而且比传统贸易通关快捷。2013年7月10日，河南名域国际物流有限公司的报关员在电

---

[1] 张子天：《郑州市跨境贸易电子商务服务试点项目落户河南保税中心》，人民网，2012年9月13日，http://www.people.com.cn/，2014年12月3日。

[2] 赵力文：《郑州试水E贸易跨境电商扎堆问世》，《河南日报》2014年2月27日。

脑前，通过电子口岸将代理的富士康精密电子（太原）有限公司的出口报关电子数据传输至海关的现场审核终端，海关系统自动完成审核并对其放行，从电子申报到收到海关的电子放行回执仅用了 18 秒，这标志着郑州海关开展通关作业无纸化改革试点的工作正式启动。① 在河南启动 E 贸易之后的 2013 年 3 月 26 日，郑州海关快件监管中心在新郑国际机场正式开通运行，新郑机场也就成为能直接对国际航空快件进行分拣、交付和收运等业务处理的机场。郑州海关快件监管中心集快件分拣、仓储、报关于一体，对快件申报进出境开展统一报关、统一放行的"一站式"服务，避免了航空快件在办理过程中的二次分拣、二次提运、市内运输和报关等方面的低效和不便。② 另外，为了给区内进出口企业提供高效的通关服务，区内的海关、检验检疫等部门均为企业提供 7×24 小时预约通关服务，满足企业全天候联通国际市场的需求。实验区实行"5+2"和 24 小时预约制度，由此产生的额外费用由省、郑州市政府给予适当补助。这一系列的通关模式都加快了货物的通关效率，缩短了通关时间，能够保证其货物的顺利快速通关放行，因此，航空港经济区（郑州）是各个企业选择入驻的理想场所。

2. 为了降低通关成本

为了降低其在海关手续上所需的费用，进出口企业会把通关要素作为选择厂址的重点考虑要素之一。这是因为，如果当地通关口岸在办理相关通关手续方面比较简便，就会减少通关费用，进而降低通关成本。新郑综合保税区采用了国内最先进的电子关卡系统，通过卡口安装的电子数据采集系统、地磅系统，重车通过卡口时，司机只需刷卡，通过数据比对系统确认无误，卡口自动放行。为方便企业及时通关，综合保税区实行口岸前移，建设专门的口岸作业区，货物在综合保税区内打板、安检、商检和海关报检后，货物可直接装机外运，实现了"一次申报、一次查验、一次放行"，大大提高了通关效率，降低了通关成本。因此，企业入驻航空港经济区（郑州）可以在很大程度上降低通关成本。

3. 为了强化与国内国际市场的合作

进出口企业的持续发展离不开与国际国内相关企业的合作，因此，

---

① 赵振杰：《郑州海关通关作业无纸化改革试点工作正式启动》，《河南日报》2013 年 7 月 11 日。
② 赵振杰：《郑州海关快件监管中心昨起开通》，《河南日报》2013 年 3 月 27 日。

强化与国际国内企业的合作是进出口企业的战略目标之一。进出口企业如果没有国内或国际上的合作伙伴，则很可能会带来进口的货物卖不出去，自身生产的货物也出口不了的后果。但是，值得注意的是，即使有合作伙伴，如果没有合适的货运航线，货物也就不能及时地输送出去，也会严重损害企业的信誉，不利于企业的持续发展。所以，进出口企业会把货运航线的多少及到达的国际城市等通关要素作为企业选址的考虑要素。

目前，郑州海关已与北京、上海、满洲里、天津等 12 个直属海关签订了区域通关合作协议，将这些关区的口岸通关功能延伸到了郑州，涵盖了河南企业进出口必经的绝大多数口岸海关。河南出入境检验检疫局也与天津、山东、河北等达成了检验检疫直通放行的便利化通检协议，形成了联动通检模式。2013 年 7 月 23 日，开通的"卡车航班"，成为口岸物流体系的重要补充。目前，已开通郑州抵达北京、上海、天津、青岛和西安 5 个城市的"卡车航班"，货物运抵上述空港后，再由卡车代替飞机航班将国际货物运至郑州，在新郑国际机场通关验放。郑州的这些有利条件进一步说明了航空港经济区（郑州）是企业选择的理想区位。

4. 为了降低企业的进出口成本

近年来，随着整个社会进入"微利时代"，一些企业家深切地感受到，在产品质量达到一定水平后，企业面临的竞争挑战，就是价格竞争，实质上是成本竞争。产品符合质量要求，仅仅是取得了进入市场的通行证。在市场竞争中，要想争取客户，战胜竞争对手，就必须在高质量前提下实行低价格竞争，而低价格是建立在产品低成本基础之上的。能否按时交货是影响产品成本的一个重要因素。对于进出口企业来说，影响按时交货的因素除企业本身生产环节的时间外，还有货物进出口时的通关时间，通关时间减少了，就会在一定程度上降低企业的进出口成本。更重要的是，企业产品的进出口需要向当地政府缴纳各种关税。因此，如果当地政府在招商引资方面有关税的优惠政策，就会进一步减少进出口成本。为了获得快捷的通关时间和优惠的税收政策，进出口企业往往会把通关要素考虑在企业选址的相关要素中，以降低企业的进出口成本。

郑州综合保税区在税收方面具有极大的优势，可以降低企业的进出口成本。在税收方面，按照《技术合同认定登记管理办法》规定，经过技术合同认定登记的技术开发、技术转让合同所取得的收入免征增值税。

综合实验区内动漫企业销售其自主开发生产的动漫软件,对其增值税实际税负 3% 的部分实行即征即退政策;动漫软件出口免征增值税。经认定的动漫企业可自获利年度起享受企业所得税"两免三减半"(两年免征,三年减半征收)优惠政策;基于引力模型的临空经济区流量经济研究,实验区内企业购置并实际使用环境保护、节能节水、安全生产等专用设备的,该专用设备投资额的 10% 可以从企业当年的应纳税额中抵免,当年抵免不足的,可在以后 5 个纳税年度结转抵免等。[①] 因此,航空港经济区(郑州)可以成为承接全球高新技术产业转移、发展现代物流业的重要基地。

(二)企业把通关要素纳入入港考虑因素的意义

1. 有利于增加企业的利润,实现经济利益最大化

入驻航空港经济区(郑州)内的企业通过享受港区的各种税收优惠政策,能够有效地降低企业经营成本,降低企业的投资经营风险,促使企业获取较高的投资回报,最终会带来企业利润的增加。同时,企业利用港区的税收优惠政策,可以避免和或减少企业的现金流出量,从而达到在现金流入量不变的前提下增加净流量的目的,提高资金的使用效益,实现企业经济利益的最大化。因此,税收作为进出口货物通关的要素之一,进出口企业为了实现利润的最大化,就必须把通关要素考虑在企业的经营战略中。另外,港区所在通关口岸的航线多少、能够通航到哪些国家、能够直接进出口哪些产品也对企业的利润有所影响。对于货运航线越多、通航地区或国家越多、能够直接进出口产品的种类越多的通关口岸,就越会降低企业的经营成本。因为这可以减少出口的产品从一个口岸运输到另外一个通关口岸的运输费用、保险费及其他相关费用,减少了产品中间的运输时间,提高货物的通关效率,进而会带来企业利润的增加。

2. 有利于增强企业的经济实力,提高企业的市场竞争力

企业利用港区的税收优惠政策,降低了税收成本,有利于得到超额回报,企业的实力和竞争力也必将会相应地增强。除优惠的税收外,进出口企业所进口或出口货物的通关效率的高低也会在一定程度上影响企

---

① 河南省国税局:《河南省国家税务局支持郑州航空港经济综合实验区加快发展的意见》,河南省政府网河南要闻,2013 年 9 月 2 日。

业的经营。

进出口货物的通关时间短、效率高，可以减少货物到达购买企业手中的时间，有利于企业及时抓住商机，进而会带来企业经济实力的增强，企业的市场竞争力也会有所提高。对于进口企业来讲，进口的货物一般是目前企业生产或销售所急需的，早一天收到货物，就可以早一天进行生产或销售，而部分商品是有时间价值的，错过了一定的时间，货物的价值就会降低，进而会造成企业利润的减少，有时甚至会给企业带来重大的经济损失。对于出口企业来讲，其出口的产品可能是易变质的，因此，对时间的要求更加严格，如果货物不能及时通关，就可能带来出口货物价值的降低，甚至会完全失去其商业价值，进而给企业带来严重的损失，不利于企业的健康发展。因此，为了避免带来不必要的损失，进出口企业在选择入驻港区时通常会考虑港区所在通关口岸的通关效率。

3. 有利于维持企业的声誉，促进企业的持续发展

如前所述，高效快捷的通关效率，有利于增强企业的经济实力，提高企业的市场竞争力。同时，也有助于维持企业的声誉。对于出口企业来说，通关效率高意味着企业出口的货物能够比较迅速地到达收货人手中，会给国外的客商留下信誉比较好的印象，有利于国外客商持续地购买出口企业的商品，进而有利于出口企业的可持续发展。相反，如果出口的货物不能及时运达到客户手中，客户的生产经营难以持续，长此以往，不仅会严重损害出口企业的声誉，甚至会带来企业客源的减少，使企业的生产经营面临倒闭的危险，不利于企业的可持续发展，所以，企业会把通关要素作为入驻港区所考虑的要素之一。

（三）企业关注入驻港区通关要素对航空港建设的价值

企业把通关要素纳入入港考虑因素不仅有利于企业自身的发展，而且可以推进航空港经济区（郑州）的快速发展，对港区建设发展也有重要价值。

企业为了自身的发展会，首先考虑通关效率比较高的通关口岸所在的港区。因此，为了吸引更多更好的企业入驻港区，河南省政府集中全省之力，采取相关措施来加快航空港的建设，提高各个环节的管理水平，简化通关手续，建设更好的通关平台来促进通关效率的提高，进而有利于港区的招商引资。

港区的基础设施建设是体现贸易便利化水平的一项重要内容，较为

完备的基础设施，能够为货物通关提供可靠的软件、硬件保证，能够推进贸易便利化的进程。因此，加大港区基础设施建设，更新及改进口岸的基础设施建设，以提高基础设施的便利程度，提高企业货物通关效率，积极构建与经济发展相适应的现代物流体系，就成为河南省、郑州市和航空港经济区（郑州）三级政府共同目标任务。

航空港经济区（郑州）为了吸引国际国内知名企业入驻港区，已经初步实施了"一站式"的通关模式和构建电子口岸平台，这不仅可以在很大程度上提高进出口货物的通关效率，实现通关管理网络化，而且海关可以获取货物在库场移动存储过程中的相关信息和数据，并通过联网减少审单时间，提高海关监管效能，优化通关环境。从而又会吸引更多的企业选择入驻港区，从而形成一个良性循环，促进港区的不断建设和发展。

关于通关研究的逻辑思路大致如图 8-1 所示。

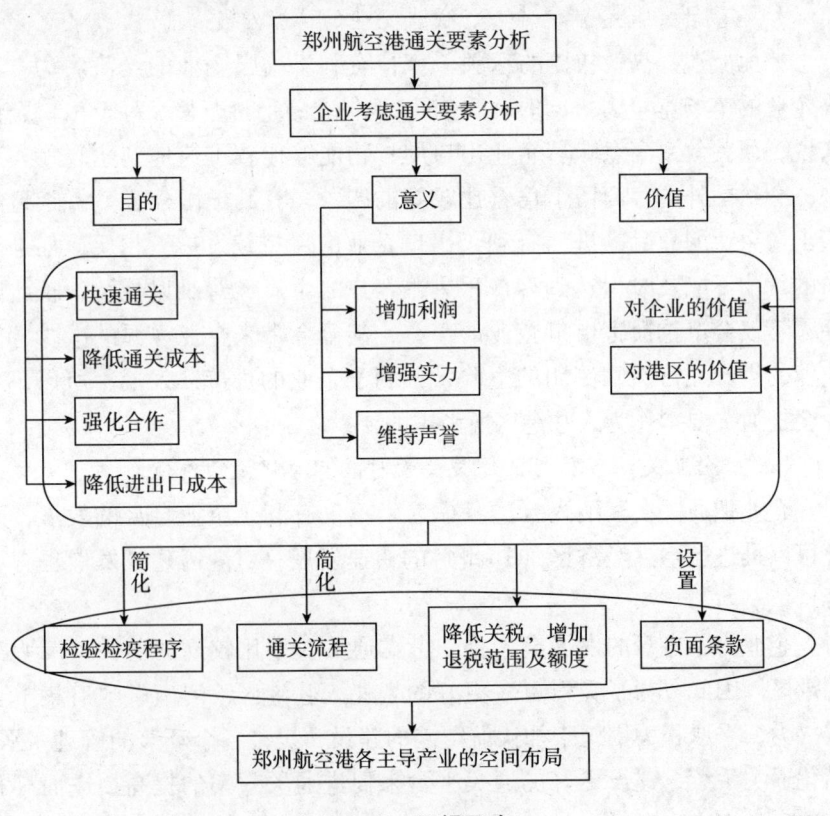

图 8-1　逻辑思路

资料来源：笔者整理所得。

二 产品检验检疫模式

航空港经济区（郑州）作为全国首个航空港经济综合实验区，具备了"先行先试"快速建设大通关、大通道、大枢纽和航空大都市的先机条件。确保运输产品质量和效益是航空港经济区（郑州）建设大通关、大通道、大枢纽和物流产业持续发展的基本前提。为了保证进出口产品的质量和性能，在各类产品进出境的过程中需要对其进行检验检疫。

（一）进境货物检验检疫的程序

货物在航空港经济区（郑州）进境时需要先报关，而报关时需要提交由报关地商检机构签发的《入境货物通关单》。航空港经济区（郑州）实施报检后先放行通关，再检验检疫的通关模式。其中，进境货物检验检疫程序为：口岸报检—收费—必要的检疫、消毒、卫生处理—发放《入境货物通关单》放行—报关—检验检疫—签发《入境货物检验检疫证明》（准予销售证明用）或签发《检验检疫证书》（索赔用）和《检验检疫处理通知书》（后两者不合格时用）。[①] 具体的进境货物检验检疫流程如图8-2所示。

（二）出境货物检验检疫的程序

货物在航空港经济区（郑州）出境时也需要先报关，报关时要提交当地商检部门签发的《出境货物通关单》。航空港经济区（郑州）货物出境实行先检验检疫，再放行通关的模式。其中，出境货物的检验检疫程序为：若通关口岸就是出境货物的产地，则检验合格后直接发放《出境货物通关单》；若通关口岸不是出境货物的产地则有两种检验检疫方式可以进行选择：其一是采用产地报检方式进行施检，检验合格后由产地检验检疫局签发《出境货物换证凭单/条》并发送电子数据给所选择的通关口岸的商检；其二是选择通关的口岸进行出境货物的检验检疫，检验合格后签发《出境货物通关单》。如果采用产地报检的方式进行施检，则检验合格后签发《出境货物通关单》，出境货物可以直通放行，不再需要通关口岸所在的当地检验检疫局再次检验。应该注意的是，检验合格的产品签发的是《出境货物通关单》，不合格品签发的是《不合格品通知单》，

---

① 圣才学习网：《检验检疫工作程序和流程》，http://yingyu.100xuexi.com/view/examdata/20100928/9CBC29B0-C455-4DA5-8552-7474BAC3AD8A.html。

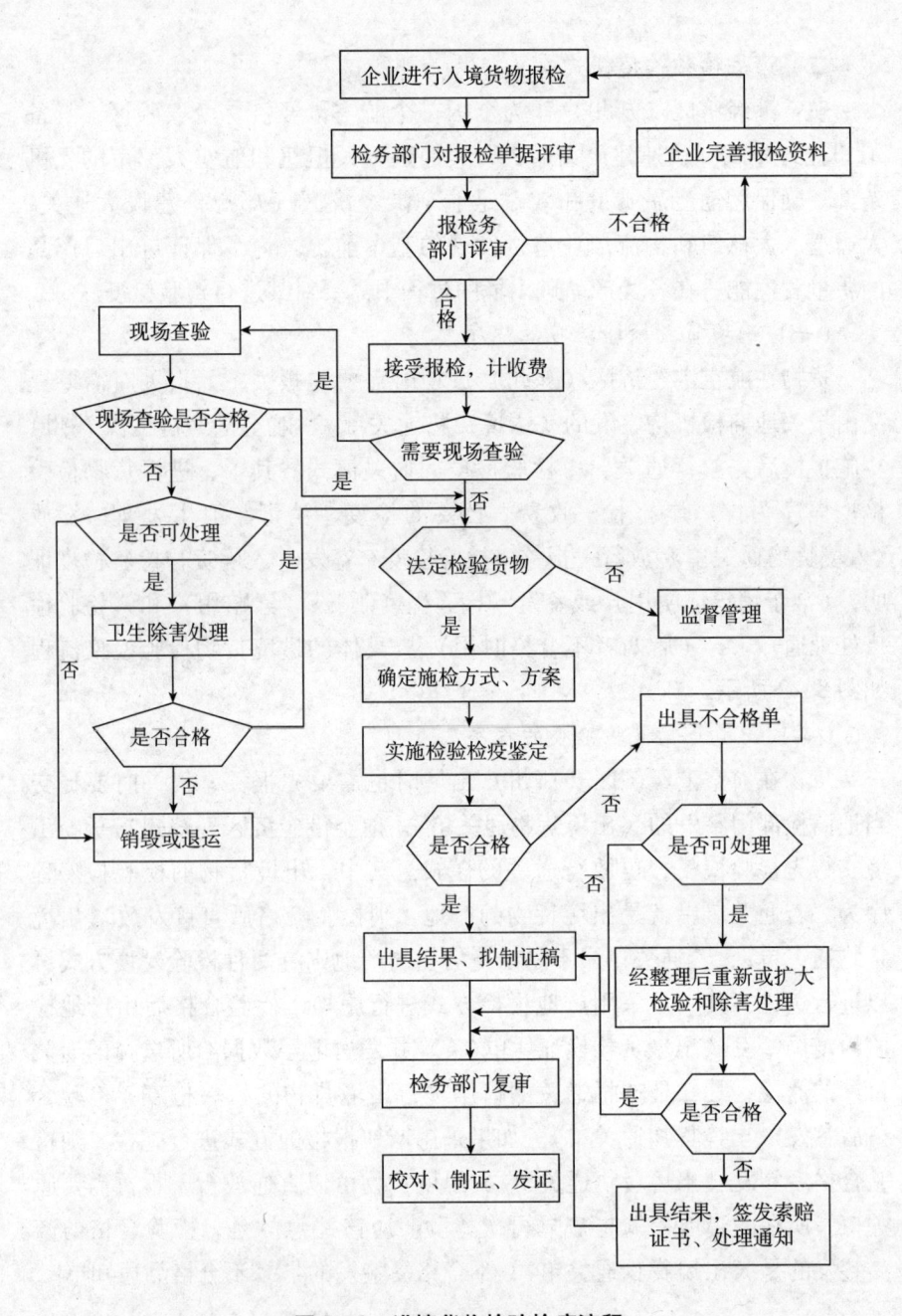

图 8-2　进境货物检验检疫流程

资料来源：《检验检疫工作程序和流程》，圣才学习网，http://yingyu.100xuexi.com/view/examdata/20100928/9CBC29B0-C455-4DA5-8552-7474BAC3AD8A.html.。

第八章 航空港经济区（郑州）"蘑菇云"产业培育对策 | 227

不合格品不能放行通关。① 具体的出境货物检验检疫流程如图8-3所示。

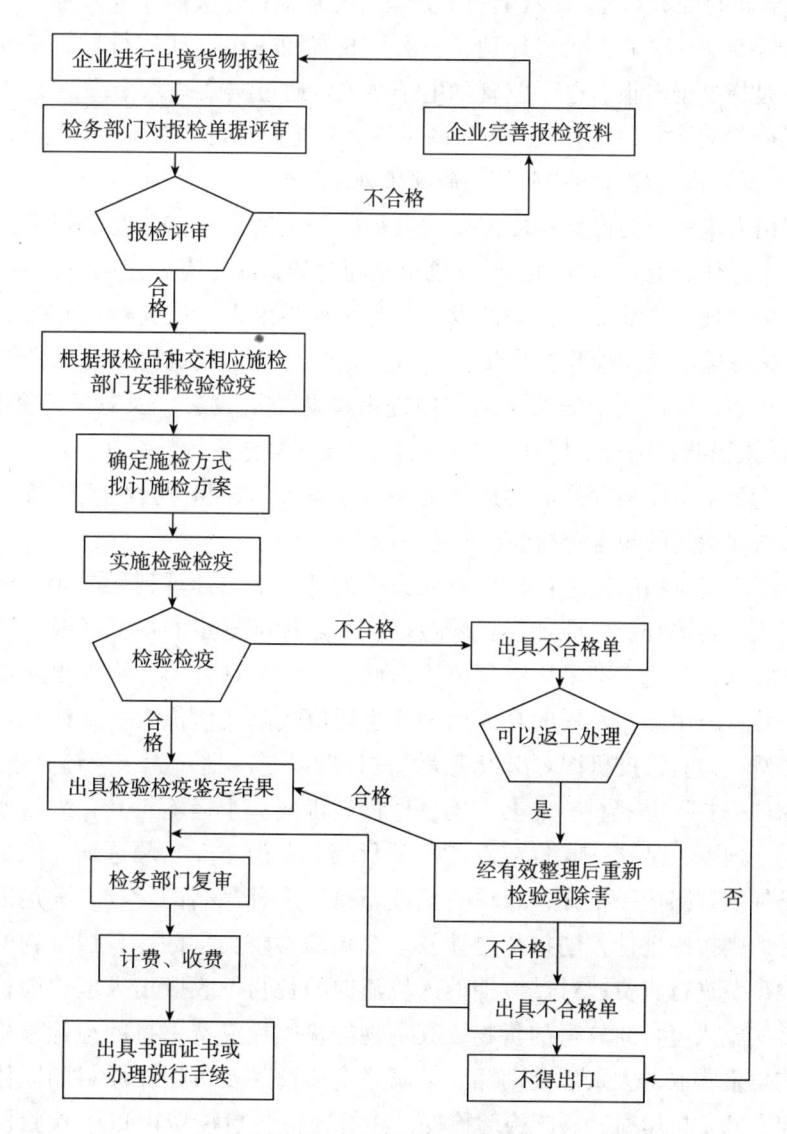

图8-3 出境货物检验流程

资料来源：《合众外贸论坛》，http://bbs.yicer.cn/read-htm-tid-1196888.html。

---

① 圣才学习网：《检验检疫工作程序和流程》，http://yingyu.100xuexi.com/view/examdata/20100928/9CBC29B0-C455-4DA5-8552-7474BAC3AD8A.html。

在出入境货物检验检疫过程中应积极实施"六个一"和"三电工程"的方式进行通关检验。"六个一"是指一次报检、一次抽（采）样、一次检验检疫、一次卫生除害处理、一次计收费和一次发证放行。"三电工程"是指电子申报、电子监管和电子通关。通过实施"六个一"和"三电工程"的检验检疫方式，可以减少货物的通关时间，提高通关效率。

（三）出入境货物检验检疫的收费办法

出入境货物的检验检疫需要对其征收一定的费用，以满足相关部门的正常运作。但是，费用的征收也不是随意的，而是有一定的章法可循，以避免出现一些乱征费行为的发生。为了加强出入境检验检疫的收费管理，以保障出入境检验检疫机构（以下简称检验检疫机构）和缴费者的合法权益，根据《中华人民共和国进出口商品检验法》及其实施条例、《中华人民共和国进出境动植物检疫法》及其实施条例、《中华人民共和国国境卫生检疫法》及其实施细则和《中华人民共和国食品卫生法》等有关法律法规的规定对检验检疫进行收费。

出入境货物的检验检疫费以人民币为基本单位计算到元，元以下四舍五入；若按收费标准计算检验检疫费不足标准规定的最低额时，按最低额收取；收费标准采用以货值为基础进行检验计费的，则以出入境货物的贸易信用证、发票或合同所列货物总值或海关估价为基础计收检验检疫费；检验检疫机构对出入境货物的计费以"一批"为一个计算单位，所谓"一批"是指同一品名在同一时间，以同一个运输工具，来自或运往同一地点，是同一收货或发货人的货物。若列车多车厢运输，满足以上条件的，则按一批计；若单一集装箱拼装多种品名的货物，满足以上条件的则按一批计；同批货物涉及多个检验检疫类别的，只按货物的检验检疫费进行收费；对过渡期的入境流向的货物不收取出入境检验检疫费；实施入境直通放行的货物，其货物的检验检疫费由目的地检验检疫机构负责收取；大宗散装商品、易腐烂变质商品及可用作原料的固体废物应在卸货口岸对其实施检验检疫，其货物检验检疫费由口岸检验检疫机构计收；对获得免验资格的出口货物，不收货物检验检疫费，只收证书费；进料加工的出境货物品质检验检疫费，按收费标准的70%计收；来料加工的入境货物，如果不做品质检验，则不收品质检验费，而来料加工的出境货物品质检验费，按收费标准的70%计收；对危险品、有毒有害货物进行品质检验、重量鉴定、包装使用鉴定以及对装载上述货物的运输工具装运条件的鉴定，按其收费标准加一倍的方式收费；出入境贵稀金属，若单价每千克超过 20000 元，则超过部分免收品质检验费；同批货物检验检疫费各项加总超过 5000 元的，超过部分不再计收检验费。①

出入境相关人员应该按照有关法律、法规和收费办法及其收费标准的相关规定，按时足额交纳检验检疫费用。自检验检疫机构开具收费通知单之日起 20 日内，出入境货物关系人应交清全部的检验检疫费用，逾期还不上交的，则自开具收费通知单第 21 日起，每日加收未交纳部分 5‰的滞纳金。

三 货物通关流程②

进出境货物检验检疫合格后，要通过通关来进入或输出到相关国家或地区。在货物通关过程中，不是只要把货物装载到相应的货物运输工具上就可以输入输出了，而是在货物装载前要进行一系列的工作，才能通关放行。所谓无规矩不成方圆，进出口货物通关也要遵循一定的秩序和相关规定，有自己独有的一套通关流程。进出口货物通关的基本流程大致如图 8-4 所示。

（一）报关数据预录入

出入境货物报关时，要进行相关数据的预录入，而报关员对报关数据的预录入可以采用以下三种方式：（1）前往报关大厅，委托预录入企业使用可以连接海关计算机系统的终端进行录入；（2）在本企业办公地点，使用 EDI 方式进行自行录入；（3）委托预录入企业使用 EDI 方式进行录入。

（二）报关员电子申报

报关员向海关审单中心发送报关单电子数据，海关进行电子审单，并将审单结果和提示信息通过设置在报关或预录入大厅的显示屏幕和自助终端、寻呼机及 EDI 通关系统等手段通知报关员。进口货物的收货人或其代理人应在载运进口货物的运输工具在申报进境之日起 14 日内（若最后一天为法定节假日或休息日，则顺延至节假日或休息日后的第一个

---

① 国家发展改革委、财政部：《出入境检验检疫收费办法》，百度百科—公文，2015 年 1 月 28 日，https://baike.baidu.com/item，2014 年 12 月 16 日。

② 《阿里巴巴生意经》，http://baike.1688.com/doc/view-d393082.html。

工作日）向海关进行申报。逾期进行申报的，海关要征收一定的滞报金，其中，滞报金收费标准为进口货物完税价格与滞报天数乘积的 0.5‰。出口货物的发货人或其代理人除海关特准外应当在货物运抵海关监管区后，在装货的 24 小时以前向海关进行申报。有报关权的企业可以自行向海关申报，也可以委托代报单位进行代理申报；而无报关权的企业则必须委托代报单位进行代理申报。

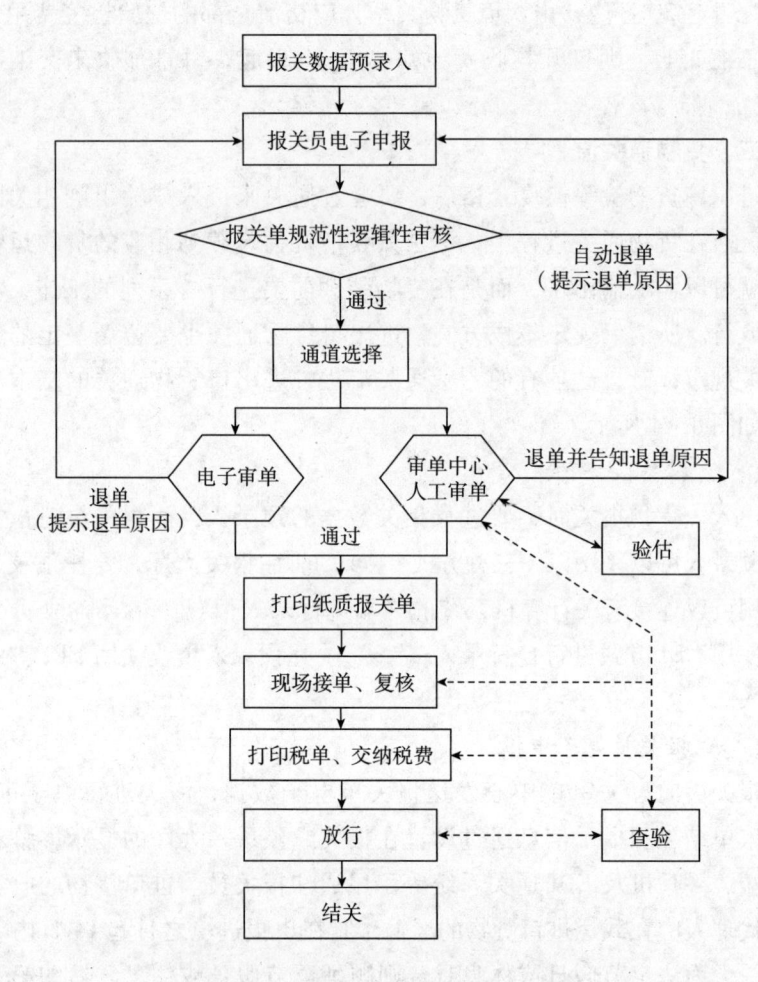

图 8-4　进出口货物通关的基本流程

资料来源：中国宁波网，http://www.cnnb.com.cn。

(三) 现场交单和税费处理

报关员在收到通关口岸所属的海关发布的"现场交单"信息后，需要到预录入处打印纸质版报关单，然后备齐提运单、发票、合同、装箱单、许可证件等附属单证并签章后到海关接单现场进行交单。现场关员审核上交的单证和电子数据，审核合格后，打印签发各类税费缴款书，然后收发货人缴纳各项税费，并凭税费的缴纳凭证到接单现场核注税费。收发货人应在海关填发税费缴款书之日起15日内缴纳税费（若最后一天为法定节假日或休息日，则顺延至节假日或休息日后的第一个工作日）。逾期缴纳税费的，则从滞纳税费之日起，海关按日加收滞纳税费0.5‰的滞纳金。

(四) 查验货物

海关确定是否对货物实施查验以及查验方式。查验方式可以采取机器查验，也可以采取人工查验。查验与否及查验方式要及时通知收发货人，收发货人按照海关的通知配合海关实施查验。货物查验结果正常并且已缴纳税费的，就可以办理放行手续，货物查验结果正常但没有交纳税费的，要通知收发货人及时交纳税费，直到税费交纳完后才可办理放行手续。若货物查验结果不合格则不放行。货物查验的具体内容包括：

1. 工作流程

货物查验的工作流程分为人工查验工作流程和机检查验工作流程。所谓人工查验工作流程，是指查验现场在接到查验的指令后，从事人工查验的部门按照派单、查验、出具查验记录、复核、放行等程序开始进行货物的查验工作，其中，包含报送化验、申请归类、单据传递交接等业务问题。所谓机检查验工作流程，可以分为报关后机检和转运前机检两种作业模式。报关后机检的工作流程是海关机检查验现场对已报关布控的货物实施机检查验，对于没有"嫌疑"的货物直接转复核放行环节；对于有"嫌疑"的货物则转入人工查验，人工查验无问题的转复核放行环节，人工查验也有问题的则转缉私、调查、稽查等部门进行相应处理或立即在查验现场进行处理。转运前机检是指查验现场在货物抵港但还没有报关前，通过舱单进行大范围的分析筛选，对风险值较高的货物进行布控机检，并将布控机检的要求在货物卸载前提前通知机场，以便机场可以在货物卸载后，在向后方堆场转移的过程中按海关的要求进行机检。机检关员依据舱单并结合机检的图像进行分析,对重点及有嫌疑的货物进行舱单布控,报关后再实施人工查验。

货物查验的工作时限要求是:人工查验在具备查验条件且从开始查验时起4小时内要查验完毕,机检查验要求在30分钟内完成。货物查验完毕后,经查验人员出具查验记录,确认没有问题的货物,要在1.5个小时内放行。

2. 机检查验

机检查验是海关利用"H996"集装箱检查设备对集装箱货物进行扫描成像,然后通过分析机检图像来判断实货与申报的货物是否相符合的一种新型查验手段。该设备的使用在一定程度上改变了海关人工掏箱查验费时、费力的局面,从而大大提高了海关查验的工作效率和准确性。其中,H996系统一般包括运行检查系统、探测器系统、加速器系统、图像获取系统、传送装置系统、传送控制系统等。

3. 现场查验

现场查验实行双人查验制度。查验人员根据查验布控要求,对货物采取彻底查验、抽查或外形查验等方式。货物查验完毕后,查验人员即时填写并打印查验记录单,然后查验人员和收发货人或其代理人当场在查验记录单上签字。

(五) 货物放行和签发报关单证明联

放行环节关员在提运单上加盖放行章,并将其退还给报关员。另外,将放行的电子数据传至海关监管场所及卡口,然后报关员就可以提取或发运货物。进口货物放行或出口货物核销清洁舱单后,海关就可以向进出口企业签发各种报关单证明联。

四 进出口货物关税水平

(一) 航空港经济区 (郑州) 的关税情况

关税是国家的重要经济杠杆,通过税率的高低和关税的减免政策,可以影响进出口规模,调节出口产品和出口产品生产企业的利润水平,有意识地引导各类产品的生产,调节进出口商品数量和结构,可促进国内市场商品的供需平衡等。航空港经济区 (郑州) 为了发展成为国际物流港,对港区内的各类企业在关税方面给予各种优惠,以吸引企业入驻港区。航空港经济区 (郑州) 的关税情况如表8-1所示。

(二) 不同产业产品的税收

由于不同行业产品的关税水平不一致,故将分行业阐述关税水平,现在结合航空港经济区(郑州)中的五大"蘑菇云"产业进行分类说明,即航空(航天)制造业、电子及通信设备制造业、医药制造业、电子计算机及办公设备制造业、医疗仪器设备及仪器仪表制造业。

1. 医药制造业

医药制造业由于产品种类繁多,且目前国内医药制造业自主研发能力需要进一步提高,国外产品占据一定的市场,因此,要推动医药制造企业的发展,需要做出一定的努力。国外医药制造企业进驻航空港经济区(郑州)可以依据区位以及政策优势来提升企业的竞争力和开拓新的

表 8-1　　　　　　　　航空港经济区(郑州)的关税情况

税项	一般区域	航空港经济区(郑州)(自由贸易区)	港区情况(现有或争取)	航空港经济区(郑州)优势
增值税	小规模纳税人税率为3%,一般纳税人税率为17%	生产企业出口的自产货物,免征企业生产销售环节增值税	现有	免征范围较广;经济综合实验区内企业所得税减免税优惠项目备案市级权限全部下放至航空港经济区(郑州)国家税务局;属于省局备案权限的由航空港经济区(郑州)国家税务局直接上报省局
	外资企业取消进口设备免征增值税和外商投资企业采购国产设备增值税退税政策	生产企业出口自产货物所耗用的原材料、零部件、燃料、动力所含应予退还的进项税额,抵顶内销货物的应纳税额	现有	
	外贸企业拥有一般纳税人资格后,享受出口退税优惠政策	实验区内企业从事飞机维修劳务增值税实际税负超过6%的部分,实行由税务机关即征即退的政策	现有	
	小微企业免征增值税	试点纳税人通过其他代理人,间接地为委托人办理货物的国际运输、从事国际运输的运输工具进出港口、联系安排引航、靠泊、装卸等货物和船舶代理相关业务手续免征增值税	现有	

续表

税项	一般区域	航空港经济区（郑州）（自由贸易区）	港区情况（现有或争取）	航空港经济区（郑州）优势
营业税	征税税率为3%—10% 小微企业免征营业税	以无形资产、不动产投资入股，与接受投资方利润分配，共同承担投资风险的行为，不征收营业税	现有	通过税收政策，鼓励企业引进和培育先进技术；支持企业进行技术创新
		对股权转让不征收营业税	现有	
		对单位和个人（包括外商投资企业、外商投资设立的研发中心、外国企业和外籍个人）从事技术转让、技术开发业务和与之相关的技术咨询、技术服务业务取得的收入免征营业税	现有	
		对符合条件的科技企业孵化器向孵化企业出租场地、房屋以及提供孵化服务的收入免征营业税	现有	
企业所得税	国家需要重点扶持的高新技术企业税率为15% 符合条件的小型微企业和在中国境内未设立机构、场所的，或者虽设立机构、场所但取得的所得与其所设机构、场所没有实际联系的非居民企业税率为20% 其他上述未包含的企业或机构税率为25%	区内企业自取得第一笔生产经营收入所属纳税年度起，第一年至第二年免征企业所得税，第三年至第五年按照25%的法定税率减半征收企业所得税	现有	税率较低，优惠力度较大，鼓励新技术、产品研发，支持企业进行环保节能生产
		开发新技术、新产品、新工艺发生的研发费用可以在计算应纳税所得额时加计扣除	现有	
		区内居民企业一个纳税年度内，技术转让所得不超过500万元的部分，免征企业所得税；超过500万元的部分，减半征收企业所得税	现有	
		创业投资企业从事国家需要重点扶持和鼓励的创业投资，可以按投资额的一定比例抵扣应纳税所得额	现有	
		区内企业购置并实际使用环境保护、节能节水、安全生产等专业设备的，该专用设备额的10%，可以从企业当年的应纳税额中抵免；当年抵免不足的，可以在以后5个纳税年度结转抵免	现有	

续表

税项	一般区域	航空港经济区（郑州）（自由贸易区）	港区情况（现有或争取）	航空港经济区（郑州）优势
土地增值税	增值额未超过扣除项目金额50%的部分，税率为30%	在企业兼并中，对被兼并企业将房地产转让到兼并企业中的，暂免征收土地增值税	现有	支持企业向更有利于自身发展的区域转移；给入驻港区的企业提供土地优惠政策，以鼓励企业到港区投资建厂
	增值额超过扣除项目金额50%、未超过扣除项目金额100%的部分，税率为40%	因城市实施规划、国家建设需要依法征用、收回的房地产免征土地增值税	现有	
	增值额超过扣除项目金额100%、未超过扣除项目金额200%的部分，税率为50%	因城市实施规划、国家建设需要而搬迁，由纳税人自行转让的房地产免征土地增值税	现有	
	增值额超过扣除项目金额200%的部分，税率为60%	入驻港区企业转让企业使用的土地免征土地增值税	争取	

资料来源：中国税务网，http://www.ctax.org.cn/；河南省国税局，http://www.12366.ha.cn/003/index.html?NVG=0&LM_ID=1.2013年9月2日；中国上海自由贸易区网，http://www.china-shftz.gov.cn/Homepage.aspx。

市场。因此，国外医药制造企业有进驻航空港的愿望。此外，医药制造业生产所需的原料以及基础设备、设施等（包含在上述海关对综合保税区的有关管理规定中），如果是从境外进入综合保税区的货物海关予以免税。同样，除特殊材料国家规定征收出口税外，境内的货物也可以免出口税进入综合保税区。如果征收一定的出口税，则会按照国家的规定以13%或者15%比例实行退税。另外，现在国内医药制造企业需要进行设备以及技术引进来提升自身实力，可以利用入驻航空港经济区（郑州）这一便利条件实现其目标。再者，国内产品以及设备要走出去也可以依托航空港经济区（郑州）的优势条件，国内企业也有入驻航空港经济区（郑州）的需要。

国内医药制造企业生产的产品可以自由出口到国外进行销售，参与全球的医药制造业的市场竞争，同时免征港区内加工环节的增值税，这样，为中国的产品走出国门积攒了力量。同时，这也为国外企业在港区落户创造了有利条件，因为可以将在亚洲采购的原料进行保税仓储，并进行免增值税加工。此外，还可以直接以较近的距离投入市场，这些都较在本土生产节省成本。根据国家海关的规定，综合保税区企业生产出的产品销往内地是需要缴纳一定的税金的，由于不同产品进入到国内收取的税率标准是不同的，医药制造业产品的进口税率在6%—15%范围内不等。在临近航空港经济区（郑州）进行生产，可以借助其较快速的运输能力，将新产品迅速上市提高竞争力，激活市场动力。

2. 航空（航天）制造业

国外发达国家的航空（航天）制造业相对来说是比较发达的，但是，他们急需打开中国市场，这样航空港经济区（郑州）就给他们提供了一个难得的便利。航空（航天）制造业生产所需的原材料、基础设备等一些为生产所需的基础性设施（包含在上述海关对综合保税区的有关管理规定中），如果是从境外进入综合保税区的货物，海关予以免税。再者，如果所需的这些资源是从境内进入综合保税区的，则除国家规定的对某些原材料征收出口税外，其余货物进入综合保税区皆不征收出口税。如果征收一定的税费，则按照海关规定，会按照国家规定比例的17%实行退税政策。同时，这也为国内的航空（航天）制造业走向世界打开了一扇门，可以通过发挥自身的优势来充分结合与学习其他国家的先进科学技术，提升自身实力。

另外，如果综合保税区生产的产品销往国外，可以自由出口，且免征在综合保税区内加工环节产生的增值税。如果综合保税区生产的产品销往国内，则应参照国家对产品税率的规定对航空（航天）制造业具体项目的不同，采取不同的进口税率，现行进口税率范围为2%—5.5%，调整后的税率范围为2%—5%。

3. 电子及通信设备制造业和电子计算机及办公设备制造业

电子及通信设备制造业和电子计算机及办公设备制造业是综合保税区所有产业中发展较快的产业，且现在已经占有不可忽视的地位，同时也意味着此行业竞争也比较激烈。激烈的竞争导致此两个产业的产品销售对关税反应比较迅速与敏感，因此，关税水平对电子及通信设备制造业和电子计算机及办公设备制造业有着至关重要的影响。航空港经济区（郑州）的电子及通信设备制造业和电子计算机及办公设备制造业保税加工业发展比较快，港区为承接产业转移也做出了积极的响应。电子及通信设备制造业和电子计算机及办公设备制造业生产所需的原料以及基础设备、设施等（包含在上述海关对综合保税区的有关管理规定中），如果是从境外进入综合保税区的货物，海关予以免税。同样，除特殊材料国家规定征收出口税外，境内的货物，也可以免出口税进入综合保税区。如果征收一定的出口税，则会按照国家的规定，按17%的比例实行退税。

电子及通信设备制造业和电子计算机及办公设备制造业企业生产的产品，可以自由销往国外，同样免征在综合保税区内加工环节所产生的增值税，这样，提高了企业入驻港区的积极性，进而可以推动入驻企业的发展以及带动当地及周围地区的经济发展。如果综合保税区生产的产品销往国内，则应参照国家对产品税率的规定征税，其税率基本上都为10%。这样，就能让最新产品迅速进入消费市场，减少中间运输的时间间隔，从而带动市场消费。

4. 医疗仪器设备及仪器仪表制造业

医疗仪器设备及仪器仪表制造业在精密制造业中有着较为重要的地位，特别是现在医疗仪器设备及仪器仪表制造业面临的市场前景巨大。现在国外的医疗仪器设备及仪器仪表制造的发展比较快，走在世界的前列，我国可以借助航空港经济区（郑州）的综合优势，引进国外的先进仪器与技术，并积极培养锻炼我国这方面的人才。再者，可以据此壮大我国医疗仪器设备及仪器仪表制造业以实现其与国际接轨，最终实现"引进来"和"走出去"的目标。国外的医疗仪器设备及仪器仪表制造企业入驻航空港经济区（郑州），可以借助其在税务上的优惠条件以及在交通上的方便进入中国市场，以给自身带来更大的盈利空间。此外，医疗仪器设备及仪器仪表制造业生产所需的原料以及基础设备、设施等（包含在上述海关对综合保税区的有关管理规定中），如果是从境外进入综合保税区的货物海关予以免税。同样，除特殊材料国家规定征收出口税外，境内的货物也可以免出口税进入综合保税区。如果征收一定的出口税，则会按照国家的规定按17%的比例实行退税。中国医疗仪器设备及仪器仪表制造企业入驻航空港经济区（郑州），可以彻底发挥自身企业的优势来开拓国际市场，这样，就可以将自身优势最大化。

同时，医疗仪器设备及仪器仪表制造企业生产的产品可以自由出口到国外销售，即免征港区内加工环节产生的增值税，这样就给国内外的医疗仪器设备及仪器仪表制造企业增添了入驻港区的动力。虽然国家海关规定综合保税区企业生产的产品进入国内市场要征收一定的税费，但对不同产品的税率，我国有不同的规定，医疗仪器设备及仪器仪表制造业产品的税率在6%—15%范围内，雄厚的优惠条件可以给企业带来更大的发展。国外的医疗仪器设备及仪器仪表制造企业可以将产品快速融入中国市场，省去中间一些较为麻烦的环节，为自身企业带来更大的发展与突破。

（三）航空港经济区（郑州）出口退税的相关规定

1. 出口退税的申请条件[①]

企业在申请出口退税时，必须符合一定的条件，否则就不能办理相关退税手续。关于出口退税企业的相关规定为：

（1）必须是增值税、消费税征收范围内的货物。增值税、消费税的征收范围，包括除直接向农业生产者收购的免税农产品以外的所有增值税应税货物，以及烟、酒、化妆品等11类列举征收消费税的消费品。

（2）必须是报关离境出口的货物。所谓出口，即输出关口，包括自营出口和委托代理出口两种形式。

（3）必须是在财务上作出口销售处理的货物。出口货物只有在财务上作出口销售处理后，才能办理退（免）税。

（4）必须是已收汇并经核销的货物。按照现行规定，出口企业申请办理退（免）税的出口货物，必须是已收外汇并经外汇管理部门核销的货物。

国家规定外贸企业出口的货物必须要同时具备以上四个条件。生产企业（包括有进出口经营权的生产企业、委托外贸企业代理出口的生产企业、外商投资企业，下同）申请办理出口货物退（免）税时，必须增加一个条件，即申请退（免）税的货物必须是生产企业的自产货物或视

---

① 国家税务总局：《关于〈出口货物劳务增值税和消费税管理办法〉有关问题的公告》，《国家税务局网站税务公报》，2013年3月13日。

同自产货物才能办理退（免）税。

2. 出口退税的时间规定

出口企业在办理出口退税时要特别注意申报的相关程序，注意退税时间，以免造成不必要的损失。出口企业在办理出口退税时，要注意四个时间的规定，如表8－2所示。

表8－2　　　　　　　　　　　　出口退税时间

时间	事务内容
30天	出口企业在购进出口货物后，应及时向供货企业索取增值税专用发票或普通发票，如果属于防伪税控增值税发票，必须在开票之日起30天内办理认证手续
470天	出口企业当年出口的货物须在货物报关出口之日次月起至次年4月30日前的各个增值税纳税申报期内申报退税，并且企业当月出口的货物须在次月的增值税纳税申报期内，向主管税务机关办理增值税纳税申报、免抵退税相关申报及消费税免税申报
180天	出口企业必须在货物报关出口之日起180天内向所在地的主管退税部门提供出口收汇核销单，但远期收汇的除外
退税延期时间为3个月	若出口企业在出口货物纸质退税凭证丢失或内容填写有误的，但按有关规定可以补办或更改的，出口企业可在申报期限内向退税部门提出延期办理出口货物退（免）税申报的申请，经批准后，可延期3个月进行申报退税

资料来源：笔者整理所得。

3. 出口企业退税的一般流程[①]

企业申请出口退税要遵循一般的流程，否则不予办理。因此，外贸企业若想办理退税，就必须掌握退税的一般流程，以免造成不必要的时间浪费。

（1）有关证件的送验及登记表的领取。企业在取得有关部门批准其

---

① 百度百科：《出口退税流程》，百度百科—社会，2014年6月12日，https：//baike.baidu.com/item/%E5%87%BA%E5%8F%A3%E9%80%80%E7%A8%8E%E6%B5%81%E7%A8%8B/10548088，2014年12月18日。

经营出口产品业务的文件和工商行政管理部门核发的工商登记证明后，应于 30 日内办理出口企业退税登记。

（2）退税登记的申报和受理。企业在领到《出口企业退税登记表》后，要按登记表及有关要求填写，并加盖企业公章和有关人员印章后，连同出口产品经营权的批准文件和工商登记证明等证明资料一起报送到税务机关，税务机关经审核无误后，即可受理退税登记。

（3）填发出口退税登记证。税务机关接到企业退税的正式申请后，经审核无误并按规定的程序批准后，要给企业核发《出口退税登记证》。

（4）出口退税登记的变更或注销。当企业经营状况发生变化或某些退税政策发生变动时，应根据实际需要变更或注销相关的退税登记。

出口企业退税的具体退税流程如图 8-5 所示。

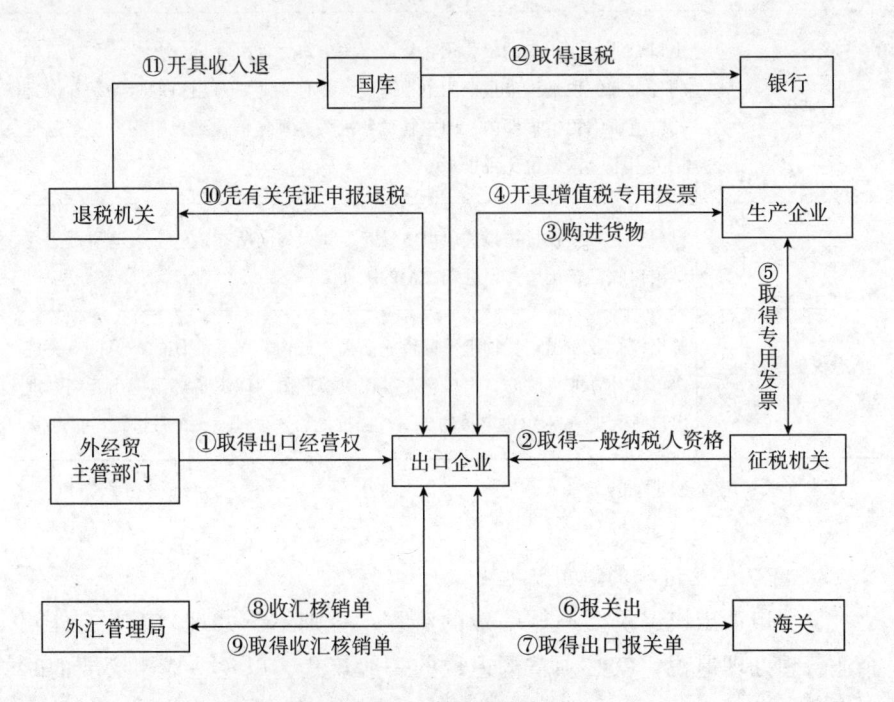

图 8-5 出口退税流程

资料来源：中华会计网校，http://www.chinaacc.com/new/253_724_/2009_8_20_wa403751527102890023225.shtml。

（四）航空港经济区（郑州）的政策支持

除上述通关基本的便利条件外，河南省从政府到社会各界同心协力，加大扶持力度，对航空港经济区（郑州）的建设发展做出了应有的贡献。

1. 省委省政府

2013年3月，国务院批复《郑州航空港经济综合实验区发展规划（2013—2025年）》，是实验区的最大政策利好，为实验区进一步争取国家优惠政策提供了可能。2013年11月，河南省人民政府办公厅适时出台《关于支持郑州航空港经济综合实验区发展的意见》，从财税政策、口岸建设及通关便利化政策、金融政策、产业发展政策、要素保障政策、人才保障政策和其他政策七个方面为实验区量身定做了一套政策体系，表明河南举全省之力支持实验区发展的态势已经形成。

2015年2月，河南省委和省政府办公厅《关于郑州航空港经济综合实验区建设体制机制创新示范区总体方案》颁布实施。从体制机制创新方面提出了一整套实施方案：一是建立"省区直通车"制度。出台"直通车"制度，赋予航空港经济区（郑州）省辖市一级经济和社会管理权限，减少行政层级，提高行政效率。凡符合国家产业政策的建设项目，一律由其自行审批、核准或登记备案。比如，企业落地航空港经济区（郑州）的项目，只要在省辖市权限内，航空港经济区（郑州）将直接向省投资主管部门申报或转报，投资计划直接下达到航空港经济区（郑州），抄送省辖市有关部门。二是明确设立"负面清单"。所谓"负面清单"管理模式，相当于投资领域的"黑名单"，列明了企业不能投资的领域和产业。具体来说，按照国民经济产业分类，依据国家相关产业目录，结合航空港经济区（郑州）确定的主导产业，对国家禁止和限制的产业及不适宜自身发展需要的产业进行梳理界定。目前，航空港经济区（郑州）"初步建立了符合航空港经济区（郑州）发展需要的企业投资项目管理负面清单，清单共26项，其中禁止类19项，限制类7项"。三是建立"首席服务官"制度。为推动大项目的实施，航空港经济区（郑州）党工委、管委会创新建立了"首席服务官"制度。"首席服务官"要深入企业，了解企业经营活动中遇到的困难和问题，为企业出谋划策，帮助企业规范经营，规避风险。此外，航空港经济区（郑州）还同时推进三"零"制度，即土地供给"零麻烦"、企业审批"零距离"、施工环境"零干扰"，为企业在航空港经济区（郑州）顺利落地提供全程保障。四是创新科技融资。航空港经济区（郑州）获81项政策支持，在扶持政策中，就提出"航空港经济区（郑州）知识产权可按70%入股"等科技融资的创新。知识产权保护工作带来的效果也很明显。目前，航空港经济区（郑州）累计申请各类专利 2275 件，鉴定和转化了一批拥有自主知识产权的科技成果。此外，"中国航空港经济区引智实验区"正式获批，成为继福建、山东之后的全国第三个国家级引智实验区。[①]

到 2017 年年初，航空港经济综合实验区"三年打基础"的目标任务圆满完成，战略效应日益显现。为推进航空港经济区（郑州）"十三五"时期更好更快发展，2017 年 4 月，河南省委省政府又及时颁布实施了《关于加快推进郑州航空港经济综合实验区建设的若干意见》。从大力发展口岸经济、提升海关特殊监管区域发展水平、创新通关体制机制、搭建高水平国际交流合作平台等方面，提出发挥航空港和国际陆港对外开放门户功能，完善口岸体系，构建国际化营商环境，建设内陆地区对外开放重要门户，打造内陆开放高地。

2. 河南出入境检验检疫局

河南出入境检验检疫局推出 9 项措施，支持航空港经济区（郑州）：一是支持新郑机场建设，打造国际航空物流中心；二是支持拓展口岸功能，打造内陆开放高地；三是实施"港、区、站"一体化通检模式；四是促进跨境电子商务快速发展；五是加强口岸核心能力建设；六是支持河南电子口岸建设；七是优化业务流程；八是支持航空偏好型产业发展；九是切实履行检验检疫职能。[②] 在河南省范围内优化再造口岸和重点商品检验检疫工作流程。支持河南企业享受"一地备案，全国报检；一地施检，全国互认；一地签证，全国放行"的便利，实现"丝绸之路经济带"检验检疫一体化。满足开放口岸越来越高的时效要求，口岸一线机构均实施了"全天候"验放或 24 小时预约服务，跨境电商"365 无休日"，航空口岸"7×24 小时"三班作业。加强关检"三个一""三互"合作，推动"单一窗口"建设，提高工作效率，降低企业成本。

3. 河南省质监局

河南省质监局深化服务郑州航空港经济综合实验区的改革，涉及航空港的审批全部下放，专门出台《关于服务郑州航空港经济综合实验区

---

① 宋晓珊：《航空港经济区（郑州）交出"高分卷""优等生"也有困惑》，《河南商报》2015 年 4 月 30 日。

② 赵振杰：《河南出入境检验检疫局九项措施支持航空港实验区》，《河南日报》2013 年 10 月 25 日。

发展的意见》①，从十个方面倾力支持实验区建设质量强区。围绕航空设备制造、电子信息、生物医药、精密机械、新材料等重点制造业和航空物流、专业会展、航空金融、认证评估等现代服务业，全力支持实验区实施质量提升工程和品牌带动、标准引领战略，强化企业质量主体作用，加强质量诚信建设，强化质量安全监管，夯实质量基础，建设质量强区。支持实验区建设与航空港经济区密切相关的国家级和省级质检中心，建设检验检测认证公共服务平台和质量创新服务平台，指导帮助航空航材制造、智能终端、精密机械、生物医药、信息服务等产业突破核心关键技术，推动重大科技成果转化，提升质量发展水平。切实转变质监工作职能，深化行政审批制度改革。省质监局建立服务郑州航空港经济综合实验区直通车制度，凡是涉及航空港经济综合实验区的，全部下放到航空港经济综合实验区统一办理。

五 航空港经济区（郑州）各主导产业的负面条款②

自从航空港经济区（郑州）上升为国家战略后，河南省政府加强了招商引资的力度，先后出台了各种措施来吸引国内及国际的知名企业入驻航空港。同时，在招商引资过程中规定一些负面条款，以保证所引进的企业符合航空港经济区（郑州）的发展需要和相关产业政策的要求。

（一）医药制造业

限制投资麻醉药品及一类精神药品原料药生产（中方控股）；禁止投资列入《野生药材资源保护条例》和《中国珍稀、濒危保护植物名录》的中药材加工；禁止投资中药饮片的蒸、炒、揪、煅等炮制技术应用及中成药保密处方产品的生产；限制投资血液制品的生产、纳入国家免疫规划的疫苗品种生产。

（二）航空（航天）制造业

投资航空发动机、航空辅助动力系统的设计、制造与维修须合资、合作；投资民用航空机载设备设计与制造须合资、合作；投资3吨级以下民用直升机设计与制造须合资、合作；投资3吨级及以下民用直升机设计与制造须中方控股；投资民用干线、支线飞机的设计、制造与维修

---

① 郭海方：《省质监局深化改革服务郑州航空港经济综合实验区涉及航空港的审批全部下放》，《河南日报》2013年8月13日。

② 上海市政府网，http://www.shanghai.gov.cn/，2013年9月30日。

须中方控股；投资地面、水面效应飞机制造及无人机、浮空器设计与制造须中方控股；投资民用通用飞机的设计、制造与维修须合资、合作；投资空中交通管制系统设备制造须合资、合作。

(三) 电子及通信设备制造业

投资民用卫星设计与制造、民用卫星有效载荷制造须中方控股；限制投资卫星电视广播地面接收设施及关键件生产。

(四) 航空运输业

投资航空运输业须中方控股，法定代表人须为中国籍公民，经营年限不得超过30年，其中，投资公共航空运输业务的，单个外方（含关联方）投资比例不得超过25%；投资农林渔业通用航空公司须合资、合作，法定代表人须为中国籍公民，经营年限不得超过30年；除中国香港、中国澳门服务提供者可以以独资形式提供代理服务、装卸控制和通信联络及离岗控制系统服务、集装设备管理服务、旅客与行李服务、货物与邮件服务、机坪服务、飞机服务七项航空运输地面服务外，其他国家和地区投资者投资航空运输地面服务须合资、合作；投资航空油料项目须中方控股；除中国与其他世界贸易组织成员签署的自由贸易区协议允许的相关世界贸易组织成员服务提供者可与中国内地的计算机订座系统服务提供者成立中国内地企业控股的合资企业外，禁止其他国家或地区投资者投资民航计算机订座系统，相关投资须进行经济需求测试；投资民用机场的建设、经营须中方相对持股；禁止投资空中交通管制公司。

第九章 航空港经济区（郑州）"蘑菇云"产业人才配置

致天下之治者在人才，成天下之才者在教化。人才，作为生产要素中劳动主体中的关键因素，始终是产业发展的基石，是提高资源开发效率和效益、提高区域竞争力的根本保障。人才的引进和开发，必须与新产业引进和开发相匹配，既要具有与新产业发展的契合性，又要通过体制机制环境优化，顺应人才向上流动的不可逆性。党的十九大报告提出，人才是实现民族振兴、赢得国际竞争主动的战略资源。当今世界，人才强国战略已成为一个国家参与世界竞争的核心战略。将人才作为促进郑州航空港经济区发展的战略性资源，本章以棘轮匹配战略为指引，高端嵌入、多点开发，为郑州航空港经济区产业发展提供有力的人才支撑。

第一节 重点"蘑菇云"产业发展与人才匹配情况总体分析

航空港经济区（郑州）综合实验区建设，正处于大建设、大发展和大跨越的关键时期，要实现以航空港经济区引领河南和中原经济区向产业的高端化、价值链中的高附加值环境和更大范围地融入全球经济，离不开匹配的人才队伍。航空港经济综合实验区高度重视人才引进工作，着力发挥人才作用，为航空港发展提供了强大的智慧力量。目前，首批国家级专家服务基地、航空大都市研究院、约翰·卡萨达教授工作室投入运转，为航空港经济区（郑州）吸纳高端人才开辟了新路。航空港经济区（郑州）已引进院士3名、千人计划专家29名、硕士、博士研究生等高科技人才近600名。① 结合航空港经济区（郑州）产业发展实际和区域人才现有结构现状，这种棘轮式的人才战略应朝着契合性、前置性、竞争性和向上性的维度，做好战略谋划，促进人才与产业发展的最大匹配。

一 "蘑菇云"产业人才需求性质分类

（一）前置性人才需求

前置性人才需求即产业产生发展的前提是具备相应的人才，没有相应的人才支撑，产业无法落地。一般而言，航空（航天）制造业、高新技术产业等需求人才层次较高，这些产业对人才的需求多为前置性人才需求（多指对人才结构、类型的要求）。航空（航天）行业中的航天器制造业，计算机、通信和其他电子设备制造业中的雷达及配套设备制造业、半导体分立器件制造业、集成电路制造业、电子元件制造业等行业对人才的需求均为前置性人才需求。如果要在航空港经济区（郑州）布局这些产业，需要提前配置相应的人才；没有相关产业的人才支撑，很难使这些产业在航空港经济区（郑州）落地发展。

（二）同步性人才需求

同步性人才需求是指与产业发展过程同步的人才需求，主要是指产业所需人才的基础、现状等。随着产业发展规模的扩大，对该产业人才的需求量会上升；随着产业发展规模的萎缩，对该产业人才的需求量会下降。服务业发展的人才需求多为同步性人才需求，如金融业、信息咨询服务业等，产业的发展与人才的需求基本上是同步的。比如，航空（航天）制造业中的飞机制造及修理业，医药制造业中的化学药品制造业，中成药生产业，生物生化制品制造业等对人才的需求均为同步性人才需求。

（三）后置性人才需求

后置性人才需求是指随着产业的进一步发展、产业链延伸等引致的产业相关人才需求。根据由易到难的发展规律，行业先期发展的人才需求往往是简单型、不需要复杂技术的人才，到发展后期，开始需要研发人才、高级管理人才、高技能型工人等复杂型人才。比如，计算机、通

---

① 张倩、杨宇：《领航奋飞正当时！航空港经济区（郑州）实验区发展回眸与展望》，《郑州日报》2017年10月24日。

信和其他电子设备制造业的通信设备制造业、广播电视设备制造业、家用视听设备制造业、电子计算机整机制造业等，对人才的需求为后置性人才需求。要向"微笑曲线"的两端发展，向高端制造业迈进，这些行业还需大量的后置性人才。本书研究的人才后置性需求是指产业发展需要匹配的人才与目前人才现状之间会形成人才缺口，进而引致的产业相关人才培养工作。

根据产业发展对人才需求情况（前置性、同步性与后置性）建立了如表9-1的产业选择人才匹配指标体系。

表9-1 航空港经济区（郑州）产业选择人才匹配指标

行业		人才需求
航空（航天）制造业	飞机制造及修理业	同步性
	航天器制造业	前置性
高新技术产业	高新技术产业	前置性
计算机、通信和其他电子设备制造业	通信设备制造业	后置性
	通信传输设备制造业	后置性
	通信交换设备制造业	后置性
	通信终端设备制造业	后置性
	雷达及配套设备制造业	前置性
	广播电视设备制造业	后置性
	电子器件制造业	前置性
	电子真空器件制造业	前置性
	半导体分立器件制造业	前置性
	集成电路制造业	前置性
	电子元件制造业	前置性
	家用视听设备制造业	后置性
	电子计算机整机制造业	后置性
	电子计算机外部设备制造业	后置性
	办公设备制造业	后置性
医药制造业	化学药品制造业	同步性
	中成药生产业	同步性
	生物生化制品制造业	同步性

续表

行业		人才需求
精密制造业	医疗仪器设备及器械制造业	前置性
	仪器仪表制造业	前置性

资料来源：《中国高技术产业统计年鉴（2016）》。

二 重点"蘑菇云"产业相关专业在河南省设置情况

（一）基本情况分析

选取河南省37所本科院校与航空（航天）制造业，高新技术产业，计算机、通信和其他电子设备制造业，医药制造业，精密制造业的相关专业布点数、硕士点或博士点等指标建立了航空港经济区（郑州）产业选择人才匹配表9-2。

表9-2　航空港经济区（郑州）产业选择人才匹配相关专业设置情况　　单位：个

行业	本科开设的专业名称	布点数	硕士点	博士点	博士后流动站
航空（航天）制造业	飞行器动力工程	1			
	飞行器设计与工程	1			
高新材料产业	高分子材料与工程	7	4	1	
	材料科学与工程	5	4	1	1
	材料化学	1			
	包装工程	1	1		
	金属材料工程	1	2		
	材料成型及控制工程	3			
	无机非金属材料工程	3	5	1	
	冶金工程	1			
	矿物加工工程	1	1		
	材料加工工程	6	6	1	

续表

行业	本科开设的专业名称	布点数	硕士点	博士点	博士后流动站
计算机、通信和其他电子设备制造业	电子信息工程	14	1		
	通信工程	14	1		
	物联网工程	10			
	计算机科学与技术	31	9		
	网络工程	15			
	信息与通信工程	5	2	1	
	软件工程	17	9	1	
	信息与计算科学	8	1		
	电子科学与技术	7	1		
	信息管理与信息系统	10	2		
医药制造业	生物技术	13			
	生物工程	11	5		
	生物信息	2	1	1	
	生物制药工程	3			
	动物科学	4			
	生态学	2	5	1	
	生物科学	7			
精密制造业	机械设计制造及其自动化	9	9	2	

注：硕士点、博士点不分一级学科或二级学科，只要大学有该专业硕士点或博士点，便记为1，总和为累计所得。

资料来源：河南省各本科院校官方网站。

2015年，河南省普通高等学校共计129所，高等学校在校生人数共有176.69万人，招生人数51.47万人。其中，博士招生500人，在校生1792人；硕士招生13061人，在校生35767人；本科招生267170人，在校生995493人。2015年，郑州市普通高等学校共计55所（在河南占43%），在校生人数共有824152人（在河南占47%），招生人数257377人（在河南占46%）。因此，无论是普通高等学校数量，还是在校生人数和招生人数，郑州市的各项指标均接近河南省一半的比重，郑州市人才数量和培养工作在河南省占据重要位置。表9-2是根据航空港经济区（郑州）五大产业发展对相关人才的需求，选择河南省37所本科院校对相关专业设置、硕士点、博士点等情况进行统计而得。其中,"双一流"大学1所;河南省教育厅主管大学7所(郑州华信学院、郑州科技学院、黄河科技学院、商丘工学院、郑州升达经贸管理学院、郑州成功财经学院、商丘学院);河南省主管大学30所(郑州大学、郑州航空工业管理学院等)。

与航空(航天)制造业相关的专业有飞行器动力工程、飞行器设计与工程,这两个专业只有郑州航空工业管理学院一所大学布点,没有硕士点、博士点和博士后流动站。

与高新材料产业相关的专业有高分子材料与工程、材料科学与工程、材料化学、包装工程、金属材料工程、材料成型及控制工程、无机非金属材料工程、冶金工程、矿物加工工程、材料加工工程等专业。其中,高分子材料与工程、材料科学与工程、包装工程、金属材料工程、无机非金属材料工程、矿物加工工程和材料加工工程专业有硕士点;高分子材料与工程、材料科学与工程、无机非金属材料工程专业有博士点;材料科学与工程有博士后流动站。

与计算机、通信和其他电子设备制造业相关的专业有电子信息工程、通信工程、物联网工程、计算机科学与技术、网络工程、信息与通信工程、软件工程、信息与计算科学、电子科学与技术、信息管理与信息系统专业。其中,电子信息工程、通信工程、计算机科学与技术、信息与通信工程、软件工程、信息与计算科学、电子科学与技术、信息管理与信息系统专业有硕士点;信息与通信工程、软件工程专业有博士点,无博士后流动站。值得注意的是,计算机科学与技术本科专业布点数为31个,占84%,本科人才供给充分,但是,硕士点只有9个,占24%,有2个博士点,仅郑州大学拥有计算机科学与技术、信息与通信工程2个博士后流动站,高级人才较为缺乏。

与医药制造业相关的专业有生物技术、生物工程、生物信息、生物制药工程、动物科学、生态学、生物科学专业。其中,生物工程、生物信息、生态学专业有硕士点;生物信息、生态学有博士点,无博士后流动站。

与精密制造业相关的专业有机械设计制造及其自动化专业,有9个本科专业布点,9个硕士点,2个博士点,无博士后流动站。

综上可知,与航空(航天)行业相关的专业设置较少,与高新材料

第九章　航空港经济区（郑州）"蘑菇云"产业人才配置 251

产业相关的专业，与计算机、通信和其他电子设备制造业相关的专业和与医药制造业相关的专业设置较多。航空（航天）产业相关专业各层次人才都十分稀缺，难以支撑航空港经济区（郑州）各产业的快速发展。高新材料产业相关专业硕士点总数有23个，博士点4个，博士后流动站1个；计算机、通信和其他电子设备制造业相关专业硕士点共计24个，博士点2个；医药制造业相关专业硕士点共计11个，博士点2个。高新材料产业和计算机、通信和其他电子设备制造业人才供给总量充裕，人才层次丰富，医药制造业人才供给人才总量比较少，但是人才层次比较充分。

（二）雷达图分析

不同行业自身性质及对人才需求性质的不同，需要的人才类型、结构等也不同，产业对人才的需求也不同。这种需求可以是前置性的，也可以是同步性的，还可以是后置性的。本书从这三个方面研究各产业所需人才特征、结构、类型等产业发展的人才匹配问题。综合以上分析，将航空港经济区（郑州）五大行业人才需求情况（前置性、同步性、后置性）和相关专业设置情况赋值如表9-3所示。

表9-3　航空港经济区（郑州）产业选择人才匹配指标赋值情况

行业	人才需求情况	相关专业设置情况
航空（航天）制造业	1	0.1
高新材料产业	0.9	0.7
电子信息产业	0.3	0.9
医药制造业	0.5	0.6
精密制造业	0.7	0.3

航空（航天）制造业和高新材料行业对人才需求多为前置性人才需求，因此分别赋值1、0.9；计算机、通信和其他电子设备制造业多为后置性人才需求，赋值0.3；医药制造业多为同步性人才需求，赋值0.5，精密制造行业赋值0.7。与产业相关专业设置情况从多到少排序分别为电子信息产业、高新材料产业、医药制造业、精密制造业和航空（航天）

制造业,分别赋值为0.9、0.7、0.6、0.3和0.1。

航空港经济区(郑州)产业选择人才需求情况(前置性、同步性或后置性)及河南省相关专业人才现状雷达图见图9-1。图9-1为半径为1的单位圆,根据航空港经济区(郑州)产业选择人才需求情况(前置性、同步性、后置性)和相关专业设置情况赋值绘制而成。黑色正方形表示与港区产业选择相关专业。

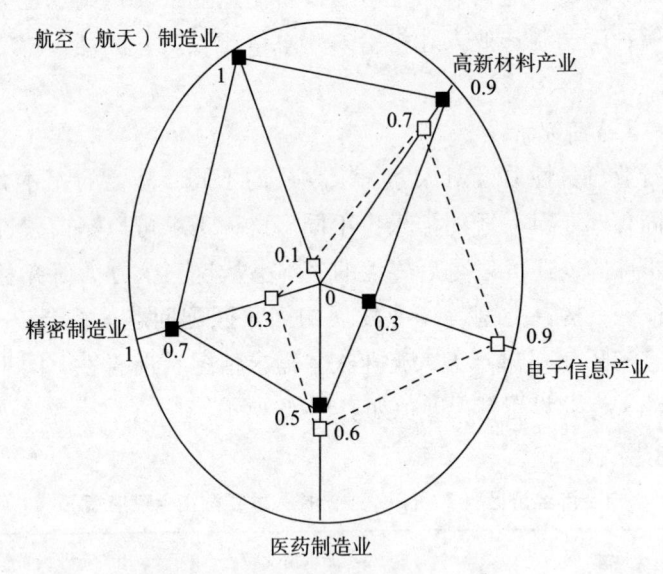

图9-1 航空港经济区(郑州)产业选择人才需求雷达图

相关专业布置点(硕士点、博士点等)越多,在图中位置离原点越远;正方形表示港区产业选择人才需求情况(前置性、同步性或后置性),前置性越强,在图中位置离原点越远,后置性越强,离原点越近。由图9-1可知,航空(航天)制造业是人才需求前置性比较强的行业,但是,河南省相关专业布置点数、硕士点或博士点数等较少,人才需求与人才现状相差较大;高新材料产业人才需求前置性也比较强,河南省相关专业布置点数、硕士点或博士点数等较多,两者差距较小;计算机、通信和其他电子设备制造业人才需求后置性较强,河南省相关专业布置点数、硕士点或博士点数等较多;医药制造业人才需求同步性较强,相关专业人才情况居中；精密制造业人才需求前置性较强，河南省相关专业布置点数、硕士点或博士点数等较少。

三 重点"蘑菇云"产业相关专业竞争力分析

结合全国这几个行业相关专业设置情况，郑州在航空（航天）、生物医药产业、精密制造业专业上几乎是空白，缺乏自身的人才供给渠道。

航空（航天）产业相关专业竞争力最强的城市有北京市、西安市和哈尔滨市，排名前15的大学中，这3个城市占据6个；南京市、沈阳市、南昌市、天津市、杭州市、大连市、太原市、上海市和厦门市航空（航天）产业相关专业竞争力紧随其后；河南省无一城市入列，航空（航天）产业相关专业竞争力较弱。

北京市、西安市和武汉市高新技术产业相关专业全国竞争力最强；南京市、天津市、青岛市等紧随其后；郑州市、焦作市、合肥市等次之；衡阳市、抚顺市等又次之。其中，河南省有郑州市、洛阳市、焦作市和开封市入列。

北京市、西安市、南京市和武汉市电子信息产业相关专业全国竞争力最强；哈尔滨市、上海市、成都市等紧随其后；广州市、郑州市、昆明市、大连市和沈阳市次之；焦作市、太原市等又次之；绵阳市、湘潭市等再次之。其中，河南省只有郑州市、焦作市入列。

上海市、广州市和长沙市生物医药产业相关专业全国竞争力最强；北京市、武汉市和南京市紧随其后；合肥市、杭州市和福州市次之；天津市、成都市等又次之；郑州市无一所大学入列。

北京市精密制造行业相关专业全国竞争力最强；武汉市和长沙市紧随其后；成都市、杭州市、重庆市、上海市、西安市等次之；郑州市无一所大学入列。

四 全国航空港经济相关产业人才现状

为了清楚地了解郑州航空港经济综合实验区产业所需人才的差距，我们还需知道全国航空港经济区相关产业的人才状况。但由于全国航空港经济相关产业很多，很分散，无法统计，又由于上市公司人才需求有其代表性，我们借助上海证券交易所航空（航天）制造业、计算机、通信和其他电子设备制造业、高新材料产业、金融业、医药制造业上市公司年报分析其人才现状（见表9-4）。

表9-4 全国各产业人才现状 单位：人

行业	航空（航天）制造业	电子信息产业	高新材料产业	金融业	医药制造业
从业人数	311080	132098	21275	2001686	153583
生产人员	22227	51326	14769	—	45117
销售人员	14098	14786	665	564790	57620
技术人员	52392	39754	2670	340531	19115
财务人员	4182	2931	341	112160	3773
其他人员	44496	18510	2510	984205	19499
其中：					
本科以上	10428	12036	875	168671	10691
本科	119112	47796	2492	1230144	37565
本科以下	181180	71756	17908	602871	105327

注：上海证券交易所各行业前十名上市公司2016年年度报告，其中，金融业2016年数据缺失较多，为统一口径，均根据2015年从业人员相关数据整理得（按总资产排名，鉴于资料可得性，排名仅根据分析需要所得，下同）。

最终结果根据各上市公司数据简单计算得出。

2016年，航空（航天）制造业从业人数有311080人，其中，生产人员22227人，占7.1%；销售人员14098人，占4.5%；技术人员52392人，占16.8%，三者共计占28.4%。本科从业人数119112人，占38.3%；本科以上人员10428人，占3.4%；本科以下人员181180人，占58.2%。由此可知，航空（航天）制造业从业人员中，中高端人才比重较低，本科以下人员比重较高。电子信息产业从业人数有132098人，其中，生产人员51326人，占38.85%；销售人员14786人，占11.19%；技术人员39754人，占30.1%。本科从业人数47796人，占36.18%；本科以上人员12036人，占9.1%；本科以下人员71756人，占54.32%。电子信息产业本科以下人员比重超过从业人数的一半，技术人员和生产人员占从业人数比重为七成左右，比重较高。高新材料产业从业人数有21275人，其中，生产人员14769人，占69.4%；销售人员665人，占3.1%；技术人员2670人，占12.27%。本科及以上从业人数3367人，占15.83%；高新材料产业生产人员占从业人数比重为70%左右，技术人员比重较低，本科及以上人员比重较低。金融业从业人数最多，按资产排名前十的上市公司均为各大银行，2015年从业人员达到2001686人，而2012年仅为846650人，从业人员总数有了较大幅度增长。其中，销售人员564790人，占28.2%；技术人员340531人，占17%。本科从业人数1230144人，占61.5%；本科以上人员168671人，占8.43%；本科以下人员602871人，占30.1%。金融业本科及以上人员约占70%，中高端人才较多。医药制造业从业人数153583人，其中，生产人员45117人，占29.38%；销售人员57620人，占37.52%；技术人员19115人，占42.37%。本科从业人数37565人，占24.4%；本科以上人员10691人，占6.96%；本科以下人员占68.64%。医药制造业本科及以上人员占31.36%，较2012年的26.1%有所提高，所占比重依旧比较低，中高端人才较少。

数据显示，全国的人才情况在这些产业也是不容乐观的，这就给航空港经济区（郑州）解决产业发展所需人才问题提出了严峻挑战。

第二节 重点"蘑菇云"产业人才配置量化分析

一 航空（航天）制造业（含航空物流业）人才匹配

《郑州航空港经济综合实验区发展规划（2013—2025年）》将航空港经济区（郑州）定位成以航空港经济区为引领的现代产业基地，无疑要大力发展航空设备制造维修业、航空物流业等航空（航天）产业。2016年，郑州机场完成旅客吞吐量2076万人次，同比增长20%；累计货邮运输量45.67万吨，同比增长13.2%；截至2016年年底，在郑州机场运营客运航空公司40家（国内31家、国际9家），开通客运航线162条（其中国际地区25条），客运通航城市86个（其中国际地区19个），郑州机场的航线网络通达性进一步增强，已成为国内除上海浦东国际机场、广州白云国际机场、深圳宝安国际机场之外的第四大货运机场；在全球前20位货运枢纽机场中，开通12个航点，基本形成了覆盖欧美和东南亚主要货运枢纽的航线网络。随着2017年冬春航季换季后，在郑州机场运营定期航线的客运航空公司达到50家。随着航空港经济区（郑州）航空（航天）相关产业的不断发展，其对航空（航天）产业人才的需求也在逐年增加，因此，需要尽快建立相应的航空（航天）人才培养体系，形成航空（航天）产业发展的有力人才支撑。

（一）航空（航天）制造业人才需求及预测

航空（航天）制造业作为高技术、高附加值和具有区域经济战略性影响的产业，对人才的要求也是比较高的。航空港经济区（郑州）发展规划自2013年上升为国家战略后，对航空（航天）产业人才的需求也在持续增加，但目前河南省内的航空（航天）产业人才不能完全满足把航空港经济区（郑州）打造成国际大枢纽和航空大都市的需要，因此要进行相关人才的引进和培养。

依据在上海证券交易所上市的航空（航天）企业总资产的排名来看，排名越靠前的企业高级人才也相对较多。中国国际航空股份有限公司是航空企业的"领头羊"，2016年年底，公司总人数是80022人，管理人员达8825人，占公司总人数的11%；营销人员为5130人，占公司总人数的6.4%；飞行员达7456人，占公司总人数的9.3%；地面服务人员有8494人，占公司总人数的10.61%。排名第四的上海国际机场股份有限公司，2016年年底，从业人数为6415人；管理人员有558人，占公司总人数的8.7%；专业技术人员为253人，占公司总人数的3.9%；人员规模和水平相对于中国国际航空股份有限公司有所差别。从对比中我们可以了解到，从业人数多少一定程度上可以反映航空（航天）公司的发展水平。因此，在引进和培育人才时，要根据实际情况，有的放矢，不可盲目引进和培养，导致人才分布不合理的状况，影响企业的发展。

另外，从我国各个主要航空（航天）公司的从业人员教育程度情况来看，工作人员学历高低也在一定程度上对企业的发展有影响。从我国上市的航空（航天）企业中，我们选取前十的公司（按总资产）进行相关人才学历的对比，可以发现，从业人数中高学历的人数越多，公司发展往往比较好。排名前十的航空（航天）企业的人才分布情况如表9-5所示。

表9-5　　　主要航空（航天）制造企业各类从业人员占比　　　单位：%

企业名称	硕士及以上	本科	专科	中专及以下
中国国际航空股份有限公司	3.02	39.79	35.29	21.9
中国南方航空股份有限公司	3.17	38.48	30.95	27.39

续表

企业名称	硕士及以上	本科	专科	中专及以下
中国东方航空有限公司	2.15	38.72	35.76	23.37
海南航空股份有限公司	4.28	57.75	30.91	7.06
上海国际机场股份有限公司	—	23.04	38.97	37.99
广州白云国际机场股份有限公司	1.64	13.84	32.11	52.42
上海航天汽车机电股份有限公司	9.07	36.43	23.14	31.36
航天信息股份有限公司	3.55	36.33	46.22	12.29
航天晨光股份有限公司	3.65	40.81	22.1	33.43
港中旅华贸国际物流股份有限公司	2.78	31.01	47.27	18.94

注：由于四舍五入，表中各分项百分比之和有时不等100%。
资料来源：根据各公司2016年年度报告整理所得。

从表9-5可以看出，排名前两名的中国国际航空股份有限公司和中国南方航空股份有限公司硕士以上人员比重均在3%以上。海南航空股份有限公司硕士以上人才比重达到4.28%，中专以下学历人员比重为这12家企业中最低，只有7.06%。海航近几年来发展迅速，与其高比重的高端人才是分不开的。中国国际航空股份有限公司、中国南方航空有限公司和中国东方航空有限公司的从业人员中本科以上学历的人员数占公司总人数的比重分别为39.79%、38.48%、38.72%，相对于其他公司，比重都比较高，而这3个公司发展的也比其他公司要好，因此，高学历人才的质量和数量在一定程度上会影响公司的发展。为了更直观地说明人才的重要性，我们比较各个公司本科以上学历分别占这10个企业总就业人数的比重，也可以得到拥有学历越高、人才数量越多的企业往往有较好发展。具体的企业本科及以上学历从业人员分布情况如图9-2所示。

从图9-2我们可知，总资产排名前四的中国国际航空股份有限公司、中国南方航空有限公司、中国东方航空有限公司、海南航空股份有限公司的从业人员中本科及以上学历人员分别占其就业总人数的42.81%、41.65%、40.87%和62.03%，均占一半左右。这说明了发展航空（航天）产业高端人才的重要性。而航空港经济区（郑州）在航空（航天）产业方面的人才还严重不足，因此要大力引进和培育相关的航空（航天）专业人才。值得注意的是，在引进和培育过程中，要掌握适度原则，避免有些专业人才不足而有些人才过剩。航空港经济区（郑州）发展航空航天产业，需要拥有什么样的专业人才，拥有多少相关人才方能符合航空港经济区（郑州）的发展战略呢？

```
                        中国国际航空股份
    港中旅华贸            有限公司，42.81%
国际物流股份
有限公司，33.79%
                         中国南方航空股份
航天晨光股份              有限公司，41.65%
有限公司，44.46%

航天信息股份             中国东方航空
有限公司，39.88%         有限公司，40.87%

上海航天汽车机电股份     海南航空股份
有限公司，45.50%         有限公司，62.03%

 广州白云国际机场股份    上海国际机场股份有限公司，23.04%
 有限公司，15.48%
```

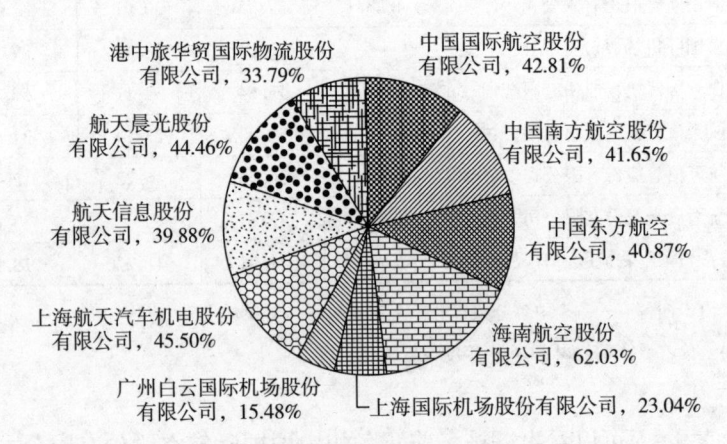

图 9-2 主要航空航天产业企业本科及以上学历从业人员分布

资料来源：根据各公司 2016 年年度报告整理所得。

结合中国国际航空股份有限公司、中国南方航空有限公司和中国东方航空有限公司等企业的人员配置情况，航空港经济区（郑州）要发展成为国际航空货运枢纽，国内大型航空枢纽就要配备快速发展所需要的相关专业人才，包括机场维护、营销人员、研发、运营管理、机场服务、地面服务、飞行员、飞行员培训、技术人员、工程师、财务人员等。

中国国际航空股份有限公司、中国南方航空有限公司和中国东方航空有限公司部分人员配备及客货运吞吐量如表 9-6 所示。

表 9-6 三大公司部分人员配备及客货运吞吐量

公司名称	管理人员	营销人员	地面服务	飞行员	客运吞吐量/万人次	货运吞吐量/万吨
中国国际航空股份有限公司	8825	5130	8494	7456	9660.6	176.9
中国南方航空有限公司	—	—	9738	8126	11461.9	161.3
中国东方航空有限公司	4001	4739	29679	6759	10174.2	139.5

资料来源：根据中国国际航空股份有限公司、中国南方航空有限公司和中国东方航空有限公司的 2016 年年度报告整理所得。

2016年，郑州机场旅客吞吐量为2076万人次，货运吞吐量突破45万吨。2014年4月17日，郑州机场发布《郑州机场总体规划（2014年）环境影响评价公众参与第一次公告》，把郑州机场定位为国际航空货运枢纽、国内大型航空枢纽。发展目标如表9-7所示。

表9-7　　　　　　　航空港经济区（郑州）发展目标

年份	客运吞吐量（万人次）	货运吞吐量（万吨）
2025	4000	300
2045	7200	520

资料来源：刘江浩：《郑州机场货运吞吐量——2025年力争突破300万吨》，大河网—大河报，http://newpaper.dahe.cn/dhb/html/2014-04/18/content_1061647.htm?div=-，2014年4月18日。

从郑州航空港经济综合实验区的发展目标可以看出，为了实现规划的目标，相关的人才配置要及时到位，结合中国国际航空股份有限公司、中国南方航空有限公司和中国东方航空有限公司的发展情况以及航空港经济区（郑州）的发展目标，近期内港区需要配备相关专业人员情况如表9-8所示。

表9-8　　　　近期内港区需要配备相关专业人员预测　　　　单位：人

航空港经济区（郑州）	管理人员	营销人员	地面服务	机场服务	飞行员	技术员
	7000	3500	10000	2000	4800	1200

资料来源：根据中国国际航空股份有限公司、中国南方航空有限公司和中国东方航空有限公司发展情况以及郑州港区的发展目标整理预期。

如表9-8所示，港区发展航空（航天）制造业所需的相关人才预期要达到一定的数量，预期需要配置管理人员7000人，营销人员3500人，地面服务人员10000人，机场服务人员2000人，飞行员4800人，技术人员1200人。但是，在补充足够数量的同时，还要注意所引进或培育人才的质量，以促进航空港经济区（郑州）加快发展航空（航天）产业，构筑高端化、高质化、高新化的产业结构，增强港区的核心竞争力和建设高水平现代化的制造和研发转化基地。

(二) 航空 (航天) 制造业人才匹配问题

如前分析，航空（航天）制造业的发展需要专业人才支撑，但是，目前航空港经济区（郑州）航空（航天）制造业相关的人才严重不足，完全不能满足港区规划的长远发展需要。结合本章第一节分析总结，航空（航天）产业在人才方面存在以下亟须解决的问题。

1. 航空（航天）制造业相关专业设置较少

在统计的河南省37所本科院校中，只有郑州航空工业管理学院一所大学开设了与航空（航天）产业相关的专业，但也仅有飞行器动力工程、飞行器设计与工程两个专业，没有硕士点、博士点和博士后流动站。因此，无论是航空（航天）产业初级人才还是中高级人才的培养，河南省都比较稀缺。

航空（航天）产业相关专业竞争力排名靠前的城市多集中在东部沿海地区，西部仅有1个城市入列（西安），河南没能入列。这说明河南在航空（航天）制造业及其相关产业人才方面还存在严重不足。

2. 航空（航天）制造业相关专业人才匮乏

2015年，河南省航空、航天器及设备制造业企业仅9家，平均从业人员为18554人，从研发人员折合全时当量这一指标来看，为2248人/年，在中部六省中比重达到29%。2015年，河南省航空、航天器及设备制造业有研发机构的企业数量仅为3家，机构人员2071人，而湖北省为2499人。河南省航空（航天）产业尤其是物流方面真正的复合型人才奇缺，物流人才在质量和数量上都不能满足市场要求，成为制约航空（航天）产业发展的一个重要"瓶颈"。近年来，随着我国物流教育的发展，一些高等院校培养了大批的物流管理方面的专业人才，但这远远满足不了航空物流业对于人才的迫切需求。根据2013年全国高校招生目录统计，正式招收物流管理或物流工程专业及其方向的高等院校已达171所，其中，本科院校为47所，占全国本科院校的7.36%，占全国高校的3.24%。但这些学校的物流专业教育多属于社会物流教育，即只包括基础物流课程，而缺乏特色物流教育。因此，在缺乏良好的人才支撑的情况下，航空特色型物流人才稀缺已经成为制约航空港经济区（郑州）航空物流业飞速发展、形成产业链、进入国际市场参与竞争的最大"瓶颈"。

3. 航空（航天）制造业的复合型人才供给紧迫

从实际应用角度来看，航空物流业发展过程中需要的不仅仅是某一方面的人才，而是综合性人才。同时，经济的飞速发展又促使航空物流内部不断升级，这就使之对"复合型物流人才"的需求更加与日俱增。复合型物流人才，既要懂得物流技术，又要懂得物流经济，还要熟悉物流管理技术，成为储存保管、运输装卸的专家，以及掌握企业供应链流程，熟悉物流信息技术系统，掌握电子商务技术，国际贸易和通关知识、仓储运输专业知识、财务成本管理知识、外语知识、安全管理知识、法律知识等。航空港经济区（郑州）发展航空（航天）产业，必然导致由航空（航天）制造产业链拉动的物流人才，尤其是航空物流人才需求紧迫，同时，与航空（航天）制造产业链强关联的高科技产业链也对以航空物流为特色的复合型人才需求旺盛。目前来看，航空港经济区（郑州）航空（航天）人才尤其是综合性人才较少，今后需要进一步培养航空物流等航空（航天）人才，为推动航空港经济区（郑州）航空物流等航空（航天）产业的发展提供人才保障。

（三）航空（航天）制造业人才匹配建议

目前来看，航空（航天）专业人才多集中于北京、上海和广东等发达城市和地区，相对于中原地区来说，高水平、高质量的航空（航天）专业方面的人才较少。航空港经济区（郑州）定位于以航空港经济区为引领的现代产业基地，不仅需要航空（航天）某一方面的专业人才，而且更需要既懂具体技术又懂经济管理的复合型人才。只有加大航空港经济区（郑州）航空（航天）产业专业人才和复合型人才的培养，满足该行业发展需求，才能支撑航空港经济区（郑州）发展成航空大都市及以航空港经济区为引领的现代产业基地等目标实现。

1. 增加河南高校对航空（航天）相关专业的设置

大学是培养人才特别是高端人才的摇篮，如果大学没有设置某一行业相关专业，则该行业的人才需求很难得到充分供给。目前，河南省仅有1所大学设置了两个航空（航天）相关专业，成为航空港经济区（郑州）发展航空（航天）业的极大"瓶颈"。因此，教育部门应该研究增设航空（航天）相关专业，尤其是郑州大学这所"双一流"大学理应有条件开设此类专业，尽快填补无航空（航天）相关专业的空白，引领兄弟院校建设好、发展好航空（航天）专业，为航空港经济区（郑州）航空（航天）产业发展提供相应人才保障。另外，高校在培育航空（航天）专业人才时要增强实践教学环节。目前，大学开设的很多专业只有理论基础课，对学生的实践动手能力认知缺乏，或者即使有实践操作课程设置，也只是徒有形式，导致培养的学生眼高手低，理论与实践脱节，很难满足航空（航天）产业发展的直接人才需求。复合型航空人才培养体系加强了实践课的培养，注重培养学生的实践能力，以增强学生的岗位适应能力。因此，学校在开设航空（航天）相关专业的同时还应增强实践环节教学，也即学校培养的应是复合型人才，让学生掌握航空（航天）管理实践的实用性技能，提高其在实际工作中的操作能力。

2. 加强在职航空（航天）人才的培训

从事航空（航天）产业的企业也应加强在职人员的培训，可以通过聘请专家或有经验的高技能型工人等形式，针对不同的在职人员进行或管理或技能等知识的培训，指导他们更好地开展工作，由于部分航空（航天）就业人员没有受过系统教育，所以，在受过培训之后，他们对自身的工作会有更系统的认知，会进一步提高员工的技能水平，有利于更好地开展工作。

3. 强化对航空（航天）制造业的人才支持

航空港经济区（郑州）航空（航天）制造业要向专业化、规模化、国际化方向快速发展，需要大批航空物流、航空服务等相关专业的人才。航空港经济区（郑州）政府应积极与教育主管部门、高校协调，举办航空港经济区（郑州）及航空物流、航空服务等专场招聘会，为港区各类航空（航天）企业招聘人才。要采取多种措施，为人才提供良好的工作环境和待遇，吸引并留住人才。河南省尤其是郑州市高校，要积极参与航空港经济区（郑州）建设，增强服务地方经济社会发展的能力。高校要以课题形式参与航空（航天）相关研究，把解决航空港经济区（郑州）航空（航天）产业发展的现实问题作为研究重点，将教师的研究与航空（航天）产业联系起来。同时，高校应将学校的专业与航空（航天）产业紧密结合起来，通过专业建设，直接对接航空港航空（航天）产业，为产业的发展服务。高校还可与航空港及其企业开展订单式人才培养，同时加强就业服务指导，引导大学毕业生等相关人才到航空港经济区（郑州）工作。

二　高新技术（新材料、新能源）产业人才匹配

新材料、新能源产业等是高新技术产业的重要组成部分，高新技术产业通常是指高新技术从上游至下游，从研发、生产到销售，所形成的

技术密集度高且产品竞争力强、单位价值高的新兴产业群体。一般认为，高新技术产业就是指科技、知识和资本密集度高，生产高附加值产品，具有巨大产业波及效果和社会经济发展影响力的新兴产业群体。高新技术产业人才即从事高新技术产业研发、生产和管理的人才，既包括开展技术产业化研发的创新型人才和直接参与一线生产的高技能人才，也包括对高新技术企业的创建、经营与战略设计等过程进行筹划和组织，推动科技和经济相结合的企业领导者和管理者。

高新技术（新材料、新能源等）产业人才大致可分为四个类型：第一，以发明家为首的从事高新技术发明的科研人才。第二，以科技企业家为首的实现高新技术商品化的管理人才。第三，以高技能人才为首的直接生产高科技产品的初级人才。第四，以营销专家为首的实现高新技术产品的商品化的营销、公关人才。

（一）高新技术（新材料、新能源）产业人才需求及预测

根据上海证券交易所排名前十（按总资产）的高新技术企业相关人才数据，分析高新技术产业从业人员特征、结构等，具体见表9-9。

表9-9　　　　主要高新技术企业人员结构　　　　单位：人

企业	从业人数	生产人员	销售人员	技术人员	财务人员	其他
天地科技股份有限公司	23530	11100	1296	7437	428	3269
江苏宏图高科技股份有限公司	7130	1053	3591	748	193	1355
宝胜科技创新股份有限公司	5133	2978	418	551	86	1100
山东金晶科技股份有限公司	4167	3004	161	533	48	421
哈尔滨工大高新技术产业开发股份有限公司	1748	521	262	386	193	386
鹏起科技发展股份有限公司	857	489	48	161	42	117
浙大网新科技股份有限公司	4773	157	443	3644	119	410
诺德投资股份有限公司	1514	1085	87	114	59	169
佳都新太科技股份有限公司	1953	—	306	1374	91	182
上海复旦复华科技股份有限公司	1620	247	119	1080	23	151

资料来源：根据各上市公司2016年年度报告整理所得。

资产排名前三位的企业,从业人数也最多,3家企业分别为天地科技股份有限公司、江苏宏图高科技股份有限公司、宝胜科技创新股份有限公司,这3家企业从业人数就占全部就业人数的68%。其中,天地科技股份有限公司在职人员数量为23530人,其中,生产人员11100人,占47.17%;销售人员1296人,占5.51%;技术人员7437人,占31.61%。江苏宏图高科技股份有限公司生产人员1053人,占14.77%;销售人员3591人,占50.36%;技术人员748人,占10.49%。宝胜科技创新股份有限公司生产人员2978人,占58.02%;销售人员418人,占8.14%;技术人员551人,占10.73%。

可见,高新技术企业从业人员中生产、销售和技术人员占据绝大比重,其中又以生产和技术人员最多。3家公司生产、销售和技术人员之和占据公司从业人数的八成以上,其中,生产和技术人员又多于销售人员,预测港区需要的高新技术人才主要是生产、销售和技术人员,尤其是生产和技术人员。因此,航空港经济区(郑州)发展高新技术行业时应注意相应人才结构的匹配和培养,分别针对急需的生产人员或者技术人员出台不同的人才政策。

根据上述各企业从业人员教育程度数据,得到图9-3。

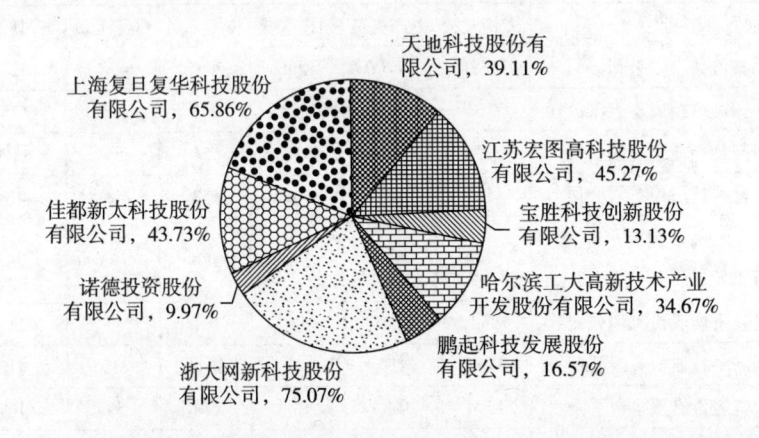

图9-3 主要高新技术企业本科及以上从业人员分布

注:山东金晶科技股份有限公司年报仅有大专及以上从业人员,不分本科、本科以上学历,不具有可比性,故将其排除在外,仅对其余九家上市公司进行比较。

资料来源:根据各上市公司2016年年度报告整理所得。

由图 9-3 可知，各企业本科及以上从业人员占比结构相差较大。天地科技股份有限公司和江苏宏图高科技股份有限公司本科及以上从业人员均占四成左右。宝胜科技创新股份有限公司本科及以上从业人员仅占13.13%，该公司属于高技术产业中电气设备行业，主营业务是电线电缆及其相关产品的生产销售等，结合上表我们也可以发现，该公司偏重生产，其生产人员就占全部就业人数的 68% 以上。而生产人员人力资本较低，主要是技术工人，对学历要求较低。上海复旦复华科技股份有限公司和浙大网新科技股份有限公司虽然总资产排名落后，但其本科以上从业人员分别占 65.86%、75.07%，再结合上表的人员结构可以发现，两家企业的共性就是技术人员偏多，分别占总就业人数的 67%、76.35%。说明企业如果偏重技术和研发，所需要的高层次人才越多，如果偏重生产，对高学历人才的需求就相对较少。港区发展高新技术产业，可以参考这些企业的人员构成及人员教育程度比重，根据实际情况进行人才的引进和培养。

根据上海证券交易所排名前十（按总资产）的高新技术企业相关人才数据，从业人数最多的三家公司分别为天地科技股份有限公司、浙大网新科技股份有限公司、山东金晶科技股份有限公司，3 家公司生产、销售和技术人员之和占据公司从业人数的八成以上，其中，生产和技术人员又多于销售人员。因此，预测港区需要的高新技术人才主要是生产、销售和技术人员，尤其是生产和技术人员，由此预测港区近期需要高新技术人才。

如表 9-10 所示，预测港区发展高新技术产业近期（2015—2020 年）共需高新技术人才 40000 人，其中，生产人员 12000 人，销售人员 8000 人，技术人员 10000 人，财务人员 1000 人，其他人员 9000 人。

表 9-10　近期（2015—2020 年）航空港经济区（郑州）高新技术人才需求预测　　　　　　　　　单位：人

航空港经济区（郑州）	总人数	生产人员	销售人员	技术人员	财务人员	其他
航空港经济区（郑州）	40000	12000	8000	10000	1000	9000

（二）高新技术（新材料、新能源）产业人才匹配问题

1. 人才供给相对充分，但创新型、复合型人才不足

在统计的河南省 37 所本科院校中，高新技术（材料）产业相关专业

硕士点总数有 23 个，博士点 4 个，博士后流动站 1 个，高新技术（材料）产业相关专业设置及硕士点或博士点等指标在选取的五大行业中均居首位，人才供给相对充分，但是，从全国范围来看，河南省高新技术（材料）产业相关专业硕士点等高端人才培养点较少，高新技术（材料）产业创新型、复合型人才仍显不足。我国尚未形成与高新技术（材料）产业创新体系相配套的创新人才队伍，技术相当一部分采用技术引进、知识产权购买，能自主研发的人才稀少，并且缺乏既懂技术又懂管理、既精制造又会营销的复合型人才。航空港经济区（郑州）发展高新技术产业，无疑同样面临创新型、复合型人才供给不足的现状。

2. 人才投入不足

河南省研发人员折合全时当量 2013 年为 152541 人/年，（全国为 3533000 人/年），2014 年为 161441 人/年（全国为 3711000 人/年），2015 年为 158855 人/年，（全国为 3759000 人/年），占全国比重比较低。2016 年，河南省有效发明专利 22601 件，专利密度 2.40 件/万人，发明专利授权量为 6811 项，技术市场实现交易额为 59.24 亿元，在全国排名中仍较靠后。2016 年，河南省研发投入总量为 494.19 亿元，比上年增长 13.6%，研发投入强度在全国的位次逐步增强，2016 年投入强度（研发投入与 GDP 之比）达到 1.23%，在全国排名第 16 位。虽然研发投入增长较快，但在全国排名仍较靠后，研发投入明显不足；科技进步对经济增长贡献率尚未达到 50% 以上。[①] 可见，河南省高新技术人才投入明显不足。比较 2011 年和 2012 年中部地区技术交易情况，河南省在中部排名都居中，与发达地区相比，仍有很大差距，同时也部分地反映了中原经济区近两年技术交易情况，总体情况不容乐观。因此，河南省及航空港经济区（郑州）高新技术人才投入各项指标都较低，应加大投入，为港区高新技术产业的发展提供人才支撑。

3. 人才机制不健全，尊重知识、吸引人才的软环境尚未形成

人才机制主要依靠对人才进行物质和精神激励来发挥作用。物质激励，既是高新技术人才的基本生活保证，又是其价值的市场评价，因此，其合理和公平程度直接影响着人才创造活动积极性与能动性的发挥。人才评价和收入分配是物质激励的两种主要形式。在人才评价方面，我国

---

① 资料来自历年《中国高技术产业统计年鉴》。

以职业能力和工作业绩为衡量准则的高新人才评价体系尚未完全建立；在收入分配方面，不同行业收入差距大，不同高新人才的待遇苦乐不均、不公平感强烈；而在同一行业或单位中不同技术等级的高新技术人才工资相差不大，难以发挥薪酬的激励作用；加之薪酬激励形式单一、高技术人才不能共享企业发展成果等阻碍，我国的人才物质激励机制还远不够完善。另外，除了一些经济发达地区，高新技术产业尊重知识、吸引人才的软环境尚未形成，使大学毕业生对该产业的期望与现实的落差越来越大，造成严重的人才流失问题。但因地区的差别，这两种方式在河南运用并不充分，收入和其他发达省份差别更大，人才物质激励机制还远不够完善。

（三）高新技术（新材料、新能源）产业人才匹配建议

1. 提高认识，确立高新技术产业人才发展战略

党的十八大报告明确指出："加快确立人才优先发展战略布局，造就规模宏大、素质优良的人才队伍，推动我国由人才大国迈向人才强国。"当今世界，人才强国战略已成为一个国家参与世界竞争的核心战略。航空港经济区（郑州）作为首个上升为国家战略的航空港经济发展先行区，更应提高高新技术行业人才发展的战略认识，才能形成港区高新技术产业发展的有力人才支撑。一是实施人才资源开发战略。港区要实现其各项宏伟目标，人才必不可少，因此，加快建设规模宏大、素质优良的高新技术产业人才队伍势在必行。要切实树立人才资源是第一资源的战略思想，制定经济发展规划，应优先考虑高新技术产业人才资源开发的要求；制定高新技术产业发展战略，更要突出高新技术产业人才开发使用这个重点。二是实施人才结构调整战略。推进经济发展方式转变、实现产业结构调整必须实施人才结构调整战略。港区发展高新技术产业，应提前做好产业布局，优化产业结构，更应及早谋划和率先调整人才结构，以人才结构优化引领产业结构优化升级，推动经济发展质量提升。三是实施人才投入保证战略。高新技术产业人才的各项投入充分才能保证人才第一资源作用的充分发挥。因此，要加大对高新技术产业人才发展的投入力度，为港区高新技术产业人才发展提供资金等资源保障。四是实施人才制度创新战略。制度具有导向性、根本性和长远性。体制机制建设是事关人才工作长远发展的根本性建设。因此，要高度重视人才制度的设计，构建科学、开放、灵活、高效的人才发展体制机制，充分激发

高新技术产业人才的创新活力和创造智慧。

2. 建立健全内部培训体系，增加培训经费投入

高新技术产业的发展日新月异，产品科技含量高、更新速度快，要求从事该产业的人员必须不断"充电"，才能掌握最新科技，满足消费者日益多样的产品需求。因此，必须加大对高新技术产业的政策扶持力度，引导和鼓励高新技术企业建立健全内部培训体系，增加培训经费投入，促进高新技术人才不断成长。高新技术企业内部的教育培训，应以员工能力的开发为主体，营造注重开发员工能力的组织机构、环境和相应的管理制度。高新技术企业培训应是高技术产业人才的再教育过程，教育重点从补充知识和技能，转变为培养获得高新知识和经营管理能力，激发主动创新精神，提高发现问题、解决问题的能力。同时，使继续教育与再培训制度化。世界许多著名高新技术公司都有自己的培训机构。例如，总部设在芝加哥的美国摩托罗拉公司就有自己的摩托罗拉大学，负责产品设计的技术人员必须在那里接受设计训练，经常在校接受培训的职工保持1000人。据统计，该公司已有7.5万职工接受了培训，占职工总数的75%以上。日本松下公司有"松下政经私塾"，东洋工程公司有"TEC"大学，丰田汽车公司有"丰田工业大学"等，这些都为港区高新技术企业提供了许多值得借鉴的经验。

3. 增加科技创新投入，完善政策保障机制

科技创新投入是一种特殊形态的生产性投入，可以对经济发展起到倍增效应。一是建立人才开发专项资金。要在每年财政预算中安排一定数量的资金专门用于高科技人才培养和引进等工作。二是建立必要的财税政策，鼓励和引导企业加大投入。形成以政府拨款为引导、企业投入为主体、社会各界和个人捐助为补充的多元化投入格局。

4. 调整高等教育结构，建立实用高等教育体系

高新技术产业具有技术密集性的特点，其发展对所需人才的质量有较高要求，在我国这一层次的人才需求主要是通过大学等高等教育来实现。根据航空港经济区（郑州）产业布局和发展需求，大力调整学科的专业设置，强化优势学科，突出特色学科，发展交叉学科，集中力量建设多个创新能力强、特色突出的学科群，有重点地培养一大批符合港区产业发展需求的高层次人才。应加大高等教育中研究生的培养力度，特别是加大工商管理硕士、公共管理硕士、工程技术硕士等的培养力度。

按照紧贴高科技发展现状,又适应未来需要的原则,超前性地培养高新技术人才。高新技术产业发展迅速且竞争激烈,从而导致人才需求的多样化和广泛流动。所以,应将培养高新技术型人才——高水平科技研究人才、高级管理人才和具有工程化背景、技术创新管理能力及企业家素质的综合性人才当作高等教育的目标之一,通过跨学科课程的设置,设立跨学科科研机构,培养出知识面宽、适应能力强的科学家和工程师,作为高新技术产业发展的高层次人才储备。

5. 完善高新人才引进体制机制,营造培养尊重知识、尊重人才的文化氛围

企业应完善自身人才体制机制建设,以人为本,给予高新技术人才各方面具有安全感的制度保障,增强高新人才的凝聚力和归属感。如对规模企业、成长型企业及各事业单位急需的高科技人才要不拘一格引进;对高科技人才的评价,更需要打破常规,不拘一格,创新人才评价考核机制,坚持以能力和业绩作为人才评价的标准。另外,还要培养尊重知识、尊重人才的文化氛围,大力培育企业人才文化,倡导尊重人才、唯才是用的风尚,营造"尊重知识、尊重人才、尊重创新"的文化氛围,为人才成长发展提供良好的软环境,增强企业对人才的吸引力。

三 计算机、通信和其他电子设备制造业人才匹配

计算机、通信和其他电子设备制造业,是指为了实现制作、加工、处理、传播或接收信息等功能或目的,利用电子技术和信息技术所从事的与电子信息产品相关的设备生产、硬件制造、系统集成、软件开发以及应用服务等作业过程的集合,具有资金、知识和技术密集;固定成本高,可变成本低;研发投资高,制造成本低;需求方规模经济效应突出;产业内竞争激烈,产品更新换代快等基本特征。郑州市围绕打造5千亿级电子信息产业基地的目标,突出承接产业转移的集群式引进,有力地促进了该产业的迅猛发展。

(一) 计算机、通信和其他电子设备制造业人才需求及预测

我国的计算机、通信和其他电子设备制造业的发展相对比较迅速,企业和人才方面也已经有一定的规模。对电子信息产业人才需求情况仍然以上海证券交易所上市公司情况类比。在总资产排名前十的上市公司中,总就业人数为132098人,生产人员有51326人,技术人员有39754人,分别占总就业人数的38.85%、30.1%,生产和技术人员就占产业总

就业人数的七成左右。按照总资产排名前三的同方股份有限公司、宁波均胜电子股份有限公司和烽火通信科技股份有限公司生产人员和技术人员分别占总就业人数的 50.28%、84.74%、66.22%。可见，计算机、通信和其他电子设备制造业要向高端发展，对生产和技术人员有大量需求。位于首位的同方股份有限公司 2016 年年底共有员工 13342 人，其中，生产人员 3474 人，占公司总人数的 26%；销售人员有 2558 人，占公司总人数 19.2%；技术人员有 3235 人，占公司员工总数的 24.2%。位于第十的用友网络科技股份有限公司在 2016 年统计期内员工总数为 14302 人，其中，技术人员有 4746 人，占公司总人数的 33.2%。具体情况如表 9 – 11 所示。

表 9 – 11　　计算机、通信和其他电子设备制造业企业人员结构　　单位：人

企业	总人数	生产人员	销售人员	技术人员	财务人员	其他
同方股份有限公司	13342	3474	2558	3235	356	3719
宁波均胜电子股份有限公司	24075	18356	397	2045	413	2864
烽火通信科技股份有限公司	12521	3475	3431	4817	163	635
江苏亨通光电股份有限公司	15361	10074	1342	1090	205	1278
江苏中天科技股份有限公司	9835	7166	658	1213	125	385
北京信威科技集团股份有限公司	2299	467	223	880	72	657
航天时代电子技术股份有限公司	15465	6651	602	6494	269	450
航天信息股份有限公司	22440	783	2680	14232	964	3781
湖北凯乐科技股份有限公司	2458	870	360	1002	58	168
用友网络科技股份有限公司	14302	10	2535	4746	306	6705

资料来源：根据各个公司 2016 年年度报告整理所得。

从我国各个主要的计算机、通信和其他电子设备制造业企业从业人员教育程度的分布情况来看，工作人员学历的高低也对企业的发展存在一定影响。选取总资产排名前十的公司进行相关人才学历的对比分析，可以发现，这些发展较好的企业，其从业人数中高学历的人数占比越多。具体见表 9 – 12。

表9-12　计算机、通信和其他电子设备制造业企业人员教育程度　　单位:%

企业名称	硕士及以上	本科	专科	中专及以下
同方股份有限公司	13.66	41.67	18.98	25.69
宁波均胜电子股份有限公司	5.67	11.19	20.40	62.75
烽火通信科技股份有限公司	21.60	50.64	27.76	—
江苏亨通光电股份有限公司	2.74	31.78	19.48	46.00
江苏中天科技股份有限公司	3.00	24.25	19.79	53.25
北京信威科技集团股份有限公司	23.79	49.33	14.66	12.22
航天时代电子技术股份有限公司	18.16	30.26	23.56	28.02
航天信息股份有限公司	3.55	36.33	46.22	12.29
湖北凯乐科技股份有限公司	—	61.84	—	38.16
用友网络科技股份有限公司	8.93	73.26	16.76	1.05

注：烽火通信科技股份有限公司人员不分专科及中专以下，上述数据将专科及以下学历归为专科。由于四舍五入，各分项百分比之和有时不等于100%。

资料来源：根据各个公司2016年年度报告整理所得。

从表9-12中可以看出，同方股份有限公司、宁波均胜电子股份有限公司和烽火通信科技股份有限公司从业人员中硕士及以上学历的人员占公司总人数比重比其他几个企业所占的比重要高很多，其中，位于首位的同方股份有限公司硕士及以上学历的占13.66%，本科以上的学历人数占公司总人数的一半以上。而位于第十位的用友网络科技股份有限公司硕士及以上学历的职员也占8.93%，本科以上的学历更是占公司总人数的82.19%。这些行业里具有代表性的企业在人员结构上的共性就是高端人才占比较大，因此，可否得到企业高学历人才的质量和数量在一定程度上也会影响公司的发展。所以，航空港经济区（郑州）为了把计算机、通信和其他电子设备制造业发展成为港区的支柱和主导产业，要采取各种措施积极引进和培育高级人才，以适应该产业的不断更新换代和创新。

将各企业从业人员教育程度数据放在一张三维立体图中进行比较，能够清晰地看出从业人员的占比结构。如图9-4所示。

由图9-4可知，行业排名前十家企业中，本科及以上从业人员占比相差较大，但有5家占比超过一半。同方股份有限公司本科及以上从业人数占从业总人数的55.33%，而总资产排名第十的用友网络科技股份有限公司近年来发展迅速，本科及以上从业人员占比最高，达到82.19%；总资产排名第二的宁波均胜电子股份有限公司，偏重于生产，生产人员占76.2%，技术人员仅占8.5%，由于生产线中所需的高端人才较少，故本科及以上从业人数所占比重较小，仅占全部从业人数的16.86%。

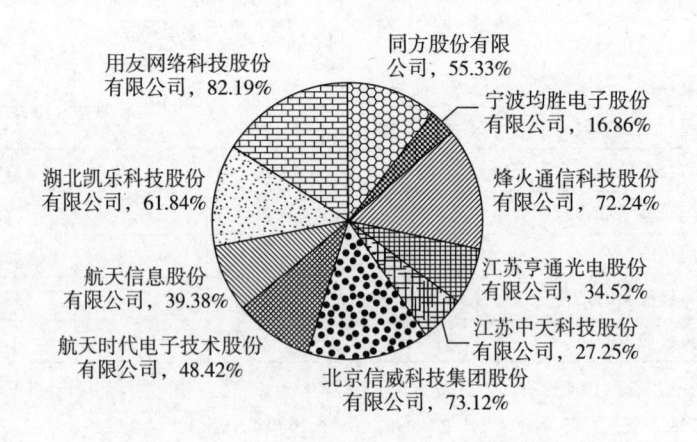

图9-4 计算机、通信和其他电子设备制造企业本科及以上从业人员分布

资料来源：根据各个公司2016年年度报告整理所得。

（二）电子信息产业人才匹配问题

1. 人才资源总量不足

电子信息产业（计算机、通信和其他电子设备制造业）人才需求前期要求不高，也即产业发展前期不需要提前布置所有的高级人才，可以先发展产业链前端产业，随后向后端产业延伸。从河南省与计算机、通信和其他电子设备制造业相关专业布置情况看，与其相关的专业布置点最多，理应人才供给充足，但是，2016年，河南省电子及通信设备制造业平均从业人员443289人，占中部六省该行业从业人数的35.6%；计算机及办公设备制造业平均从业人员15111人，在中部六省占19.3%。从研发人员折合全时当量这一指标看，电子及通信设备制造业和计算机及办公设备制造业分别为6910人/年和343人/年，分别在中部六省占14.23%和15.48%。因此，河南省电子信息产业人才资源总量明显不足，只占中部地区较少份额。

2. 人才结构不合理，复合型人才严重短缺

从河南近几年信息化建设和信息产业发展的速度看，河南信息技术

方面的人才数量远远不能满足需要，主要表现在：人才的供求关系存在严重不平衡，结构性矛盾十分突出。河南在人才结构上存在诸多问题，特别是中高级人才的数量远远不足。以河南软件人才为例，从事软件开发、编程人员的供求情况来看，虽然总体上属于供小于求，但是，通过对外来人才的引进和本地的各级培训支撑，供求基本能够达到平衡。而从事软件的高级人才，如系统规划与管理、软件流程管理等人才十分缺乏，这已经成为河南软件产业发展的一大"瓶颈"。其中，相当一部分硕士以上软件专业毕业生未从事本专业或难以在实践中成为真正的软件人才，这进一步加重了高端软件人才供给的不足。国外一些成熟的软件企业，技术人才与管理营销类人才之比为1:3。未来几年，河南信息产业人才的短缺将从纯技术类人才转向技术管理类复合型人才。当纯技术人才供求日趋平衡后，既懂技术又懂管理的复合型高级人才的短缺将会成为制约信息产业发展的"瓶颈"。

3. 人才流失严重

河南每年培养了大批计算机、通信、软件、电子工程、信息技术等专业的人才，但是，留在本地的很少。而且许多本来在河南任职的电子信息行业相关的从业人员，也有很大一部分跳槽到待遇更优厚、发展前景更好的城市。和沿海城市相比，河南的信息比较闭塞，对人才具有吸引力的政策措施有限，人才发展的环境平台建设还不完善。虽然拥有大批与电子信息产业相关专业的人才培养院校，但是，由于缺乏对人才的吸引力，大批优秀人才纷纷流向东部沿海经济发达地区，而本地的培养也只能是"为人做嫁衣"。

4. 人力资源管理体制机制不健全

近年来，河南电子信息产业虽然对人才非常重视，但在实际工作中，部分企业的直线经理，特别是企业高层管理者，对人力资源管理工作的认可程度仍然不高。相当一部分人力资源管理人员专业化和职业化意识及能力还未形成，仍在继续沿用传统的人事管理技术和手段。对于构筑现代人力资源管理工作平台的工作分析、员工招聘、工作评价、薪酬与绩效考核体系设计等规范化的人力资源管理技术和手段了解还不够多，并且也不能很好地运用到实际工作当中。在观念和技术方法的制约下，导致相当一部分企业人才开发和管理的职能远没有得到充分体现，企业的微观人力资源管理机制仍停留在较低的层次上。

(三）计算机、通信和其他电子设备制造业人才匹配建议

1. 建立和完善人才的吸纳机制

计算机、通信和其他电子设备制造业的发展对人才需求多为后置性需求，即产业低端链条可以先发展起来，为后期高端链条产业发展所需人才（主要是高端人才）争取时间。航空港经济区（郑州）发展电子信息产业应建立和完善电子信息人才的吸纳机制，通过多种方式引进电子信息产业经营管理人才和高素质、国际化、复合型人才，使他们为河南及航空港经济区（郑州）电子信息产业发展服务。探索人才跨区域流动的方式，招贤纳士的地域范围不仅仅局限于河南本身或郑州本市，还应考虑周边省市人才资源，使跨区域人才流动逐渐成为河南及航空港经济区（郑州）引进信息人才的重要形式。而这就需要航空港经济区具备优越的吸引人才的条件及相关配套政策，建立和完善人才的吸纳机制，使航空港经济区成为电子信息人才发挥才能的理想地方。

2. 建立产学研互动的人才培养机制

传统人才培养通道主要是学校教育，而学校难以承担培养人才所有知识、技能等的重担，建立产学研互动的人才培养机制。可以将理论研究与实践创业紧密联系起来，既培养了电子信息产业发展所需人才，又能将最新的研究成果应用于产业发展，一举多得。在有条件的大学或企业创建一流的电子信息研究机构，制定起点高、操作性强的电子信息产业人才教育培训实施规划，更大规模地开展企业与高校对应用型人才的合作培养；借助行业协会组织，架起企业、高校和科研院所之间人力资源交流的桥梁，组织企业和高校建立固定的联谊制度、建立高校及科研院所专家库，为企业和专家之间的交流充当桥梁；建立在校学生信息库，充当在校生到企业毕业实习或假期打工的中介，为学校与企业提供培训信息的交流平台；协助企业与高校科研机构建立紧密的人才培养互动关系等。

3. 不断增加人力资本投资

航空港经济区（郑州）应不断加大对人力资本投资的力度，出台相关措施，鼓励企业加大对电子信息产业在职员工的培训投资，提高企业培训的人力资本效益。调整公共教育财政支出结构，通过政策引导，改变目前单一的教育投资主体，鼓励全社会关注教育，参与教育，鼓励和保护其教育投资积极性，实现投资主体多元化。建立并完善教育信贷市

场，发挥市场的作用，以提升人才资本投资水平，促进经济增长。通过政府、企业、学校和社会各方面力量的共同努力，为港区电子信息产业发展所需人才提供充分保障。

4. 营造良好"创新"氛围

电子信息产业也是科技含量比较高的行业，掌握一项最新技术，就有可能改变一个行业。因此，应鼓励电子信息技术人才不断创新创造，为其才能的发挥营造良好氛围。加强信息产业园建设，为企业建立博士后流动站创造更为宽松的环境和良好的配套服务政策，鼓励港区一些电子信息企业设立企业博士后流动站，扩大现有电子信息企业高端人才的规模。电子信息企业应建立以人为本、尊重创新、尊重人才的企业文化，使电子信息技术人才创新创造的道路畅通无阻，在其追求个人价值的同时，也在为企业服务，从而为电子信息产业的发展做出贡献。

四 医药制造业人才匹配

医药制造业是按国际标准划分的 15 类国际化产业之一，被称为"永不衰落的朝阳产业"。医药行业涵盖医药工业和商业企业。其中，医药工业又包括化学药品原药制造业（含化学原料药、化学药品制剂辅料及医药中间体）、化学药品制剂制造业、中药材及中成药加工业、动物药品制造业、生物制品业、医疗器械制造业、制药机械制造业。具体见表 9-14。

表 9-14　　　　　　　　医药行业类别

行业类别	分行业	说明
医药制造业	化学药品原药制造业	指供医药制剂厂进一步加工制剂的药品原药的生产
	化学药品制剂制造业	
	中药材及中成药加工业	
	动物药品制造业	包括动物用化学药品、动物用抗生素中草药、生物制品、饲料药物、添加剂、促生长剂及水产养殖用药物等的生产
	生物制品业	包括疫苗、菌苗、类毒素苗、抗毒素、血液制品、诊断用品等的生产

续表

行业类别	分行业	说明
医疗器械制造业	手术器械制造业	包括各种外科、口腔科、妇产科、计划生育、眼科等手术器械制造
	医疗仪器、设备制造业	包括激光治疗仪器、监护仪器、眼科光学仪器、医用X光射线设备、超声诊断仪器等的制造
	诊断用品制造业	包括体温计、血压计、注射器等的生产
	医用材料及医疗用品制造业	包括口腔科材料、医用卫生材料、医用高分子制品、医疗用品等的生产
	假肢、矫形器制造业	

（一）医药制造业人才需求分析

根据上海证券交易所排名前十（按总资产）的医药制造业相关人才数据，分析医药制造业从业人员特征、结构等，具体见表9-15。

表9-15　　　　　　　医药制造企业人员结构　　　　　　单位：人

企业	在职员工	生产人员	销售人员	技术人员	财务人员	其他
上海医药集团股份有限公司	40852	13812	16307	4543	1473	4717
康美药业股份有限公司	10037	2739	2963	1277	261	2797
上海复星医药（集团）股份有限公司	19523	8538	3124	3194	503	5164
九州通医药集团股份有限公司	18344	—	8170	715	—	—
人福医药集团股份公司	13030	4693	4614	1890	446	1387
广州白云山医药集团股份有限公司	22353	5033	12821	2420	369	1710
浙江海正药业股份有限公司	9441	3299	2297	3031	144	670
中国医药健康产业股份有限公司	7788	3049	1665	671	297	2106
蓝星安迪苏股份有限公司	1760	1078	151	351	142	38
天士力制药集团股份有限公司	10455	2876	5508	1023	138	910

资料来源：根据各上市公司2016年年度报告整理所得。

总资产排名前三的上海医药集团股份有限公司、康美药业股份有限公司、上海复星医药（集团）股份有限公司本科以上人员分别占22.41%、18.93%、33.55%。总资产排名前五的企业分别是上海医药集团股份有限公司、康美药业股份有限公司、上海复星医药（集团）股份有限公司、九州通医药集团股份有限公司和人福医药集团股份公司，从业人数分别为40852人、10037人、19523人、18344人和13030人。其中，上海医药集团股份有限公司从业人数和各类人员均是最多的。生产人员13812人，占33.81%；销售人员16307人，占39.92%；技术人员4543人，占11.12%；生产人员和销售人员加一起占比达到74%。总资产排名第十的天士力制药集团股份有限公司近年来发展迅速，从业人数达到10455人，生产人员2876人，占27.51%；销售人员5508人，占52.68%；技术人员1023人，占9.78%；销售人员最多，其次是生产人员。可见，医药制造业生产人员和销售人员尤为重要，研发技术人员虽然比重不及前两者高，但是，其对企业的作用也是至关重要的。

本科及以上从业人数占全部从业人数比重最高的是上海医药集团股份有限公司（总资产排名第一），占22%；之后是上海复星医药（集团）股份有限公司，占15.74%；广州白云山医药集团股份有限公司占13.75%，人福医药集团股份公司占10.49%，天士力制药集团股份有限公司占10.42%。这5家企业共占全部本科及以上占从业人数的比重较大。总资产排名第二的康美药业股份有限公司中高端人才比重仅占全部的4.57%，中国医药健康产业股份有限公司中高端人才占全部中高端人才的5.03%，占比较小。根据各企业从业人员教育程度数据，得到图9-5。

作为航空港经济区（郑州）生物医药产业发展的先导区，郑州台湾（生物医药）科技园是集生产、研发、示范、孵化、储备于一体的创新型科技产业园，也是"国家高技术生物产业基地"先导区。园区规划占地2000亩，总建筑面积200万平方米，总投资50亿元，主要引进国内外的生物医药企业（港区三大支柱产业之一）。2015年，园区已建成33栋楼，签约项目67个，已有99个生物医药项目入驻航空港。力争到2020年，聚集各类生物企业超过200家，吸引各类专业人才超过1000名，建成全国知名的国家生物产业基地，生物医药产值达到200亿元。

结合全国情况，预测港区近期医药制造业所需人才如表9-16所示。

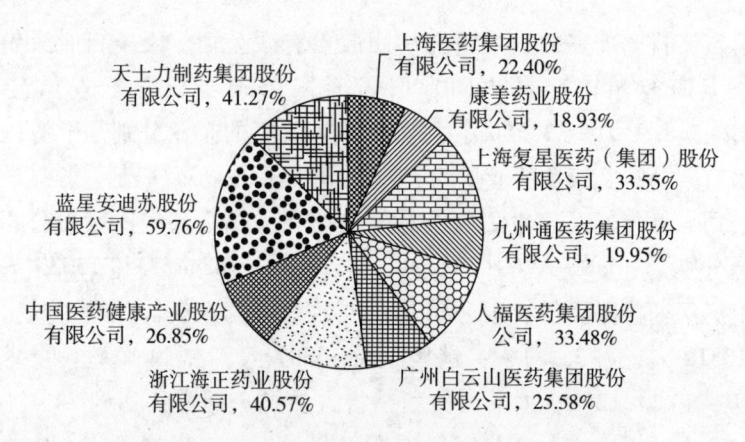

图9-5 医药制造业企业本科及以上从业人员分布

资料来源：根据各上市公司2016年度报告整理所得。

表9-16　　近期（2015—2020年）港区医药制造业人才需求预测　　单位：人

航空港经济区（郑州）	总人数	生产人员	销售人员	技术人员	财务人员	其他
	50000	12500	10000	15000	2500	10000

资料来源：张擎：《生物医药成航空港经济区（郑州）三大支柱产业之一》，大河网，http://health.dahe.cn/jkyw/yygc/201305/t20130524_486522.html。

港区发展医药制造业，预期（2015—2020年）共需各样人才50000人，其中，生产人员需要12500人，占25%；销售人员10000人，技术人员15000人，财务人员2500人，其他人员10000人。

（二）医药制造业人才匹配问题

医药制造业企业开发进程不同，对生产、销售人员的需求也会有阶段性差异，一般开发初期企业大都需求生产人员，成熟的企业则多需求销售人员。在医药行业，仿制药大量充斥着市场，由于企业创新能力不足，产品同质化倾向日益严重，产品竞争力下降。因此，医药制造业急需有创新性、能突破思维定式的人才，这样，才能提升企业的市场竞争力。2015年，河南省医药制造业平均从业人员200148人，在中部六省该行业占34.68%；医疗仪器设备及仪器仪表制造业平均从业人员75855人，在中部六省占39.3%。医药制造业有研发活动的企业个数为155个，医疗仪器设备及仪器仪表制造业有研发活动的企业个数为90个，从研发人员折合全时当量这一指标看，医药制造业为6074人/年，医疗仪器设备及仪器仪表制造业为 3826 人/年，分别在中部地区占 24.86% 和 41.26%。相比其他行业而言，河南省生物医药行业从业人员和研发人员在中部地区占比都比较高，但是，人才供给总量仍然不足。生物医药产业人才需求具有同步性人才需求性质，因此，航空港经济区（郑州）引进并发展生物医药制造业，需要同时考虑相应的人才匹配问题。

1. 总量不足、整体素质不高

2013—2015 年，河南每千人口卫生技术人员数分别是 4.98 人、5.24 人、5.48 人，全国平均数为 5.27 人、5.56 人、5.80 人；河南每千人口医师数分别是 1.92 人、2.01 人、2.10 人，全国平均数为 2.06 人、2.12 人、2.20 人；每千人口护士数分别是 1.67 人、1.79 人、1.92 人，全国平均数为 2.05 人、2.20 人、2.40 人。河南执业（助理）医师数分别是 180600 人、189335 人、198616 人，全国为 2794754 人、2892518 人、3039135 人；河南注册护士数分别是 176534 人、191117 人、205366 人，全国为 2783121 人、3004144 人、3241469 人。可以看出，2013—2015 年，河南每千人口卫生技术人员数、医师数和护士数虽然有所增长，但是，均低于全国平均水平，特别是医师数和护士数与全国平均水平还有较大差距。河南卫生医护人员比例配置不合理，2010—2012 年这一比例分别为 1∶0.78、1∶0.88、1∶0.93，这与国际标准（1∶2）有较大的差距。

2. 营销、研发人才需求数量巨大

目前，河南从事医药制造业的营销人员专业技能层次较低，与医药制造业对人才的要求尚存在较大差距。随着医药制造业的快速发展，在研发领域，由于医药商业的发展趋势以及外资企业科研本土化的推进，使医药企业对研发技术人员备受关注。从整个行业来看，国内医药制造企业普遍技术创新动力不足，这将对中国医药制造业的发展产生极为不利的影响。航空港经济区（郑州）发展生物医药产业，也面临这一问题。

3. 复合型研发、营销人才稀缺

研发和营销人才是整个生物医药产业链中非常关键的环节，不仅对研发和营销人才总量需求巨大，而且复合型研发和营销人才更显稀缺。目前，河南不乏从事生物医药产业的研发和营销人才，但是，真正能满足医药制造企业要求的研发、营销人员却寥寥无几。医药制造企业需要既有一定的医药相关专业知识又具有一定的营销技能的复合型营销人才和既懂研发技术又懂经营管理的复合型研发人才，也就是生物医药产对人才的需求逐渐从量的需求转向对人才质的需求。之所以现有的大量从事生物医药产业的研发营销人才不能满足该行业的人才需求，最主要的原因就是社会供应的人才知识结构和能力素质与医药企业的要求相脱节了，不能满足医药企业的要求。所以，在对医药制造业进行人才培养时，要跟随社会的发展，适时地调整培养计划，使培养出来的人才真正符合医药企业的要求。

（三）医药制造业人才匹配建议

1. 培养创新型人才

传统的以要素或资源禀赋带动经济发展方式已经不能满足经济发展的要求，一个国家或地区的经济发展方式越来越转向创新驱动发展，使经济发展质量不断提高。一个产业发展，创新是其发展的不竭动力，创新驱动发展方式无疑是维持其竞争力保障其可持续发展的不二选择。培养创新型人才就是要培养他们的创新精神和创新能力。一方面改进学校教学模式和方法，让学生可以真正接触以社会需求为导向的各个研究项目，从而培养和提高学生的科技创新能力，同时，随着学生创新意识和创新能力的增强，可以让他们进入到校外生物医药企业实习工程基地、各研究院所等去锻炼，使学生的创新能力得到进一步提高；另一方面也需企业在实践中通过激励措施去培养。

2. 培养营销人才

医药营销主要是指在营销理论指导下，结合医药行业的特点，来从事营销活动的一种行为，这个过程具有很强的专业性和实践性，对人才需求的要求也比较高，需要德、智、体全面发展，并且既掌握一定的医学、药学知识和经济法律、市场营销等基本知识和能力，又懂得医疗器械和药品营销的高技能复合型人才。这类人才还需要具备一定的社会活动能力、市场调查研究能力、决策能力、应变能力。学校对于这类人才培养的课程体系建设，需要包括公共基础知识模块、专业基础知识模块、专业知识模块、选修课模块、实践教学模块等。还可以直接进企业或医院实习，从而增强学生的理论知识与实践相结合的能力，为毕业后快速适应环境打下良好的基础。

3. 培养管理人才

当前，管理被称为生产力的第四要素，而管理的核心内容就是对人的管理。随着医药制造业的发展，对其管理人才提出了更高的要求。不仅需要一般性管理人才，而且更需要复合型管理人才，即要求从事医药制造业的管理人员综合素质的提高，既有行业的背景知识，又有很高的专业化水平。因此，生物医药管理人才的培养模式也要随之改变。首先，知识结构的调整与整合。医药管理人才的知识结构是由医药专业和管理专业两部分的知识构成。行业管理人才不仅仅需要具备一般的管理知识，同时还需要跟医药专业相关的知识，能够把两者进行较好的融合与衔接，逐步提高综合管理素质。其次，讲授知识的方法改革。在知识经济时代，学校更主要的是教授学生一种学习方法、习惯和学习能力，才能促使学生成长为复合型管理人才。最后，在职人员的再培训。在职管理人员虽然具备了实践基础，但是，缺乏必要的理论作支撑，因此，要对在职人员进行再培训。这种培训能够更好地实现理论和实践的相互衔接，是快速提高医药企业管理人员综合素质的一条快捷之路。

第三节　重点"蘑菇云"产业人才配置的宏观措施

一　人才配置的重点任务

根据对郑州航空港经济综合实验区产业与人才匹配的实证研究，当前和今后一个时期，其人才工作的重点任务应有如下五个方面：

（一）加快培养一批适用性人才

对梗干类的产业人才需求，要立足本地高校、职业院校、科研机构的培养能力，以产业需求为导向，加快培养一批航空港经济区方面的适用性人才。搭好桥梁，促进校港合作、校企合作，依托本地院校，加快培养一批航空运输、航空（航天）制造、航空食品、航空器维修、航空培训等航空核心产业的适应性人才，以满足航空港经济区（郑州）起步的基本要求，同时围绕教育、科研、金融中介、休闲娱乐、住宿餐饮等发展航空引致产业，构建航空港经济区起飞的人才基础。

（二）及时招揽一批急用性人才

对涉及顶盖的产业，当本地现有的教育资源无法及时培养急需人才时，要面向海内外及时招揽各种人才，开通人才"直通车制度"，配合更具吸引力的薪酬制度，广纳海内外人才。诸如电子信息、生物医药、保税加工、精密机械、新材料、现代农业等高科技制造业和轻型产品制造业所需求的工程技术、管理和操作性的人才，以及总部经济、航空物流、会展、旅游等现代服务业方面急需的高层次专业人才，通过一定规模的引智，弥补现有本地人才培养能力与航空关联产业发展不匹配的"短板"。

（三）充分开发现有人才

由于河南现有的发展惯性，传统产业仍将会有一定的发展空间，在航空港经济区发展的根基产业演进中，要不断引导传统产业向创新性、开放性、融合性、集聚性、生态性、可持续性方向发展。要实现传统产业的转型升级，必须将现有产业中的经营管理人才和技术人才纳入人才开发的视野，通过"请进来、走出去"相结合的方式，促进现有人才的知识、信息、技术、经营理念向更高层次提升，了解产业演进的趋势，把握新技术革命的特征和路径，了解和运用新管理理念及新模式，以更具有现代化的人才体系，支撑传统产业焕发新的活力。

（四）提前储备一批未来人才

要瞄准未来产业引进的规划，重点关注计算机、通信和电子设备制造业等后置性人才需求，提前储备一批未来产业发展的人才资源。人才的成长需要一个过程，更多的是在"干中学"过程中不断增长才华与能力。构建人才成长的通道，使未来的人才在更多岗位、更多领域受到锻炼，使更多的储备人才在实践中锻炼成长。

（五）有效留住成功人才

良好的体制和生活环境既吸引人才，更是沉淀人才的重要保障。不断通过人才体制机制优化，通过生态宜居和智慧城市建设，完善各种公共服务设施与服务，使各类人才及其子女受到良好的教育，拥有更好医疗卫生服务、便利的生活服务、高标准人性化的养老保障服务，解除人才的后顾之忧，用更好的工作和生活环境有效留住人才。

二 人才棘轮战略的产业导向

郑州航空港经济综合实验区建设，正处于大建设、大发展和大跨越的关键时期，根据人才匹配的棘轮理论，结合航空港经济区（郑州）建设实际和区域人才现有结构现状，从人才棘轮战略的契合性、前置性、竞争性和向上性的多元维度，做好战略谋划，促进人才与产业发展的最大限度匹配。

（一）增强人才与产业发展的契合性

人才的培养、开发和引进，都要着眼于航空港经济区（郑州）建设发展的实际需要，根据欠发达地区产业发展的"蘑菇云"模式，河南要既加快传统产业向现代产业转型，在技术上致力于高、精、尖、特、优，产品外形上以轻、薄、短、小、便于运输为目标，而且追求即时生产、即时流通，这就要求必须加快培养和引进临空经济急需人才，尤其应围绕临空核心和临空偏好产业引进及培养人才，诸如航空运输、航空（航天）制造、航空食品、航空器维修、航空培训、电子信息、生物医药、保税加工、精密机械、新材料、现代农业等高科技制造业和轻型产品制造业，以及总部经济、物流、会展、旅游等现代服务业等专门人才。

（二）通过公平的竞争环境发现人才

"相马不如赛马"，伯乐相马，在以临空产业为代表的现代产业快速发展格局下，单纯靠相马机制远远无法满足产业发展的实际需要。马多而伯乐少，如果所有的马都要由伯乐相出来，则许多好马未必有机会能被伯乐相；同时，伯乐是人，不是神，受知识、能力、阅历的局限，伯乐也会有误判误识的情况。因此，要建立公开、公平的竞争机制，使各类人才在公平透明的竞争环境中脱颖而出，打破用人上的学历、资历、年龄和性别框框，以宽容的机制培育人才，以公平的竞争环境发现人才，以激励的机制吸引人才。

（三）能满足人才向上发展的需要

人才战略要能促进人的职业发展，打通人才向上流动和体制内外的障碍，建立完善以培养、评价、使用、流动、激励、保障为主要内容的政策体系，来吸引、整合人才资源，激活人才队伍的积极性和创造性。要用航空港经济区（郑州）的美好愿景激励人才的使命感和目标感、用榜样的力量激励更多的人才贡献才智，授予各产业内的管理、技术和操作类人才以社会荣誉，使人才受到普遍尊重，用物质激励使人才的物质需求得到满足，用和谐包容的环境使人才感到温暖，用晋升激励、鞭策人才进步和更加严格要求自己，用生态良好、生活便捷的宜居环境沉淀人才。

三 人才配置策略

（一）以人力资本投资，构筑人才开发高地

1. 加大财政支持力度

积极申请中央专项技能培训经费，促进人口大省向人力资源强省的转变，建立规范的产业工人技能培训经费转移支付制度；研究制定促进企业人力资本投入的财税政策，加大对参与培训的用工单位和培训单位的税费减免力度，扩大减免范围，增加减免比例。既可以向产业工人个人收取一定的培训费，还可以鼓励社会上的企业家、各商会、民间团体积极捐助，成立产业工人技能培养基金，通过"冠名权""励志奖"等方式激励捐助人的积极性。发挥传统的师徒制的优良传统，鼓励传帮带，注重发挥生产经验对产业工人技能培养的作用。发挥多种培训渠道的有益作用，使蓝领工人能及时跟上技术进步的步伐。

2. 推行"培训券"制度

产业工人的培训需求非常大，为了给更多的产业工人提供免费的技能培训，可以采用发放"培训券"的方式，这种"培训券"具有公共福利属性，产业工人可以凭券自主选择培训时间、培训课程和培训单位，接受免费技能培训，培训单位拿着这些"培训券"，可以到指定部门兑换相应的教育经费，或者申请税费减免。推行"培训券"制度，不仅可以减少政府拨付的专项资金在转移支付过程中的贪污、挪用等违法问题，保障培训经费的有效落实，而且增加了灵活性和适应性，产业工人可以根据自己的需要和时间，选择培训时间、地点、课程，提高培训的灵活性、针对性和适用性。

3. 创新培训方式

以市场和社会需求为导向，倡导校企合作培养模式。应立足临空经济产业的特征，建立政府、企业、高校、培训机构、产业工人等的定期交流平台，定期开展协商，关注产业演进、招商引资的趋势，始终面向临空产业的发展实际，确定培训目标、培训模式，高校就能够积极修改完善专业技术人才培养方案，为临空经济输送高素质的产业工人。大力发展远程教育，结合产业工人的分散性和学习时间不确定的特点，为实现产业工人培训提供便捷的服务，进一步开发和完善针对产业工人教育培训的课程体系，培养适应在线授课、视频互动要求的师资队伍，为产业工人"充电"提供匹配的网络资源。

(二) 用灵活开放的政策，形成人才聚集的洼地

尝试柔性的人才引进政策：依据"不求所有、但求所用"原则，广纳国内外实用人才，不求常在，但求常来，创新国内外高层次人才来郑合作创业模式，将招聘、合作、建立流动站、联合项目开发等人才引

政策结合起来，吸纳国内外优秀人才来郑创业。

建立多部门对接的人才落地政策：寻求与中组部、财政部、教育部、国家知识产权局、国资委、中国科学院等主管或科研部门的合作，使相关部门的人才政策能在郑州生根结果，充分挖掘现有人才政策的制度红利，形成多部门共同重视和促进人才工作的良好局面。

通过灵活高效的人才政策，使各类人才来郑州大有作为，使航空港经济区（郑州）成为高新技术人才聚集和创业的洼地。

（三）以通畅和激励性的体制，构筑人才成长的福地

完善党政机关、企事业单位和社会各种类人才顺畅流动的体制。党政机关和事业单位的人员录用、提拔，要逐步破除用人上的学历、资历、身份、体制机制上的框框，打通普通人才向上流动的渠道。倡导能力和业绩优先，探索公务员和事业单位人员的退出机制，及时甄别和筛选出不合格及不适宜的人群，坚持用人公示和责任追究制度，杜绝用人不正之风。针对不同行业和企业的情况，积极探索期权、年薪、业绩包干等适宜性的激励政策，使航空港经济区（郑州）成为人尽其才、人尽其智的创业和成长福地。

（四）以生态宜居的环境，营造人才安居的乐土

着眼未来，突出高品质和国际化特色，高标准推进社会事业发展，按照高端人才创业、宜居的定位进行远景规划，高标准建设医院、幼儿园、中小学、职业技术学院、大学科技园区等，建设真正的时尚之都、高品质生活都市。按照生态型、智慧型城市的规划，隔离生活休闲区与工业贸易区，加大信息化和物联网投入，建立和完善高效便利的社会化服务体系，综合建设和发挥未来郑州航空港经济综合实验区的生态环境、城市安全、生活便利、生活舒适、经济富裕、社会文明、城市美誉度的整体引力，用宜居的智慧型城市沉淀人才。

第十章 主要结论和政策建议

第一节 主要结论

一 重要航空港经济区（郑州）"蘑菇云"产业发展方向

"蘑菇云"产业发展模式是欠发达国家和地区参与国际分工和国际竞争的有效形式，能够逐步推动优势产业升级，进而带动整个"蘑菇云"产业体系的升级，逐步改变处于发达国家和地区"瀑布"式分工的下游被动局面。因此，要按照"蘑菇云"模式选择、培育产业，构建航空港经济区（郑州）"蘑菇云"产业体系。又由于航空港经济区（郑州）内植于郑州大都市区乃至中原经济区的腹地经济，应该将航空港经济区（郑州）"蘑菇云"产业体系构建，与河南省相关产业发展紧密结合起来。

（一）以本土优势资源和传统优势产业，夯实航空港"蘑菇云"产业体系的"根基"

航空港经济区（郑州）集聚了高临空型产业，经济辐射带动面很大，其"蘑菇云"根基，应该放眼于腹地河南省的产业体系。经过多年快速发展，以本土矿产资源为基础的冶金、建材、化工、轻纺、能源、食品加工、生物医药、装备制造、服装家居等产业，以农业资源为基础的粮食、有机农业、都市农业等产业，共同构成了河南省传统优势产业，也是河南省产业基础。同时，近年来，金融、商贸物流、文化旅游等服务业发展迅猛，第三产业产值已经超过第二产业。当前，河南省围绕"打赢产业转型升级"这张牌，努力提高经济发展质量，构建现代产业体系和现代经济体系的发展思路，以承接转移、延伸链条、技术改造、垂直整合为重点，加大投入和政策引导，加快智能化、集约化、绿色化改造，增强企业创新能力，加快推动产业改造升级。

(二) 以高成长性优势产业和战略性新兴产业，构筑"蘑菇云"产业体系的"顶盖"

一方面，加大推动力度，引导河南省电子信息、装备制造、汽车及零部件、食品、现代家居、服装服饰等高成长性制造业和现代物流、信息服务、金融、旅游、文化、技术服务等高成长性服务业，以及生物医药、新材料、新能源、新能源汽车等战略性新兴产业中的优势企业，向航空港经济区（郑州）集聚。

另一方面，加大招商引资力度，吸引国内外高端制造业、高新技术产业的核心企业，以及企业总部集聚航空港经济区（郑州）。同时，通过技术创新和产业融合，将产业做高、做新、做轻，全方位融入全球价值链，并逐步提升在国际分工体系中的地位，构建航空港经济区（郑州）现代产业体系的"顶盖"。

(三) 以航空运输业、航空物流业和航空（航天）制造业，铸造"蘑菇云"产业体系的"梗干"

航空港经济区"蘑菇云"产业体系中的"梗干"产业，主要是指临空产业体系中的核心产业，包括航空运输业、航空物流业和航空（航天）制造业，这些产业的发展，为其他临空产业发展搭建了航空平台，构成整个"蘑菇云"产业发展的支柱。首先，以机场航空运输为核心，与郑州国家中心城市建设配套衔接，打造以航空枢纽为主体，融合高铁、城际铁路、高等级公路、城市轨道交通、公共交通等多种交通方式的现代综合交通枢纽，形成空地对接、内捷外畅的综合交通优势。其次，依托现代综合交通枢纽，形成以航空网络、中欧班列（郑州）为骨干的国际物流通道，构建以快速铁路、高等级公路和长距离航空为支撑的国内物流集疏网络，加快建设"四港联动、多式联运"国际物流中心。

(四) 以制度和技术创新，为构建"蘑菇云"产业体系提供动力

航空港经济区（郑州）要立足内陆欠发达地区的特殊经济与区位条件，依托产业链配置创新链，大力推进科技创新、制度创新和商业模式创新。具体而言，应以经济全球化为导向，在招商、土地、通关、税收、物流等方面为承接产业转移和本土产业发展提供政策支持，并创新政府协调与管理机制，优化组织保障，为"蘑菇云"产业体系构建提供外源性动力支持。应以企业为主体，通过构建跨行政地域边界、行业组织边界和知识边界的战略联盟组合，加快形成产学研协同的自主创新体系。

引领企业通过技术创新、产品创新、工艺创新、功能创新，实现向"微笑曲线"左上端攀升；通过管理能力和商业模式的创新，优化业务组合和业务流程，提升品牌形象和渠道效率，实现向"微笑曲线"右上端攀升，为现代产业体系构建提供内源性动力支持。[①]

航空港经济区（郑州）通过构建"蘑菇云"产业体系，能够有效地参与国际经济体系竞争，逐步形成具有国际竞争力的现代产业体系，成为一种区域高端经济形态。航空港经济区作为其腹地经济体系的一个子系统，航空港经济区（郑州）成功打造"蘑菇云"产业体系，必然会对郑州市、郑州大都市区和河南全域现代产业体系的构建，提供最佳示范并发挥引领带动作用。在人力资源、交通物流、专业配套、科技创新、载体体系、政策措施等支撑条件保障下，同时，在国际市场需求持续拉动下，将推动航空港经济区（郑州）"蘑菇云"产业体系发展和腹地经济的现代产业体系，相互促进，协同演进，逐步升级。

二 其他重要结论

（一）未来产业发展，运输方式是关键

从历史规律的维度看，交通运输是人类文明的生命线，是社会经济活动的纽带，始终与区域经济发展紧密相连，直接影响着要素的集聚、产业的布局、区域和城市的兴衰。为了达到即时生产的效果，航空运输成为高技术产业最重要的运输方式，形成"第五冲击波"。航空运输不仅仅是一种运输手段，它通过航空运输带动区域经济发展，促进区域同世界的产业、贸易、服务等的接轨，最大限度地利用全球范围内的资源和市场，成为全球经济发展的主流形态和主导模式；高技术产业资源能源消耗低，利润附加值高，成为各国（地区）竞相争夺的产业经济发展的制高点；而准时生产制越来越成为竞争制胜的圭臬。

航空运输时代，与航空联系的临空经济，作为提升整个产业转型升级的抓手和决定性要素，在全球范围内配置高端生产要素，促进跨越式发展。发展临空经济最好的载体是航空港。依托建设航空港经济区（郑州），大力发展临空经济，撬动经济转型升级，是发达国家面临交通方式变革的第五冲击波所做出的抢占先机的重大战略选择。在未来中国崛起

---

① 刘炯天：《以临空经济为引领构建河南现代产业体系的"蘑菇云模式"》，《河南日报》2015年3月27日第4版。

成为世界强国的历史进程中,大力发展航空港经济区(郑州),是中国融入全球经济,置身全球价值链的重要通道,具有重大战略意义。

(二)航空港经济区(郑州)融入"新丝绸之路"建设具有重要战略意义

"新丝绸之路"给航空港经济区(郑州)提供了良好的发展机遇,航空港经济区(郑州)一方面通过融入"新丝绸之路",发挥在内陆地区大型航空枢纽的综合优势,会加快形成国内航线中转换乘和国际货运集散区域性中心,从而更好地分担北京、上海、广州三大门户机场的货运集散功能,优化全国民航发展战略布局,促进中国由民航大国向民航强国转变;另一方面,航空港经济区(郑州)建设能够通过"新丝绸之路"连接欧亚大陆,成为促进快速、高端贸易的临空枢纽。

河南位于中国整个陆地领土的中部地区,而郑州正处于河南省的中部。依托其地理区位、交通和区域综合影响力,以郑州作为中原区域经济的中心城市,把郑州定为"丝绸之路"的重要节点城市,将会使郑州大都市区乃至中原经济区享受到由此带来的更多的信息交流、政策支持和投资机会。依托大郑州空地对接的综合交通枢纽优势,将更多的货物运送至"丝绸之路"经济带沿线城市,将会加快整个经济带发展。特别是郑州正在大力建设的郑州航空港经济综合实验区早已明确为国家发展战略,以航空港带郑州,建设航空大都市,以郑州带中原,以中原协同"丝绸之路经济带"的其他地区打通亚欧大陆的经贸往来,串联起西边的欧洲国家和东边的太平洋周边国家,进而形成全球最有活力的经济地带之一。

(三)通关是企业入驻港区重要的微观选择依据

当前,全球经济一体化的大背景下,国家和地区间经济贸易的往来日益频繁,企业在选择地址及其进出口货物的便利化程度时,为了保证其进出口货物顺利快速通关,降低通关成本,强化与国内外市场的合作,肯定会把通关便利程度作为重要的考虑因素。

入驻航空港经济区(郑州)内的企业通过享受港区的各种税收优惠政策,能够有效地降低企业经营成本,降低企业投资经营风险,促使企业获取较高的投资回报,最终会带来企业利润的增加。除了优惠的税收外,企业进出口货物通关效率的高低也会在一定程度上影响企业的经营。进出口货物通关时间短、效率高,就可以减少货物到达购买企业手中的时间，有利于企业及时抓住商机，增强企业经济实力，也会不断提高企业的市场竞争力。相反，如果出口的货物不能及时地运达到客户手中，客户的生产经营难以持续，长此以往，不仅会严重损害出口企业的声誉，甚至会带来企业客源的减少，使企业的生产经营面临倒闭的危险，不利于企业的可持续发展。所以，企业会把通关要素作为入驻港区所考虑的重要因素之一，为了自身的发展会首先考虑通关效率比较高的航空港经济区（郑州）。

（四）入驻航空港经济区（郑州）的企业不仅仅是具有较高的临空偏好度

航空港经济区（郑州）产业初步选择采用五维度指标，这五维度分别代表五大性能，其中增值性、易载性和时间性三个指标是航空偏好度（也称临空偏好度），航空偏好度指的是某种产品选择航空运输的偏好程度，毫无疑问，这三个指标量化值越高的产业，就越有利于在航空港经济区（郑州）内布局，而密度性和创新性两个指标是综合性指标的两个重要因子，之所以在确定指标体系中加入密度性和创新性，是因为在航空港经济区（郑州）规划的415平方千米的面积上，除引入航空偏好度高的产业和与航空运输相关的配套产业外，还要引入更多产业到港区以符合今后的发展规划。航空港经济区（郑州）的定位是国际航空物流中心、以航空港经济区引领的现代产业基地、内陆地区对外开放的重要门户、现代航空都市、中原经济区核心增长极。结合航空港经济区（郑州）的定位，对单位面积产值更高并且科技含量高的产业显然也是符合港区重点发展的产业。

（五）港区基础较薄弱的重点产业需要通过产业转移来实现产业发展

本书所选择出的重点产业目前在航空港经济区（郑州）乃至河南省基本上都没有明显的优势，产业基础仍比较薄弱，需要依靠承接产业转移来实现产业落地的可能。

其中，医药制造业和医疗仪器设备及仪器仪表制造业的产业基础相对良好，并且周边诸如山东、河北的产业链条也比较完善，可以首先注重培养本地的企业在航空港经济区（郑州）布局，进而带动整个河南省整个区域医药及医疗设备制造产业的产业链条转型升级。其次，可以通过合作协议，积极争取相关企业资源，配套产业所需的基础设施，做到互惠共赢。

电子计算机及办公设备制造业产业的基础最为薄弱，研发人员投入也比较滞后。沿海一些计算机制造龙头企业的科技经济实力雄厚，如果能够有条件洽谈合作，借助广阔的市场优势，争取入驻航空港经济区（郑州），对弥补河南省乃至中部地区弱势的计算机产业来说，是快速培育产业基础的重要条件。

港区电子及通信设备制造业的发展，可以通过富士康科技园建设带动手机等高端电子类产业集聚，同时，在省域内选择相关企业，如许昌电力电子和洛阳硅电子等企业入驻，为电子及通信设备制造产业往港区的转移提供近距离的可能，从而促使软件产业迅速兴起并形成产业集聚效应。

航空（航天）制造业在郑州的企业数量少，企业集中度低，集聚效应不明显，然而由产业转移优势度指标可知，毗邻的湖北省和陕西省的航空（航天）产业具有明显的比较优势，具有很大的产业转移可能性，可将周边发展较好的企业转移入驻航空港经济区（郑州），以加强港区建设及航空（航天）制造业的发展。

（六）航空港经济区（郑州）选择的落地产业应与所需人才相匹配

航空港的发展离不开产业的支撑，而产业的发展又需要各类相关人才的支撑，因此，研究航空港经济区（郑州）产业选择中的人才与产业匹配问题，具有重要的理论意义和现实意义。

航空港经济区（郑州）要发展成为国际国内大型航空货运枢纽，就要配置快速发展所需要的相关专业人才，包括机场维护、营销人员、研发、运营管理、机场服务、地面服务、飞行员、飞行员培训、技术人员、工程师、财务人员、法务等。发展航空港经济区（郑州）所需的相关人才预期要达到一定的数量，在补充足够数量的同时也要注意所引进或培育人才的质量，以促进航空港经济区（郑州）加快发展航空（航天）产业。

根据相关产业上市公司人员构成及人员教育程度比例预测，港区需要的高新技术（新材料、新能源）产业人才主要是生产、销售和技术人员，尤其是生产和技术人员；计算机、通信和其他电子设备制造人才主要是生产和技术人员，尤其是技术人员。医药行业人才需求具有同步性人才需求性质，港区医药制造企业人才的培养，应注重提高创新、营销和管理不同专业素养，使对人才的需求逐渐从量的需求转向对质的需求。

(七）航空港经济区（郑州）产业人才培养，鼓励校企合作

要实现港区产业的落地和规模壮大，需要拓宽人才培养渠道，鼓励校企合作，培养实用型人才。

首先，应调整高等教育结构，建立实用有效的高等教育体系。建立完善教育、科研与产业领域在高层次人才培养方面的协调合作机制，根据港区产业布局和发展需求，大力调整学科专业设置，强化优势学科、突出特色学科、发展交叉学科，集中力量建设多个创新能力强、特色突出的学科群，有重点地培养一大批符合港区产业发展需求的高层次人才。应加大高等教育中研究生的培养力度，特别是加大工商管理硕士、公共管理硕士、工程技术硕士等的培养力度。按照紧贴高科技发展现状，又适应未来需要的原则，超前性地培养高端人才，增加人才储备。

其次，建立产学研互动的人才培养机制。将理论研究与实践创业联系起来，既培养高新技术产业发展所需的人才，又能将最新的研究成果应用于产业发展，一举多得。可以在有条件的大学或企业创建一流的产业研究机构，制定起点高、操作性强的高新技术产业人才教育培训实施规划，更大规模地开展企业与高校对应用型人才的合作培养；借助行业协会组织，架起企业、高校和科研院所之间人力资源交流的桥梁，组织企业和高校建立固定的联谊制度、建立高校及科研院所专家库，为企业和专家之间的交流充当桥梁；建立在校学生专业学习、实习、就业信息库，及时跟踪，全程服务，搭建学校与航空港经济区（郑州）企业培训和就业的信息交流平台；协助企业与高校科研机构建立紧密的人才培养互动关系等。

第二节　政策建议

一　国家要积极为航空港经济区（郑州）发挥其国家战略作用提供政策支持

为进一步加快郑州航空港经济综合实验区建设，郑州市政协副主席朱专兴在做客中原报业传媒集团北京全媒体新闻中心"全国两会会客厅"时，提出建议：国家在航权航线、海关监管、口岸建设、财税、金融、用地保障、产业发展和管理体制等方面要给予政策支持；对郑州机场开

放第五航权、第六航权,并适时纳入第七航权、第八航权首批开放的范围,在航权航班时刻审批方面,要给予优先考虑;支持实验区采取海关特殊监管区域一区多园、电子围网等方式,扩大海关特殊监管区域优惠政策的覆盖范围;对于实验区内的企业给予免税、保税、退税等优惠政策;同时,对实验区实施专项财力补助,增加河南省年度建设用地计划指标和郑州市建设用地规模指标,专项用于实验区建设;支持实验区发展电子信息产业、高端装备制造业、生物医药产业,并在重大产业布局、重大项目核准、资金投入等方面给予倾斜;允许实验区在行政管理、社会管理、涉外经济、投融资体制和机制创新等方面先行先试,大胆探索。[1]

河南省人大常委会副主任储亚平在参加十二届全国人大二次会议河南代表团举行的全体会议时建议:全国人大常委会要对推进郑州航空港经济综合实验区的建设给予大力支持。同时,在外汇管理、货物进出口、机场监管、港口贸易、综合保税区转型升级等方面,也需要国家给予具体政策扶持。[2]

航空港经济区(郑州)的建设离不开国家的支持,这是因为,仅仅依靠河南省政府的力量来促进航空港经济区(郑州)的各种建设目前还不太现实,航空港经济区(郑州)作为一项国家战略,其内部的各种基础设施建设还不尽完善,招商引资的企业还比较少,并且多是中小型企业,除了富士康集团港区内基本上没有能起到主导作用的企业,并且航空港经济区(郑州)内的落地企业也比较少。因此,为了促进航空港经济区(郑州)的建设,促进其早日实现国际航空港、国内航空枢纽的建设目标,不仅需要河南省郑州市政府的各种政策支持,也需要国家给予各种的政策和资金的支持。

二 促进航空港经济区(郑州)通关便利化

口岸是国家对外开放的门户之一,随着全球经济一体化和贸易自由化进程的不断发展,口岸的管理体制是否顺畅、口岸大通关的环境是否优越、通关效率是否高效率,对招商引资的形象和开放型经济的发展有

---

[1] 朱建明等:《加快郑州航空港经济综合实验区建设》,《郑州日报》2013年3月12日。
[2] 时文静、储亚平:《希望国家给予具体政策扶持航空港经济区(郑州)建设》,大河网,2014年3月9日,http://www.dahe.cn/,2014-03-09,2014年12月16日。

直接的影响。因此,加快口岸大通关的建设,构建畅通、高效、便捷的大通关平台,是适应后经济危机时代的激烈竞争,并积极融入全球经济一体化的迫切需要,也是开放型经济跨越式发展的迫切需要,更是加速城市国际化进程的迫切需要。所以,要加快航空港经济区(郑州)的建设,要实现国际航空港和国内航空枢纽的建设目标,通关的便利化是重要的前提条件之一。可以通过以下几种方式来实现。

(一)积极贯彻落实"一次申报、一次查验、一次放行"的检验检疫模式

"一次申报、一次查验、一次放行"("三个一")的检验检疫新模式的顺利运行,将为进出口企业带来实实在在的"重大利好"。因为"三个一"的新型通关模式具有明显的经济效益。对企业层面来讲,可以减少企业所要办理的各种手续和成本费用,节约时间成本,提高港口运作效率,提升企业和口岸的竞争力;对关检层面来讲,"三个一"的新型通关模式可以实现执法互助、资源共享和阳光通关的目标;对国家层面来讲,可以建立新型的航空口岸管理模式,进而可以提升国家形象,维护国家利益。另外,实行"一次申报"作业模式后,将口岸原来的"先报检后报关"串联进行的通关流程,转变成报检和报关同时"并联"进行,大大减少了从报检到报关之间的等待和操作时间。据估算,实行"一次申报"可节省报检、报关操作时间的30%以上,由于海关和检验检疫人员同时到场、共同实施检验、查验,从而节省了人力、时间和费用,实行"一次查验"提高了货物的通关效率,等候查验的时间可节省50%以上,实行"一次放行"后,企业无须再到检验检疫部门和海关办理放行手续,海关和检验检疫部门放行信息核对后将直接传输到码头的卡口系统,企业即可进行办单提货。[1]

(二)促进区域通关、通检方案的实施

全面促进区域的通关业务主要包括三方面内容:首先是拓展"属地申报、口岸验放"的模式功能。其次是对AA类企业的货物,实行"属地申报、属地放行"方式,即企业可自主选择向进出口货物的收发货人或其代理人所在地海关申报,并在属地海关直接办理货物的放行手续。最后是进一步扩大"属地申报、口岸验放"通关模式的适用范围,对在

---

[1] 吴哲、黄颖川:《申报?查验?放行均一次搞掂》,《南方日报》2012年5月24日。

一年内无走私违规记录、资信良好的 B 类生产型出口企业,在已经适用"属地申报、口岸验放"出口通关模式的基础上,扩大到进口通关模式。①促进区域通关、通检方案的实施,顺应了区域经济和区域物流发展趋势,有利于进一步减轻口岸一线通关压力,建立区域海关分工协作、协同配合、整体联动的区域通关新格局,实现海关有效监管和企业便捷通关的"双赢"目标。

(三) 加快出口退税进度

河南省国税部门要加强政策宣传,优化退税服务流程,提高工作效率,在确保退税安全的前提下,加快审核审批,及时办理出口退税。并进一步加强退税计划管理,积极争取退(免)税指标,保证退税资金及时足额到位。国税、财政、海关、银行、外汇管理、商务等部门要加强协作,构建便捷的退税协作服务机制。

三 完善航空港经济区(郑州)航空物流信息平台

航空物流具有快捷、高效的运输优势,已经成为支持中国经济快速、持续增长的重要推动力。但是,航空港经济区(郑州)航空物流的发展还存在很大的不足,需要着重提高和改善航空物流平台的建设。这是因为,航空物流平台能够实现供应链各个环节的信息化管理,提高运作效率,降低运作成本,并为客户提供高效、灵活、准时、周到的服务,有利于航空港经济区(郑州)的持续快速发展。目前,航空港经济区(郑州)的航空物流信息化建设还不尽完善,因此,要积极构建航空物流信息平台、仓储设施等基础设施的建设,避免出现"信息孤岛"的问题。所谓"信息孤岛",是指代理方面的信息化建设参差不齐,无法充分满足业务的交流,无法整合信息资源,并且银行、海关和其他单位缺乏有效的沟通和合作。但是,值得注意的是,物流的信息化建设是分层次的。首先是在物流企业内部,可以通过企业内部信息化的手段,对销售、管理、决策提供最有效的信息支持。其次是使物流业务能够在信息交换的基础上有效地运作起来。最后是我们物流信息平台所面向的发展目标,即力求在全行业建立一个网状的服务性的平台,以能够充分地整合信息

---

① 新华社:《全国海关将于 11 月 1 日起全面深化区域通关业务改革》,中央政府门户网站,中国要闻,2013 年 10 月 24 日。

资源。①

（一）加强航空港经济区（郑州）产业集群与高校学科集群协调发展

航空港经济区（郑州）的发展离不开人才的支撑，而高校教育是培养人才的主要手段。河南省政府要积极推动航空港经济区（郑州）与高校建立起港校合作培养人才的长效机制和平台。一方面，通过航空港经济区（郑州）与高校尤其是与郑州大学的各种合作来培育港区建设和产业发展所需要的各类人才；另一方面，以郑州航空港经济综合实验区的建设实践为支撑，积极运用高校的综合研究能力，整合现有的学科资源和研究能力，通过校内外学科的交叉融合和协同创新来不断推进学科建设、科学研究、人才培养和社会服务。为了促进河南省高校尤其是郑州大学对航空航天人才的培养，河南省政府要积极出台各种有效措施，鼓励相关院校积极采取行动，开设各种培育航空（航天）人才的专业，加强配备高素质的航空（航天）专业的教学人员，为后期对航空（航天）人才的培养奠定教学培养基础。

在与高校的合作中要立足于学校现有的学科资源和研究能力，通过结合关联学科的历史传承、特色条件，突破原有学科界限，拓展学科范围，实现学科间的交叉与融合。学科团队也要跨越知识边界、组织边界和区域行政边界，通过创新体制机制，外部采取战略联盟组合的形式，内部采取"实虚结合"的形式，以省级重点学科应用经济学、工商管理为基础，以省级研究平台中国中部发展研究院、系统经济研究所、河南经济发展研究所为支撑，广泛整合商学院、公共管理学院、管理工程学院、机械学院、旅游管理学院，为学科发展提供广阔坚实的研究与教学基础，进而为航空港经济区（郑州）的建设提供人才培养支撑。

---

① 《淮安航空物流中心信息平台的构建》，百道客巴巴，2012年11月4日，http://www.doc88.com/p－996341145721.html，2014年10月4日。

参考文献

1. Brian Donahue,"The Rise of the Aerotropolis", *Business Facilities*, The Location Adisor, 2010(9).
2. Sparks Bureau of Business and Economic Research Center for Manpower Studies (2013): An Economic Assessment of the Impact of the Memphis International Airport, Retrieved August 6, 2014.
3. 郑州航空港经济综合实验区管理委员会:《关于印发建设国家双创示范基地和国家自主创新示范区若干政策（试行）的通知》，2017年4月5日。
4. ［美］约翰·卡萨达、杨欣欣、苏辉、黄菲飞:《现代国际机场提升区域竞争力的新型航空商业模式》，《区域经济评论》2015年第3期。
5. 《"十三五"节能环保产业发展规划》，2016年6月22日。
6. 《〈郑州航空港经济综合实验区发展规划〉解读之一》，《河南省人民政府公报》2013年第12期。
7. 《西安国家航空城实验区发展规划（2013—2025）》，2014年6月10日。
8. 《郑州航空港经济综合实验区概念性总体规划（2013—2040年）》，2014年2月5日。
9. 白杨敏、曹允春、王婷婷:《我国临空经济产业结构调整模式研究》，《学术交流》2013年第11期。
10. 曹允春:《临空产业的集聚模式研究》，《区域经济评论》2013年第3期。
11. 陈丹丹:《经济"新常态"下河南省产业结构调整问题研究》，博士学位论文，郑州大学，2017年。
12. 陈红川:《医疗设备及仪器仪表制造业竞争力评价实证研究》，《广州大学学报》2011年第4期。

13. 陈建民：《河北省医药产业人才需求预测与培养研究》，硕士学位论文，河北科技大学，2011年。
14. 陈立枢：《中国大数据产业发展态势及政策体系构建》，《改革与战略》2015年第6期。
15. 董帅奇：《我市多措并举增强产业集聚区基础支撑能力》，《开封日报》2016年5月5日第1版。
16. 高传华：《国外临空经济发展的做法与启示》，《经济纵横》2013年第12期。
17. 高传华：《河南临空产业体系构建与政策设计》，《开放导报》2013年第5期。
18. 郭爱英：《中国医疗设备及仪器仪表制造业创新效率及影响因素研究——基于SFA方法的实证分析》，《石家庄经济学院学报》2015年第5期。
19. 韩晶：《基于模块化的中国制造业发展战略研究——以电子信息产业为例》，《科技进步与对策》2009年第19期。
20. 和伟：《国外临空经济发展模式研究》，《商业时代》2014年第20期。
21. 和伟：《航空港经济区（郑州）临空经济发展的SWOT分析与启示》，《郑州师范教育》2013年第6期。
22. 河南省发展和改革委员会产业研究所：《河南省产业发展与重大基础设施建设研究》，2017年8月。
23. 霍国庆、王少永、李捷：《基于需求导向的产业生命周期及其演化机理研究——以美国典型产业为案例》，《中国软科学》2015年第3期。
24. 酒景丽：《航空港经济区（郑州）发展的瓶颈及对策》，《管理工程师》2013年第5期。
25. 李文峰：《基于偏离—份额分析法的郑州市产业结构优化研究》，《河南工程学院学报》（社会科学版）2016年第3期。
26. 李玉先：《郑州航空港经济区综合实验区视域下的河南现代服务业发展》，《全国商情》2015年第13期。
27. 毛瑞芬：《郑州市产业结构调整研究》，硕士学位论文，福建师范大学，2008年。
28. 牛鸿蕾、江可申等：《江苏航空航天制造业发展分析》，《唯实》2014年第3期。

29. 庞卫东：《国外临空经济发展经验与航空港经济区（郑州）建设》，《河南商业高等专科学校学报》2014 年第 6 期。
30. 任玉洁：《顺义空港城现代服务业发展对策研究》，硕士学位论文，北京交通大学，2013 年。
31. 宋晓明、张志军：《区域电子及通信设备制造业升级模式与对策》，《中国科技论坛》2016 年第 1 期。
32. 孙诗瑶：《郑州市产业结构现状及存在的问题研究》，《赤峰学院学报》（自然科学版）2015 年第 8 期。
33. 汤晓莉：《郑州市经济转型研究》，博士学位论文，河南大学，2011 年。
34. 仝新顺、郑秀峰：《郑州航空港经济综合实验区发展航空物流的对策研究》，《现代物流报》2013 年 2 月 26 日第 B03 版。
35. 王红：《国外临空经济发展的现状与启示》，《空运商务》2013 年第 5 期。
36. 王鹏、马勇光：《就郑州市产业结构变迁对大气污染物排放的影响进行探究》，《资源节约与环保》2017 年第 1 期。
37. 王巧义：《临空产业集群实施路径研究》，《河北经贸大学学报》2014 年第 3 期。
38. 王淑湘：《郑州航空港经济综合实验区现代服务业发展研究》，《学习论坛》2016 年第 6 期。
39. 燕玉霞：《河南省产业结构现状分析》，《农村经济与科技》2017 年第 15 期。
40. 杨增凡：《新常态下河南省产业结构、经济发展研究》，《河南财政税务高等专科学校学报》2016 年第 2 期。
41. 尹猛基：《加快航空港经济区（郑州）航空物流产业发展的对策》，《经营与管理》2014 年第 6 期。
42. 于向英、张庆华：《郑州市产业结构现状及优化方略的思考》，《河南省情与统计》2002 年第 1 期。
43. 张军扩、侯永志、高世楫：《临空经济的内涵及发展中国临空经济的重要性》，《中国经济时报》2007 年 2 月 6 日。
44. 张永胜：《世界主要航空大都市发展经验及对郑州航空大都市建设的启示》，《河南商业高等专科学校学报》2014 年第 6 期。

45. 张占仓、高友才：《郑州航空港经济区综合实验区年度发展报告（2016）》，社会科学文献出版社2016年版。
46. 赵早：《郑州航空港经济综合实验区现代服务业发展策略研究》，《黄河科技大学学报》2014年第3期。
47. 郑秀峰、仝新顺、鞠红：《临空产业生态建设与健康管理研究：以郑州航空港经济区综合实验区为例》，社会科学文献出版社2016年版。
48. 周柯、曹东坡：《航空港经济区（郑州）重点产业培育对策》，中国社会科学出版社2015年版。
49. 祝坤艳：《河南人口年龄结构与产业结构现状分析》，《当代经济》2017年第22期。

后 记

2014年4月，校长刘炯天院士带领郑州大学研究团队承担了中国工程院的决策咨询招标课题"航空港经济区（郑州）产业选择与人才战略研究"。自此开辟了郑州大学的临空经济研究新领域，并以此为依托，率先在国内设立了临空经济二级博士点，开始招收临空经济博士研究生。临空经济成为郑州大学基础新兴学科，后又被评为郑州大学的特色优势学科。研究团队在《光明日报》（理论版）、《河南日报》（理论版）、《经济管理》《经济体制改革》等报纸杂志上发表多篇关于临空经济发展的有价值的论文，并连续出版《航空港经济区（郑州）产业发展报告》，出版专著《航空港经济区（郑州）重点产业培育研究》并获得河南省社会科学优秀成果一等奖。这期间还中标两项以临空经济为研究对象的国家社会科学基金项目。郑州大学在获得的应用经济一级学科博士授权点中，设有临空经济方向，临空经济博士点由二级晋升为一级。临空经济学科建设以及团队的研究一直持续着。团队成员也由内部向外部不断扩展，河南省社会科学院到河南省政府发展研究中心、河南省宏观经济研究院等。

本书是在校长刘炯天院士的倡议和督促下，在原课题研究的基础上，重新构建框架体系，结合经济社会现实变化增加新的内容而成。力图为已经或即将开展临空经济研究的学者提供一般的研究理论和分析工具。

本书由周柯、盛见设计框架体系，统筹全书内容。参与本写作的有盛见（河南省宏观经济研究院，撰写本书绪论、第一章、第二章、第三章、第十章第二节）、汤凯和牛树海（郑州大学商学院，撰写第四章第一节）、沈琼和王芳（郑州大学商学院，撰写第三章第二节）、王海杰（郑州大学商学院，撰写第四章第二节）、刘炯天（郑州大学，撰写第五章第一节、第十章第一节）、周阳敏（郑州大学商学院，撰写第五章第二节、第六章、第七章、第八章第四节、第九章第二节）、周柯（郑州大学商学院，撰写第八章第一、第二节）、井辉（郑州大学商学院，撰写第九章第一节）、李中建（郑州大学商学院，撰写第九章第三节）。王芳、何玮对本书进行了二校、三校，周柯、盛见对全书进行了通稿、修改，补充了新内容、新数据。高友才（郑州大学商学院）对本书提出了很好的修改意见。我们已经毕业的研究生张涛、张斌、张樾等和在校研究生刘洋、王卢君、靳欣等为本书的数据整理做出了贡献。在此一并感谢！

临空经济研究对我们依旧是新课题，由于能力所限，书中难免会有纰漏，我们会在今后的持续深入研究中加以完善。

感谢中国社会科学出版社卢小生主任，他为本书的出版付出了艰辛的劳动。

周　柯
2018 年 10 月于郑州大学